全国职业教育规划教材·文秘系列

秘书理论与实务

（第二版）

主　编　刘晓红
副主编　孙启荣　张　弘
参　编　申屠佩贞　于广杰　段晓园

北京大学出版社
PEKING UNIVERSITY PRESS

内 容 简 介

本书是在《秘书理论与实务》的基础上修订而成的。全书以秘书工作岗位的典型任务和项目来构建基本框架，内容包括秘书职业认知、事务管理、接待工作、商务活动安排、会议管理、文书处理、信息工作、调查研究工作、协调工作、秘书的应聘与资格鉴定。每个项目都以秘书工作任务为驱动，以情景案例、基础知识、任务实训、拓展提高为主要版块，创设"教学做一体"的教学情境，突出对学生进行秘书职业技能及职业综合素质的培养。在案例选择、情境设计、实践训练等环节中，强调实用，注重创新，并且紧扣时代脉搏。特别是任务实训中的"实训考核"标准具体明确，具有很强的可操作性。

本书可作为高职高专院校、成人高等教育、应用型本科院校文秘专科的专业主干课程教材，也可作为秘书职业培训教材和社会从业人员的业务参考书。

图书在版编目（CIP）数据

秘书理论与实务/刘晓红主编. —2版. —北京：北京大学出版社，2015.1
（全国职业教育规划教材·文秘系列）
ISBN 978-7-301-25346-5

Ⅰ.①秘… Ⅱ.①刘… Ⅲ.①秘书学–高等职业教育–教材 Ⅳ.①C931.46

中国版本图书馆CIP数据核字(2014)第309287号

书　　名	秘书理论与实务（第二版）
著作责任者	刘晓红　主编
责任编辑	周　伟
标准书号	ISBN 978-7-301-25346-5
出版发行	北京大学出版社
地　　址	北京市海淀区成府路205号　100871
网　　址	http://www.pup.cn　新浪微博：@北京大学出版社
电子信箱	zyjy@pup.cn
电　　话	邮购部62752015　发行部62750672　编辑部62754934
印刷者	三河市博文印刷有限公司
经销者	新华书店
	787毫米×1092毫米　16开本　17.75印张　420千字
	2011年6月第1版
	2015年1月第2版　2022年7月第6次印刷（总第9次印刷）
定　　价	38.00元

未经许可，不得以任何方式复制或抄袭本书之部分或全部内容。
版权所有，侵权必究
举报电话：010-62752024　电子信箱：fd@pup.pku.edu.cn
图书如有印装质量问题，请与出版部联系，电话：010-62756370

第二版前言

《秘书理论与实务》由北京大学出版社于 2011 年 6 月出版，全国不少高校选用了这部教材，因此于 2013 年下半年进行了重印。对于高职高专院校同行及文秘专业学生的认可与支持，我们深表感谢。

三年来，在对教材使用情况进行充分调研的基础上，我们认识到对教材进行修订完善的必要性。因此，为了更好地服务于文秘专业建设与人才培养，我们广泛征求了专家、同行的宝贵意见，结合国家新出台的文书处理的相关规定，对教材内容进行了较大篇幅的调整与更新。

本书主要对以下四个方面的内容进行了修订。

（一）根据新规调整"文书处理"内容

2012 年 7 月 1 日《党政机关公文处理工作条例》施行以后，1996 年 5 月 3 日中共中央办公厅发布的《中国共产党机关公文处理条例》和 2000 年 8 月 24 日国务院发布的《国家行政机关公文处理办法》停止执行。而且，《党政机关公文格式》(GB/T 9704—2012)对公文文种、格式要素、编排要求、版式、装订要求等进行了较大调整。本书在项目七"文书处理"部分内容根据《党政机关公文处理工作条例》的新要求及时进行了调整修订，充分体现了教材与时俱进的特点。

（二）增加展会内容以适应社会需求

随着经济的快速增长，中国内地已成为全球发展最快的展览市场。作为近几年来高速发展起来的产业，展会不仅能带来巨大的经济效益，更重要的是还能带来巨大的社会效益。因此，会展产业受到很多地区和城市的重视，展会成为现代企业与各类组织的经常性活动，展会策划能力也成为文秘人员必备的职业能力之一。所以，本书在项目五"商务活动安排"中增加展会策划的相关内容，以便更好地满足市场需求。

（三）更新案例以突出教材的时代性

三年来参编学校教师在教学中积累了大量文秘专业领域的经典案例，企业专家提供了许多实际工作中的真实案例，修订时从这些案例中精心选取案例，对原有案例进行更新，不仅使案例更有针对性，与内容更加吻合，而且也突出了教材的职场性和时代气息。

（四）充实项目内容以突出实用性

教材进一步调整了接待工作、调研工作、信息工作等相关内容，使相关部分内容结构更趋合理。对项目七中的"文书管理"任务内容作了较大调整，将文书管理与档案管理进行了区分，重点突出档案环节之前秘书在日常工作中的文书管理工作，这样处理使该部分内容与文秘专业的"档案管理"课程很好地衔接起来。

（五）增加考核环节以提高实训教学质量

在任务实训部分，增加了"实训考核"项目，具体列出了考核的内容要求及分值比例，不

仅加强了对任务实训的效果考核,而且也使实训教学更具操作性。

同时,为了增强教材的岗位针对性,适应行业企业要求,本教材特别邀请了中煤第五建设有限公司办公室副主任段晓园作为企业专家参编,引进了行业经典案例和行业发展的新理念,以期通过校企合作进一步提高文秘人才培养质量。

本教材保留了原教材项目教学的特点,通过工作任务的引领实现"教、学、做"合一,并与国家秘书职业资格考证内容紧密衔接;同时也保留了原教材的基本框架与体例,以方便使用本教材的教师继续使用。

本教材是在主编整体设计的基础上分头执笔的,具体分工如下:项目一、项目四、项目五由张弘(江苏建筑职业技术学院)编写;项目二、项目七、项目八、附录由孙启荣(江苏建筑职业技术学院)编写;项目三由申屠佩贞(金华职业技术学院)编写;项目六、项目十(任务一至任务五)由刘晓红(江苏建筑职业技术学院)编写;项目九由于广杰(天津城市职业学院)编写;项目十(任务六和任务七)、项目十一由段晓园(中煤第五建设有限公司)编写。

诚恳欢迎所有使用、阅读本教材的专家、同行与读者继续给我们提出改进意见,以利于教材质量的进一步提高。

编　者

2014 年 10 月 26 日

目　　录

项目一　秘书职业认知 …………………………………………………………… (1)
　　任务一　秘书与秘书工作认知 …………………………………………………… (1)
　　任务二　秘书职业素养认知 ……………………………………………………… (11)
　　任务三　秘书工作悟性认知 ……………………………………………………… (22)

项目二　事务管理(一) …………………………………………………………… (28)
　　任务一　办公环境管理 …………………………………………………………… (28)
　　任务二　接打电话 ………………………………………………………………… (32)
　　任务三　收发邮件 ………………………………………………………………… (37)
　　任务四　时间管理 ………………………………………………………………… (41)
　　任务五　差旅安排 ………………………………………………………………… (46)

项目三　事务管理(二) …………………………………………………………… (54)
　　任务一　办公用品管理 …………………………………………………………… (54)
　　任务二　印信管理 ………………………………………………………………… (59)
　　任务三　值班工作 ………………………………………………………………… (65)
　　任务四　突发事件处理 …………………………………………………………… (69)

项目四　接待工作 ………………………………………………………………… (77)
　　任务一　接待工作认知 …………………………………………………………… (77)
　　任务二　内宾接待 ………………………………………………………………… (81)
　　任务三　外宾接待 ………………………………………………………………… (87)
　　任务四　接待礼仪规范 …………………………………………………………… (89)

项目五　商务活动安排 …………………………………………………………… (99)
　　任务一　安排商务会谈 …………………………………………………………… (99)
　　任务二　组织筹办仪典活动 ……………………………………………………… (102)
　　任务三　组织安排签字仪式 ……………………………………………………… (108)
　　任务四　组织策划新闻发布会 …………………………………………………… (112)
　　任务五　组织策划展会活动 ……………………………………………………… (116)
　　任务六　安排宴请活动 …………………………………………………………… (122)

项目六　会议管理 ………………………………………………………………… (131)
　　任务一　会务工作认知 …………………………………………………………… (131)
　　任务二　会前筹备工作 …………………………………………………………… (136)
　　任务三　会中服务工作 …………………………………………………………… (153)
　　任务四　会后落实工作 …………………………………………………………… (160)

项目七　文书处理……(176)
任务一　文书与文书处理认知……(176)
任务二　发文处理……(181)
任务三　收文处理……(185)
任务四　文书管理……(189)

项目八　信息工作……(198)
任务一　信息工作……(198)
任务二　保密工作……(205)

项目九　调查研究工作……(210)
任务一　调查研究工作认知……(210)
任务二　市场调查……(218)

项目十　协调工作……(226)
任务一　协调工作认知……(226)
任务二　与领导关系的协调……(230)
任务三　与职能部门关系的协调……(237)
任务四　与同事关系的协调……(241)
任务五　与客户关系的协调……(244)
任务六　与媒体关系的协调……(247)
任务七　与政府部门关系的协调……(250)

项目十一　秘书的应聘与资格鉴定……(255)
任务一　秘书的应聘与面试……(255)
任务二　秘书职业资格鉴定……(262)

附录　秘书国家职业标准(2006年版)……(265)
参考文献……(276)

项目一　秘书职业认知

> **学习目标**
>
> **知识目标**　通过学习,理解秘书的含义,理解秘书部门的组织形式和基本职能,了解秘书工作的性质和基本内容。
>
> **能力目标**　通过学习,掌握秘书应具备什么样的知识和能力,从而在学习和实践中提高自己的悟性。

任务一　秘书与秘书工作认知

企业秘书采访侧记

为了了解企业秘书对秘书职业的认识和对秘书工作的感受,《人力资源》杂志社记者在沈阳和上海等地采访了多家企业的秘书人员。下面是记者的采访侧记。

人物之一:付小秋,男,29岁,满族,毕业于沈阳大学冶金机械专业,英语四级,现就职于辽宁宏远商业(沈阳)有限公司,担任秘书科科长。

大学毕业后,付小秋曾经在质量技术监督局工作过5年,后来应聘到宏远商业(沈阳)有限公司,担任管理干部,半年后被董事长看中,开始了职业秘书生涯,目前在这个岗位工作了3年。

总结这几年做秘书的体会,小付觉得自己学到了很多东西,而且觉得做秘书是学无止境的。刚开始做秘书的时候他觉得很辛苦,因为大学所学的专业基本上和秘书不沾边,所以一时有点理不出头绪来。经过3年的锻炼,小付发现自己在各个方面都有了很大的提高,现在基本上已经能够得心应手了。平时除了管理一些秘书和安排董事长的日常工作外,小付经常要单独处理一些公司的对外事务。

小付说,做秘书服务意识一定要强,所谓想老板之所想、急老板之所急,把事情想周到、做周到。做秘书男性更有优势,因为老板大部分都是男性,所以陪老板出差和应酬,男性更方便一些。尤其是现在社会上有些人对年轻、靓丽的女秘书有一些偏见,所以很多老板为了避嫌和工作方便更愿意选择男秘书。

小付认为,做秘书形象是很重要的,年龄并非很重要,因为秘书对外是代表公司形象的,不一定很漂亮,但是要求气质比较好,整洁,干练。

人物之二:任晓晶,女,25岁,汉族,毕业于东北财经大学金融专业,英语四级,现就职于辽宁宏远商业(沈阳)有限公司,担任办公室负责人。

任晓晶大学毕业后直接应聘到宏远商业(沈阳)有限公司,担任文秘,平时的主要工作是负责整理文件和档案管理。虽然这个工作很平凡,但是要非常认真,不能出一点差错。由于表现出色,任晓晶现已被提升为董事长办公室负责人。她很喜欢这个职业,觉得自己的性格也非常适合这个职业。

做一名合格的秘书应该有很深的文化底蕴,要不断学习,更新思想,拓宽视点,要具备处理应急事件的能力。任晓晶认为,做秘书女性更有优势,因为女性的感性思维比较强,做起事来更细心一些。

人物之三:丁霞,女,23岁,汉族,毕业于首都经贸大学公共管理专业,英语四级,现就职于上海某台资生物工程公司,任董事长秘书。

在读大学三年级时,丁霞就开始在父亲的房地产公司帮忙,当父亲的助手。大学毕业后,丁霞只身闯荡上海,应聘到这家台资企业,目前已在这家公司工作了一年半。由于在父亲的公司积累了一定的工作经验,她很快便适应了新工作和新环境。她认为秘书是一个综合性比较强的职业,外表不一定很重要,只要落落大方,衣着得体即可,实力才最重要。对于一个成功的秘书也没有年龄和性别的要求,做一名合格的秘书需要多方面的能力,如知识水平、社交能力、应变能力、协调沟通的能力等。

丁霞说,关于人们对女秘书的偏见,的确有个别现象,尤其在外资企业,有的女秘书和老板关系暧昧。但是只要秘书自己摆正位置、坚持原则,人们也无可厚非。眼下做秘书很锻炼人,也能学到很多东西,增长很多见识,可以丰富自己的人生经历。[①]

现代社会,秘书已成为一种普遍的社会职业。秘书这种职业的特殊性在于它不是存在于某一个行业领域或某一类组织机构中,而是存在于各行各业、各类组织机构中。

一、秘书

(一) 秘书的含义

在《辞海》中,"秘书"有五种含义。一指职务名称。掌管文件并协助领导人处理日常工作的人员。二指官名。中国自秦汉以来,历代封建王朝曾设有尚书、秘书监、秘书令、秘书丞、秘书郎等官职,负责官员向皇帝奏事的奏章函牍的处理、皇帝命令的宣示以及宫禁图书的管理等工作。三指使馆中介于参赞和随员之间的外交人员,分为一等秘书、二等秘书和三等秘书。他们受使馆馆长之命进行工作,享有外交特权与豁免权。四指宫禁里的藏书。《汉书·刘向传》:"诏向领校中五经秘书"。五指谶纬图箓等书。谶纬指汉代流行的宗教迷信。"谶"是巫师或方士制作的一种隐语或预言,作为吉凶的符验或征兆。"纬"是方士化的儒生编集起来附会儒家经义的各种著作。"图箓"即谶书。

关于现代秘书的含义,仍在不断地探讨和争论之中,代表性的定义大致有以下几种。

《秘书国家职业标准(2006年版)》给"秘书"的职业定义是:从事办公室程序性工作、协

---

① 宋湘绮,刘伟,邓石华:《秘书实训》,北京:清华大学出版社,2008年版,第6页,有改动。

助上司处理政务及日常事务并为决策及实施提供服务的人员。

中共中央办公厅原副主任、《秘书工作》原主编、北京现代秘书科学技术研究中心主任傅西路先生认为：秘书是为领导工作服务的办公室人员，是领导的参谋和助手。

国际秘书联合会对"秘书"下的定义是：秘书应是主管人员的一位特殊助手，他们掌握了办公室工作的技巧，能在没有上级过问的情况下表现出自己的责任感，以实际行动显示出主动性和正确的判断能力，并且在所给予的权力范围内作出决定。

中国秘书学家常崇宜认为：秘书，是从事信息性、事务性、技术性工作，近距离综合辅助领导决策与管理的职员。

这些看法，各有道理。人们在给"秘书"下定义的时候容易出现以下几个误区。第一，外延过宽。如说秘书是"职务的名称之一，是领导的助手"，事实上领导机关各个部门的工作人员无不是领导的助手。第二，内涵过窄。如说秘书应以从事文字性、文牍性工作的人员为主。第三，对秘书工作内容和形式的理解过于陈旧。如把秘书界定为"国家工作人员"或"公务服务人员"，这就不符合现代秘书发展的现状。

经过比较分析，本书采用的定义为：秘书是为政府机关、企事业单位、团体或个人提供辅助管理、综合服务的人员。原因在于："人员"比"国家工作人员""公务服务人员""助手"更符合现代秘书存在的现状；"辅助管理、综合服务"，是从秘书的服务对象和职能两方面揭示它的本质属性，并把它和其他的人员区别开来。

（二）秘书职业的发展沿革

我国早在原始社会就有了秘书工作，那时的秘书无"秘书"之名，而行"秘书"之实。据《史记》记载，黄帝时期的"仓颉"作为史官就担任了秘书的工作，虞舜时有"纳言"官职，负责上传下达、出纳王命的秘书工作。夏商周时期的史官更是承担了秘书工作。西周时期我国历史上最早的中央秘书机构"太史寮"形成，主要负责册命、祭祀、拟制文书、保管档案等秘书工作。到了春秋战国时期，"士"为一些贵族和官员所招纳，实际成为了最早的私人秘书。从秦汉开始，从中央到地方都设有专门的秘书机构和秘书人员。随着朝代更替，先后出现不同的秘书官职称谓，如丞相、御史大夫、尚书、中书监、翰林学士、内阁大学士、军机大臣等。

我国现代意义上的秘书始于孙中山先生领导的南京临时政府，大总统府内设置"秘书处"，"秘书处"设有秘书长一人、秘书若干人。这时的秘书才是真正指称现代意义上的秘书职务，这时的秘书也才具有了现代意义。

（三）秘书的分类

1. 横向上分类，就是秘书的类别

从不同的角度可以对秘书进行不同的划分。根据秘书的服务对象和经济来源，秘书可分为公务秘书和私人秘书；根据秘书工作的行业特征，秘书可分为党政秘书、司法秘书、教学秘书、商务秘书、医务秘书等；根据秘书从事的具体工作，秘书可分为行政秘书、文字秘书、机要秘书、信访秘书、事务秘书、公关秘书等。

2. 纵向上分类，就是秘书的层次

它包括两个方面的内容：一方面，秘书人员所在的机关、单位，其级别有高有低，可分为中央、省市、县和基层四个层次，因而相应地有四个层次的秘书；另一方面，在同一机关、单

位,秘书人员的职位也有高低之分,可分为高级秘书、中级秘书、初级秘书。需要注意的是,高级、中级、初级之分也只是相对的。

国外根据秘书承担责任的大小和资历等方面条件的不同,也将秘书分不同的层次。如英国把属于政府文官系统的秘书分为行政级、执行级、文书级、助理文书级四个层次;日本企业界的秘书则分为见习秘书、初级秘书、中级秘书、高级秘书四个层次;美国秘书的分类很细,据美国行政管理协会的分类,秘书分成企业秘书、行政助理秘书、法律秘书、政府秘书、教育秘书等。每一种类的秘书都有不同的要求和工作特点。在美国的工商企业中,行政秘书按照职位从低到高依次分为B级秘书、A级秘书、经理秘书。

二、秘书工作

(一) 秘书工作的内容

秘书工作千头万绪,包罗万象。美国把秘书工作用"文书、事务、一般管理"三个词来概括,有一定的代表性。结合我国的实际情况,可将秘书工作的内容概括为"辅助管理、综合服务"。我国政府机关和企事业单位的秘书工作大致有以下内容:事务管理;接待工作;商务活动;会议管理;文书撰制;文书处理;档案管理;调查研究;信息资料工作;信访工作;协调工作;督查工作等。这是从整体上来把握秘书工作,并不是说每一个秘书人员的工作都包括这些内容。就其具体的工作内容来看,由于秘书人员所在行业、单位、层次、专业等方面的不同而表现出不同的侧重点。一般来说,机关、单位层次高、规模大,秘书人员多,分工也就细一些,每位秘书人员担任的工作项目少一些,但单项技术要求要高一些,反之,基层单位秘书工作项目和工作内容就要多一些。

(二) 秘书工作的性质

关于秘书工作的性质,秘书学专家有不同的概括,综合大家的说法,一般认为辅助、综合服务性就是秘书工作区别于其他部门工作的特殊之处,也是秘书工作最基本的性质。

1. 辅助性

辅助性是秘书工作最根本的属性,是由秘书部门对领导部门的从属关系所决定的。

2. 综合服务性

秘书工作其实就是一项服务性的工作,其出发点应是为领导的工作创造方便的条件和良好的环境,以促进工作效率和质量的提高。而这种服务是一种综合性服务,是全方位和多方面的服务。它不仅要为所在单位的领导服务,为所在单位的其他部门服务,也要为所在单位的下级和群众服务。这与秘书工作的辅助性密切相关。

(三) 秘书工作的作用

1. 助手作用

秘书工作之所以重要,是因为它直接为领导服务,直接关系和影响领导的工作,相当于领导助手的作用。

2. 参谋作用

给领导当参谋是领导对秘书高度信任的表现,也是对秘书工作提出的高要求。参谋作用体现在秘书工作的各个方面。

3. 枢纽作用

秘书工作的枢纽作用,从纵向上看是做好承上启下、上传下达工作。秘书机构掌握着大量的、各种各样的信息,上级的精神通过这里传达下去,基层的动向通过这里反馈上来;从横向上看是做好单位各职能部门的协调、平衡工作。所以,有学者提出:秘书部门是来自上下左右的各种情况、资料、函件、信息的集散地,是领导工作指挥、联络系统的开关,是协调上下、沟通左右的桥梁。

4. 信息作用

秘书要当好领导的助手,充当领导的"耳目",就必须进行调查研究,收集各种信息,为领导决策提供服务。秘书机构除要获取准确、及时、全面的信息外,还要经过认真的综合处理,提取有价值的信息。同时,也要将贯彻执行领导决策过程中的相关信息及时反馈给领导,便于领导适时调整工作,进一步完善决策。

5. 门面作用

秘书机构素有"关口""窗口"之称。说它是"关口",是因为文件、信息的上承下达都要经过这里进行传递和输送,它要把好文字关、用印关、保密关等。说它是"窗口",是因为内外联系、来信来访大都由秘书机构出面办理,人们往往把它看成是代表领导的。秘书机构和秘书人员的形象对领导机关的影响很大,因此,秘书人员一定要拥有良好的工作作风和服务态度,充分发挥好形象作用。

(四) 秘书工作的原则

所谓秘书工作的原则,是指我们从事秘书工作时必须遵循的基本准则。国家对此并无特别规定,学术界也较少讨论此问题。但是,在实际工作中,秘书人员只有明确并遵循这些原则,才能正确完成任务,提高效率,少走弯路。

1. 准确

准确是对秘书工作质量的要求,也是提高效率的基础。秘书人员无论是为领导提供信息或向领导反映情况,还是协助领导起草文稿,都必须力求准确,即数字要准确、时间要准确、概念要准确、名称要准确,有时一字之差或一个标点符号用错,便会造成严重的后果。所以,秘书人员必须具有认真的态度和踏实、细致的工作作风。

2. 高效

高效是对工作效率的要求。秘书工作应及时、高效。要做到这一点,秘书人员首先必须具有很强的工作责任心,坚决反对拖拉、懒散的工作作风;其次要建立科学的工作制度,合理地安排各项工作,尽量减少环节、简化程序;最后要改善工作手段,尽可能地使用先进的技术设备,以提高工作效率。

3. 保密

保密是对秘书工作纪律上的要求。古今中外,"秘书"一词都含有秘密、机要之义。保守党和国家的机密,是对秘书部门的基本要求,也是其神圣职责。做好保密工作就是要求秘书部门经手的文件、材料,不泄露、不遗失;要求秘书部门严守保密纪律,不外泄领导层未公开的决定事项或领导收到的各种文件、资料、函件的情况和内容。

三、秘书部门

(一) 秘书部门的含义

秘书部门即秘书机构,是秘书人员工作的地方,它是秘书群体和个体活动的组织形式。在各种机关的内部机构中,按秘书部门担负任务的性质可将其分为职能性机构(或称业务部门)和综合性机构两大类。职能性机构是国家机关、企事业单位为分工专管某项业务而设立的工作部门或单位。秘书机构一般来说虽然不承担任何具体的业务工作,但有些无法分配到具体业务部门的工作往往要由秘书机构承担。因此,秘书机构是党政机关、人民团体、企事业单位等组织内部的综合性办事机构和参谋性机构。

秘书部门有广义和狭义之分。广义的秘书部门是指处于机关单位综合枢纽地位,直接隶属于机关首长,全面辅助领导机关,为领导工作和机关工作服务的办公部门。一般来说,在高层称为办公厅,在基层称为办公室,包括其下属的秘书、文书、机要、信息、调研、协调、督查、信访、接待、值班等部门。

狭义的秘书部门是指各级办公厅(室)中的专门从事辅助机关单位及其负责人办理秘书业务的部门,以领导工作为直接服务对象,以文牍性、机要性工作为主要任务,往往以秘书直接命名的办公部门,如办公厅(室)中的秘书处(科)等。

人们常说的秘书部门大多是指广义的秘书部门。

(二) 秘书部门的名称

我国秘书部门的名称大体有三类。一是办公厅(室)。二是在"秘书"一词后冠以"局""处""科""股""室"来命名的秘书机构。它们一般属办公厅(室)下设的部门机构,具体负责文书、会议、联络、接待等工作。三是以秘书组织承担的具体职能来命名的秘书机构。如信访办公室,就是专门接待人民群众来信来访的秘书部门;机要局,就是专管机要工作的秘书部门。这类秘书部门一般承担组织内部信访、机要等专职工作,称谓各地不统一,而且其职责也不尽相同。

这里要分清两个误区:并非所有的"办公室"都属于秘书机构,如外事办公室、侨务办公室、征兵办公室、台湾事务办公室、工业交通办公室等都不是秘书机构,因为这些机构所承担的职能并非秘书机构的职责。在秘书部门内也有非秘书性质的部门,如汽车队、保安处等。另外,有些企事业单位也会把一些尚未成熟的或难以独立的部门放入秘书机构,于是就出现了秘书机构中也存在着非秘书性质部门的现象。

(三) 秘书部门的组织结构类型

我国的秘书部门,由于缺乏科学的编制管理,其组织模式尚不统一。从目前的情况来看,我国秘书部门的组织结构类型主要有以下两种。

1. 总体办公室结构模式

总体办公室结构模式是指根据机关或单位的整体需要,只设置一个办文、办事、办会等秘书事务均统一管理的综合办公部门,所有的秘书工作由办公厅或办公室统一或分派人员办理,下面不再分设部门。这适合于秘书工作量不太大的机关或单位。这种结构模式的秘书部门的最大特点就是一个单位或一个机关只设置一个综合性的秘书部门,整个秘书工作全部集中在秘书机构管理。

2. 分部门办公结构模式

分部门办公结构模式,顾名思义,就是将工作内容进行分工,采用分部门办公的形式进行管理的结构模式。这样,秘书工作机构就是整个机关中的一个部门,从部级的办公厅到科级的办公室下面都可以有更低一级的秘书部门分别处理不同的秘书工作。这种情况下的秘书机构是一种职能分工型模式,由领导层直接管理各个按秘书职能组建的处室。这种形式能充分发挥职能部门专业管理的作用,主要适合于管理面较宽,或驻地相对分散,且工作联系面广,需处理的公文比较繁多的大中型机关组织,又大体有以下三种情况。

(1) 因人分设制

所谓因人分设制,即根据领导人的职务分工而分设相应的秘书机构。如我国党政机关办公部门内设综合处(科)、秘书一处(科)、秘书二处(科)、秘书三处(科)等,这大都是根据主要领导和分管领导的分工而设置的秘书机构。

(2) 因事分设制

所谓因事分设制,即根据秘书工作的业务范围而分设相应的秘书机构。如各办公部门中的秘书处(科)、文书处(科)、信息处(科)、督察处(科)、信访处(科)、调研处(科)等秘书机构就分别负责文字工作、文书工作、信息工作、督查工作、信访工作、调研工作等秘书业务。它们通过各自的业务活动辅助领导工作和机关工作。

(3) 混合分设制

混合分设制,即因人分设制和因事分设制两者兼有的组织模式。如某些办公部门中同时设有秘书一处(科)、秘书二处(科)、秘书三处(科)、综合处(科)、信息处(科)、信访处(科)、调研处(科)、接待处(科)等,这就是典型的混合分设制模式。

(四) 秘书部门的具体组织形式

秘书部门的具体组织形式是根据工作的实际需要而确定的。影响秘书部门组织形式的主要因素是机关单位的性质和规模。

1. 国家行政机关秘书部门的组织形式

国家行政机关分为五个管理层级,秘书部门也相应地分为五个层次(参见表1-1)。

表1-1 国家行政机关秘书部门设置的五个层次

国家机关层次	秘书部门层次	下设部门
中共中央国务院	办公厅	局
中央各部、委,各省、自治区、直辖市政府	办公厅	处
地市级政府及省、自治区、直辖市所属各厅、委	办公室	科
县级政府及市属各局、委	办公室	县机关办公室下设股;市属局、委的办公室大多不设下属部门
乡、镇政府及县属局、委	办公室	一般不设下属部门

中央机关设办公厅,中共中央办公厅设正、副主任为负责人,不设秘书长;国务院办公厅由正、副秘书长负责,不设办公厅主任。办公厅下设部门为局。

各省、自治区、直辖市政府及国务院各部、委设办公厅,下设部门为处。

地市级政府及省、自治区、直辖市所属各厅、委设办公室,下设部门为科。

县级政府及市属各局、委设办公室,县机关办公室的下设部门为股,而市属局、委的办公室大多不设下属部门。

各乡、镇政府及县属局、委设办公室,一般不设下属部门。

秘书部门的下设部门数量不一,如市委办公室一般设秘书科、机要科、综合科、督办科,有的还设接待科等。市和市级以上的政府机关一般都设秘书长,秘书长的职责是总领整个机关的秘书工作。

有些级别较低的机关(如地级市的区以及乡镇)大多采取党委办公室和政府办公室合署办公的形式。而有些单位的办公室已不完全是秘书部门,如党委办不仅要承担办公室的职责,而且组织工作、宣传工作、统战工作,甚至连工会、共青团的工作也归入其中,只有内部的工作人员才有专职的分工。

2. 企业秘书部门的组织形式

由于公司、企业的规模不同,秘书部门的设置也多种多样,主要有这样几种形式。

(1)"公司办公室""集团办公室""行政部"或"经理办公室"等形式

这种秘书部门大多设在一些大中型企业或公司中。这类秘书一般对领导集体负责,全面掌管单位内部的行政管理事务,为厂长、经理个人配备的秘书,也同时隶属于行政办公室。企事业单位无论其规模大小,秘书部门都不能叫作办公厅,只能称为办公室。规模较大的单位,其办公室可下设部门。企业组织结构简图如图1-1所示。

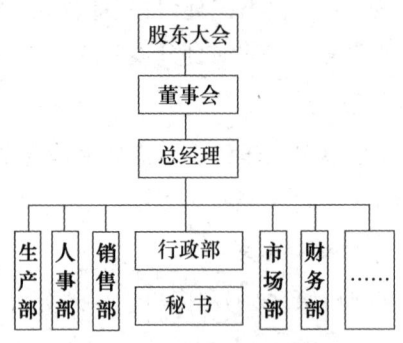

图1-1 企业组织结构简图

(2)"秘书室"或"文秘室"等形式

这类秘书部门大多设在规模比较小的企业中,主要负责企业内部文书处理、来客接待等综合事务。此外,还有只有秘书岗位而不设秘书部门的形式,这在一些小型民营企业中比较多见。

3. 事业单位秘书部门的组织形式

事业单位秘书部门的设置形式一般介于行政机关和企业之间。由于事业单位的性质和规模不同,秘书机构在设置形式上也不尽相同,一般是参照同等级党政机关的编制形式,结合本单位的实际情况来设置。如高等院校都设有校、系(院)两级办公室;有的高校秘书部门实行党政合署办公的形式;有的高校分别设有党委办公室和校长办公室的秘书机构。

4. 军队秘书部门的组织形式

军队的秘书机构有着科学、严密的编制体制,一般可分为首长秘书机构、机关秘书机构和会议秘书机构。

5. 民主党派、群众团体和学术团体等秘书部门的组织形式

各民主党派的领导机关根据各自的组织章程,参照同级党政机关的级别,设立秘书机构。工会、团委、妇联等群众团体按同级部、委、局的级别设立办公室。学术团体均设会长(或理事长)及秘书长。他们通常是兼职的,负责处理该团体的日常事务工作和会议的准备工作等。

6. 临时性秘书部门

临时性秘书部门,是指举办大型活动或联合召开大型会议时所设置的非常设性秘书机构,往往采用"秘书处"或"秘书组"的名称,但有时也采用"办公室"这一名称。临时性秘书部门人员大多从各组织临时选拔抽调,会议或活动结束即告解散。

(五) 秘书部门的设置和管理

秘书部门的组织形式和人员配备要符合精简、合理、高效的原则。其中,核心的问题在于人员的配备和管理应该遵从"异质结合"的原则,就是由不同的年龄、性别、学历、能力和专长的人员组成一个部门,以适应不同层次、不同性质、不同形式工作的需要。

秘书部门内部必须进行科学的分工,确立明确的岗位责任制,制定严格的管理制度。例如,要从实际出发,合理地调整、设置秘书机构,确立分工职责,使每个部门都各司其职、各尽其责;要建立严格的岗位责任制,使每个人都任务明确、责任清楚;要形成规范化、制度化、科学化的工作程序和工作方法。

案例一

如何正确对待秘书的事务性工作

毕业于名牌大学的钟苗踌躇满志地踏上了外企秘书的工作岗位,今天是她上班的第一天,一路上钟苗想象着她的工作:在电脑桌前熟练地操作;用流利的英文为总经理书写函件;聚光灯下,从容地主持对外活动……她兴冲冲地赶到办公室报到,老外经理淡淡地看了她一眼,然后吩咐说:"请钟小姐先把办公室收拾一下。"钟苗一愣,但立即按照经理的吩咐做了起来,将办公桌上东一堆西一堆的文件整理归位,将茶几上喝过的杯子、装满烟蒂的烟灰缸洗干净,然后对办公室的地面进行除尘。这一切做完以后,钟苗对经理说:"办公室收拾好了,请问经理,还有什么吩咐?"钟苗心想,这下该让我起草文件了吧。可是没想到,经理头也不抬地说:"请帮我倒杯水。"于是钟苗泡了一杯热的茶水端了过去,"对不起,要的是白开水。"经理挥了挥手说,钟苗赶忙又去换了一杯热的白开水。"对不起,钟

小姐,我要的是冷水。"经理有点不耐烦地说。她只好去换第三杯水,这才让经理满意。这以后,经理又吩咐她去做了很多的琐事:寄信、购买打印纸、煮咖啡等,一整天就这样匆匆过去了。第一天的工作经历让钟苗很失落,苦读了四年大学,为了提高英语水平,熟练操作电脑,甚至本末倒置,白天上课懒洋洋,晚上拼命读夜校,为的就是能获得体面的外企秘书工作,没想到竟然要像佣人那样为别人打扫卫生、端茶倒水、跑腿,这些不读书也能干的事为什么要让秘书来干,钟苗的心里充满了困惑。

【讨论分析】

请由3或4人组成一个小组,讨论以下问题,然后请每组选出1名代表表达本组讨论的结果。

(1) 案例1中端茶倒水的杂事该不该由秘书来干?为什么?
(2) 秘书的从属性和辅助性应体现在哪些方面?
(3) 我们应怎样看待秘书的事务性工作?

案例二

做秘书是为了不做秘书

"做秘书是为了不做秘书。"

坐在我对面的艾女士,现任恒达商业集团公司总经办行政经理,她如是说。

作为这家上市公司的高管,艾经理领导和管理着该公司的秘书团队。坐在该公司对面的茶楼里,她欣然接受了我的访谈。

她说,"我们公司一共有60多名秘书,这些秘书都有这么一种最基本的想法,就是'做秘书是为了不做秘书',做秘书只是她们目前暂时性的工作岗位而已。"对此我表示理解。

从我所接触的大部分在职秘书来看,从事秘书职业似乎都是别无选择的选择,通俗一点来说就是,自己也没想到要做秘书,领导这样安排了,不能不做啊。

同时,她们普遍心存这样的期待,那就是,秘书在领导身边工作,转行的机会应更多,机遇也应该更好。

因此,在合适的时候,她们会毫不迟疑地选择转岗,去做其他的工作。

公司的在职秘书已经形成一个相对稳定的岗位群体,大家在自己的QQ群上沟通,工作在网上,交流也在网上,一般都是即时性沟通。

艾经理协助公司人力资源部定期举办秘书技能培训班,根据公司秘书的需求与建议每年对她们进行6~8次业务培训,差不多每隔两个月就把她们从各分公司、门店召集到总公司来培训秘书业务。秘书们很忙,分公司主管们常常不愿意自己的秘书上来参加培训。原因嘛,一是她们一出来,好像就把原来的工作落下来了;二来,其他人一时接不上手,用起来不习惯。这真应了美国秘书界那句名言:优秀秘书只有在她离开时才会感觉到她的价值!

艾经理接下来的介绍让我感觉到某种震撼,她说,"我们公司最近新开张了一个业态,是生鲜超市,老总是从深圳招聘的徐总,他在部门经理会上明确提出来,说:'我知道大家

项目一 秘书职业认知

都很忙、都很辛苦,不过,我不允许任何部门经理使用秘书,但我不反对你们聘用行政助理,而且你们聘用助理时可以聘多名。'"

我感到震撼的缘由有二:一是这位徐总对秘书的定位相当前卫,非常符合这一职业的发展趋势;二是徐总的话语中似乎含有某种世俗的偏见。

【讨论分析】

请由3或4人组成一个小组,讨论以下问题,然后请每组选出1名代表表达本组讨论的结果。

(1)"做秘书是为了不做秘书"的原因是什么?

(2)该公司的秘书人士能不能换一种更积极的态度?如果能,预计对实际工作将产生怎样的影响?

(3)现代企业大多采取"主管+助理"模式设立秘书岗位,这种模式有什么积极意义?

(4)我们应该如何正确应对社会对秘书职业的世俗偏见?

任务二 秘书职业素养认知

善于学习
——第一次当秘书的心得

经过层层的面试,过五关斩六将,我终于成了企业公关部的一名秘书。这是我第一次当秘书,我本来以为,所谓秘书就是打打字、倒倒茶、接接电话什么的,对于像我这样一个大学毕业生来说应该是手到擒来。可是在公关部做了一年多,我却觉得要真正做好这份工作,成为一个好的秘书真得很不容易。

刚开始,缺乏实践、光有书本知识、只会纸上谈兵的我很多工作做得很不好。记得刚来公关部的第一天,部长布置我打一份表格并且要我尽快交给他。那份表格有点类似现在的职工评分表,其实非常简单。我虽然打字很熟练,但是对于做表格却一窍不通,对Word使用非常不熟练。我在电脑前坐了整整一个下午,可是电脑好像跟我赌气一样总是不听话,怎么也做不好,又不好意思请教其他的同事,因为大家都很忙。直到晚上下班同事都走了表格也没做出来,我急得都快要哭了,最后部长实在等不及了,过来三下五除二帮我把表格搞好。"表格事件"后不久,当时的部长助理布置我写一篇叫作《企业公关工作的策划方法》的文章。虽然在学校里学了公文写作,考试得分也不低,但是面对带点专业性质的公文,我还是感到手足无措。拿着助理给的几句话的提纲,构思了整整两天,连吃饭睡觉都在构思才总算凑出一篇两千多字的文章,数量尚且如此,质量就可想而知。还有后来的办公设备故障的简单维修、对外联络、文档管理、人际关系的运作,甚至连接听电话的方法这样的小事,都不断给我

11

很多的震动和教训。那短短的一个月时间超过了大学生活四年给我的全部,使我有"脱胎换骨"之感。我第一次体会出秘书工作中专门的知识和实践技能的重要性,学习和实践的紧迫感和动力也油然而生。

作为一名部门秘书,我做得最多的是写文章、写报告,但是我最怕的也是这个。生怕自己写出来的文章领导不满意。因为部门文件肩负着对外宣传、对内传达的重要作用,不仅在行文上受到固定格式的限制,而且在内容上还要充分体现领导的意图,得到领导认可。记得有一次我给部里整理一份会议纪要,以为是件很简单的事情,既没有按正式的格式写,也没有认真检查就交了上去。下午,部长就把我叫了去,我看见那份会议纪要上满篇都是部长改过的字迹,连标点符号也没放过,还有几个错别字被醒目地标了出来。那天部长说了很多话,记得最清楚的一句是:"年轻人犯错误不要紧,但是一个年轻人做事要认真,做出来的事情还要有专业水准。"我低着头,心里不知道有多么得惭愧,简直无地自容。那次错误使我刻骨铭心。此后,我就时时提醒自己:认真一些。

秘书工作比较繁杂琐碎,所以要把事情做得有条不紊和有效率也成了我的努力目标。刚开始我不知道怎么办,总是忘记重要的事情,有的事情还丢三落四,后来我请教了其他部门的一个经验丰富的老秘书,她告诉我要准备一个备忘录或者记事本,一边写应当完成的工作,一边留出空白,事情一旦做完,就在空白处画上一个符号,不时地看看记事本,就不会忘记事情了。现在我准备了一个办公记录,几乎每天都要记下领导和自己正在做的事情,看哪些事情正在办,哪些事情办得差不多了,一时未完成,记得去督促,一年下来还可以看看共做了哪些工作。在工作中我觉得记住电话号码也很重要,特别是经常来往的领导或有关部室的电话号码,因为领导很忙,可能会忘记这些号码,当他需要的时候如果我能马上回答出来,他就可以不用翻电话簿,节省了好多时间,领导也因此夸我"是个有心人"。我平时还注意收集一些有用的信息,比如定期统计我们部门接待了多少人,搞了大大小小多少活动,从外面聘请了多少专家讲课,让领导从数字上有一个精确的概念;我也花了很多时间将部里大量凌乱的文档整理出来,用统一格式打印标签目录,标记不同档案,使档案清晰美观,更方便领导和同事查询。

在公文的写作上,我也体会出要写出质量好的文件,不但要多读重要的经典文件,还要多读领导讲话,多揣摩领导的意思。了解他们思想的"关注点",这样写作时才能站在他们的角度,对事物的方方面面进行分析,才能达到稿件中要求的对事物的预见性、针对性和操作性。现在送部长审定的稿子上还是时常有被修补、添改的地方,这使我知道自己的肤浅,也愈知一个秘书的成长并非一蹴而就的事情,而是一个外因和内因不断磨合,充分调动主观能动性的循序渐进的过程。

在领导和同事的帮助下,我在不断地成长,我也越来越喜欢自己的工作。我觉得一个人刚开始做事情,可能会做得不好,但是只要能够调整好自己的心态,不断地学习,全身心地投入工作,经常反省,看到自己的不足,并且力求做得更好,在工作中不断思考,不断地总结,不断地创新,终有一天你会发现比以前做得更好。①

---

① 孙荣:《秘书学概要》,上海:上海社会科学院出版社,2006年版,第144页,有改动。

项目一 秘书职业认知

一、秘书的知识和能力要求

《秘书国家职业标准(2006年版)》中规定,秘书应当"具备文字与语言沟通能力、综合协调与合作能力、逻辑思维与分析能力等"。秘书人员要胜任工作,必须具备相当的基础知识、专业知识和适应各种工作的不同能力;必须具有一定的马克思主义理论修养、政策修养、良好的思想和作风;必须具有稳定健康的心理状态;必须遵守本行业的职业道德。

(一)秘书的知识结构

秘书工作具有综合性,这就要求秘书人员在横向上具有较宽广的知识面;秘书工作又有自己的专业特点,这又要求秘书人员在纵向上具有较深厚的专业知识。

1. 基础知识

秘书人员应具有的基础知识分为两个方面:一方面是社会科学知识,即语文、政治、历史、地理、外语等知识;另一方面是自然科学知识,即物理、化学、数学、生物等知识。这些基础知识在秘书工作过程中将起着直接或间接的作用。

2. 专业知识

专业知识,是指秘书人员都应具有的秘书业务知识,包括应用文写作、文书制作和文书处理、档案保管、办公室管理、调查研究、会议组织、信访工作、信息科学和公共关系等知识。这些知识是秘书人员必须掌握的核心知识。

3. 行业知识

行业知识是秘书人员所在行业、系统的基本知识,如在政府机关工作的必须具有行政管理知识,在工商企业工作的必须具有企业管理和市场营销知识。其他在教育、军事、外事、科学、文艺、体育、医疗等行业系统的秘书人员也应分别具有各自行业的基础知识。

4. 相关知识

相关知识是秘书人员为适应时代需要应加以进修提高的知识,是秘书人员知识结构中的较高层次,主要涉及经济学、法学、社会学、心理学、传播学、领导科学、统计学等。学习这些知识,可以使秘书人员在更广阔的领域去从事秘书工作。有些知识可以使秘书人员从更深的角度去认识秘书工作。比如,社会学、心理学有助于秘书人员认识自己的社会地位和社会价值,调整自己的心理状态,运用科学的方法更自觉地、更有效地适应秘书工作。

秘书人员应根据岗位的需要和自我的要求,有针对性、有目的性地建构合理的知识结构,不断优化自己的知识体系。随着社会的不断发展,"终身学习"的观念正深入人心,日益成为对各行各业从业人员的共同要求。因此,要想胜任秘书工作,不能指望通过几年大学的专业学习便可坐享终生。只有不断学习,不断提高才能顺应时代和社会的发展需要。秘书人员应根据自身实际有意识地扩大知识面,不断增加专业知识与行业知识的广度和深度。

(二)秘书的智力结构

良好的智力是从事秘书工作的基本条件。秘书的智力主要包括以下五个方面。

1. 观察力

凭借感知直接获取感性材料是智力活动的门户。秘书人员肩负信息收集和反馈的职责,应成为目光敏锐的观察家,耳听六路、眼观八方。秘书人员提高观察力需要培养观察兴趣,形成观察习惯;多方接触,开阔视野;态度客观,操作细心。

2. 注意力

注意力主要指集中专注于某一客观事物的心理活动。它是人们清晰、准确地认识和反映事物的保证。秘书人员在工作过程中有时需要注意力稳定、专心致志、绝无旁骛;有时因工作头绪繁多,必须兼顾需要合理分配注意力;有时需要及时转移注意力,紧随领导、适时调整。这都需要秘书人员加强工作责任感,增强自控能力。

3. 记忆力

记忆力主要指保持识记和个人经验再现的心理过程,它是智力活动的"储存器"。秘书人员智力的发展需要记忆仓库提供原材料进行加工深化,秘书人员需要运用记忆力储存大量的信息资料。秘书人员工作的特殊性要求秘书人员具有敏捷而正确的记忆。

4. 思维能力

思维能力主要指对客观事物间接和概括的反映能力,它是智力活动的核心。思维能力强弱集中表现在其思维的广度和深度上。广度指思考幅度大,思维面开阔,见微知著,洞察背景,范围不狭窄,思路有层次;深度指思考程度深刻,从现象看本质,追寻来龙去脉,探索内在规律。

5. 想象力

想象力主要指人们在原有感性形象的基础上,经过新的排列组合而创造出新形象的思维活动。它是人们智力活动的翅膀和创造活动的推进器。秘书人员应具有丰富的想象力,以便活跃思路,发挥创造性,从已知预测未知,预计事物的发展前景。想象力的培养是一个漫长的心理锻炼过程,要求广采博收、注重积累、活跃思维、打破常规。

(三) 秘书的能力结构

对于秘书能力的要求是"一专多能、全面发展"。秘书工作的复杂性、多样性和秘书活动的丰富性、广泛性要求秘书人员必须具有多种能力,其中最重要的是以下六种能力。

1. 表达能力

表达能力包括口头表达能力和写作能力,"能说会写"是现代秘书的专业技能。

(1) 口头表达能力

秘书口头表达能力的基本要求是"准确、简练、明晰、得体"。秘书人员应会说一口标准且流利的普通话,要口齿清晰、不紧不慢。对领导讲话要简明扼要,对群众讲话也切忌啰唆冗长,更不要拖音带腔。同时,由于思维清楚才能说话清楚,因而要使自己说的话有条有理,秘书人员就要多思考,说话前要善于打腹稿,不要信口开河、滔滔不绝,也不能沉默寡言,问一句答一句。

因为是工作上的沟通,所以必然要讲究方法和艺术。比如,领导在批阅业务部门的请示时,经常会让秘书人员把当事人找来,以便了解一些具体情况。如果秘书人员打电话通知对方时简单地说:"经理找你",那么突如其来的通知多少会令对方忐忑不安,如果对方因此而难以把事情说清楚则会影响领导的工作。假如秘书人员换一种表达方式,如"经理正在审阅你们上次提交的××请示,现在他想找你了解一些具体情况",这样当事人有了心理准备,自然容易将事情说明白。

(2) 写作能力

秘书写作能力的基本要求是"准确无误、文思敏捷、出手成章、自成风格"。秘书人员要写好公文和应用文,应具有语法、修辞、逻辑知识;应掌握大量的词汇和不同的句式;应具有公文和应用文文体知识;应掌握常用汉字,掌握标点符号的用法,并通过长期实践,将这些知识综合起来转化为写作能力。写作能力并不仅仅是文字表达能力,还反映了一个人的思维能力、观察能力和语言组织能力,是需要加以锻炼、培养才能提高的。

2. 办事能力

秘书活动具有鲜明的事务性特征,办事是秘书人员基础性和经常性的工作。对于领导来说,他们每天要忙于抓具有全局性的大事,具体的事务性工作要由秘书人员来承担。凡是其他的部门不管的事和领导交办的事秘书部门都要管,因此办事能力是秘书人员的一种最基本又是最重要的能力,也是一种综合能力,它大致包括以下三个方面。

(1) 理解领会能力

理解领会能力是高效办事的前提,其中包含倾听能力。秘书倾听能力的基本要求是"认真倾听、准确理解、善于归纳、甘于沉默"。全面正确地理解领会领导的意图(也包括其他交往对象的意图)才能将事情办好。如果理解领会得慢,则会耽误工作;如果理解领会错了,则更是会办错事。

(2) 观察分析能力

秘书工作可谓千头万绪,事无巨细,所以秘书人员在工作中要时时、事事、处处做有心人,要善于观察,善于发现"死角",及时提请领导注意,要善于做拾遗补缺工作;不仅要善于发现问题,而且要善于分析问题,综合考虑各种事情,分出轻重缓急、主次难易,有条不紊地办好。秘书人员有了观察分析能力就能深入实际,在分析研究中提出解决问题的办法,供领导参考。观察分析能力是秘书工作由被动服务转为主动服务的前提条件。

(3) 应变能力

秘书人员的大部分工作都有章可循,应严格按照政策和规章制度办事。在生活节奏不断加快及市场竞争异常激烈的现代社会,有些工作(尤其是事务性工作)在特殊的时间、地点、条件下常会出现意想不到的突发性事件。处理此类问题既要符合原则,又要有一定的机动性和灵活性。遇到突发性的危机在联系不上领导或得不到批示时,就要求秘书人员能审时度势、处变不惊、随机应变,在短时间内拿出对策。这些都是对秘书人员应变能力的考验。

3. 社交能力

随着社会的发展,人类的社会交往将更加频繁。现代社会中的秘书人员经常要参加各种社会活动,外出联系工作、调查情况、收集信息、进行协调,参加各种会议、会谈或宴会,甚至有参加外事活动的机会。秘书人员必须具有一定的社会活动能力,懂得各种场合的礼仪、礼节,善于待人接物,善于处理复杂的人际关系。

4. 协调能力

协调能力是指秘书人员在领导的授意下,在秘书部门的职责范围内,积极主动地沟通

信息、调节关系、协同步调,促进组织和谐运行,提高工作效率。秘书人员要善于发现机关与机关之间、部门与部门之间工作上的矛盾或不平衡;要善于发现文件与文件之间在政策、提法上的抵触或不一致;要善于发现领导与领导之间的误解或不和,并及时加以沟通、协调。

为了提高协调能力,秘书人员:一要勤奋学习,熟悉政策、法律、原则、规则,掌握协调依据;二要胸怀大局,通盘考虑,统筹各方,处理关系;三要目光敏锐,洞察矛盾焦点,把握协调关键;四要讲求协调艺术,会做思想工作,实现协调目标。

5. 办公自动化操作和信息处理能力

随着科技发展和网络技术的应用,我们已步入信息时代,秘书的传统工作方式也有了根本性的改变。由于计算机、扫描仪、复印机、投影仪、数码相机、数码摄像机、办公软件、图像编辑软件、移动电话、公司局域网、国际互联网等数字化、智能化、信息化的办公软件和硬件的广泛运用,使信息处理的速度和效率大大提高,对秘书人员的办公自动化操作能力及信息处理能力提出了更高的要求。现代社会要求秘书人员应敏于感受信息,勤于收集信息,精于鉴别和加工信息,善于运用信息。

6. 管理能力

管理能力是一种综合能力,集中体现在辅助决策、组织实施以及管理日常具体事务等方面。这要求秘书人员十分注重自己知识面的拓展和综合能力的提高,能够持之以恒、日积月累,以便培养很强的管理能力。

二、秘书的心理素质

秘书人员由于工作岗位的特殊性,不仅人际关系较复杂,而且在紧张的工作中遇到的矛盾和困难挫折也较多,如果没有较强的心理承受能力,就难以应付工作中所出现的各种情况,从而产生心理上的不适应。具有健康的身体素质和心理素质是做好秘书工作的基础。

(一) 秘书的职业性格特征

1. 谦虚

谦虚是秘书人员必备的性格特征。首先,谦虚可以帮助秘书人员处理好与领导的关系,因为秘书人员是为领导服务的,自以为是的秘书人员很难获得领导的赏识。其次,谦虚可以帮助秘书人员处理好与同事的关系。由于秘书工作的特殊性,秘书人员容易接触到许多其他同事接触不到的人、事和信息,这些往往成为飞短流长的诱因。秘书人员在日常工作中如不注意,或者反而因此目中无人,则更易激起其他同事的反感,也不可能得到他们工作上的配合。最后,谦虚对秘书人员自身也大有裨益。谦虚的态度可以使秘书人员能更加清楚地认识自己的能力,具备难能可贵的自知之明,亦可避免把一些本不属于自己职责范围内的事务强加于己。

2. 自信

自信就是深信自己有能力去完成所担负的各项工作。自信的秘书人员既拥有较高的工作热情,更具有勇于面对困难和战胜困难的勇气和信心。

当然,自信也有一定的限度,过于自信则滑向了谦虚的对立面——自负。美国克莱斯勒公司前总裁艾柯卡说过这样一句话:"坚强的自我意识和自我意识太强是截然有别的,前者是人格成熟的要素,而后者却具有毁灭性。有坚强自我意识的人了解自己的长处,有自信心,他对自己能做什么有客观的认识,并能果断地朝向他自己的目标前进。但那些自我意识太强的人则永远在追求赞赏,他永远需要别人的奉承,他自以为高人一等,面对他底下的人则总是趾高气扬。"故秘书人员既不能不自信,又不能过于自负,应将自己调整到最佳状态。

3. 宽容

所谓宽容,是指能容忍,有气量,不过分计较和追究一些人和事,能够谅解别人。秘书人员的宽容应表现在以下三方面。一是能以大局为重,不计较小事,在不是大是大非的问题上能忍让。在工作中,人们相互之间的摩擦是不可避免的,但秘书人员应该表现出一种宽大的胸怀,不斤斤计较,这样才能有利于工作的开展。二是能团结与自己意见不同甚至相反的人一道共事。"人无完人,金无足赤",不能要求别人没有缺点,不犯错误。秘书人员待人应能够不计前嫌以保持良好的人际关系。三是不妒贤嫉能。人在工作中的能力必然有高下之分,秘书人员应做到心胸开阔、取长补短。

4. 乐观

秘书工作位置特殊,对上要处理好与上司的关系,对下又要处理与群众、同事的关系,一旦处理不当,就会处于夹缝位置,两面不讨好,容易造成人际关系紧张。此外,除了面对领导的批评、同事的误解之外,秘书工作中还要应付千头万绪的烦琐事务,因而往往要承受非常大的心理压力。所以,秘书人员更要有积极乐观的生活态度和工作态度,它们是秘书工作的推动力。

乐观精神的一个突出表现就是幽默,"熬"人的秘书工作需要幽默来调剂。幽默是一个人智慧、机灵、学识、风趣的综合表现,是一种积极乐观的人生态度,它反映了一个人在待人接物中内在精神的自由。幽默具有强大的感染力和影响力,能够创造一种轻松自由的环境气氛,能够成为人际交往的润滑剂。

5. 自制

善于控制自己的情绪是一个人性格成熟的标志。秘书工作要求秘书人员必须具备高度的自制力,在工作岗位上言行举止不能有丝毫的任性,在工作中具体表现为不骄、不躁、不卑、不亢、不邀功、不抱怨。秘书人员应学会有效地控制自己的情绪,时刻保持一颗平常心,否则会因浮躁情绪影响判断力,甚至失去理智,造成失态。

(二)培养健康的秘书心理素质

1. 树立正确的人生观

人生观处于人的心理现象的最高层次,是个体行为的最高调节者。一个人只有树立了正确的人生观,才能正确对待工作中与生活中出现的各种矛盾、困难和挫折,才能对外界环境产生适当的行为反应,保持良好的心理状态。秘书人员只有加强自己的思想修养水平,提高自己的思想觉悟,才能真正树立起正确的人生观,才能始终保持积极的、健康向上的情绪状态,避免各种不良心理因素的干扰。

2. 克服各种不良心理的影响

一些不良心理因素对心理健康的影响是非常大的,如自卑、自大、多疑、嫉妒等是产生挫折、出现人际关系紧张的原因。作为秘书人员,既不能自高自大、目中无人,又不能一遇到困难或挫折就自暴自弃,产生严重自卑心理。秘书人员只有消除和克服了这些不良心理因素的影响,在处理人际关系时才能形成适度的行为反应,避免出现人际关系的紧张。

3. 学会调节心理压力,培养健康的情绪和情感

情绪、情感对人的心理健康有着直接的影响,许多不良的外界刺激都是通过对人的情绪、情感产生作用进而影响人的心理健康的。良好的情绪状态的一个突出标志是心情愉快。秘书人员要保持心情愉快,则应具有积极乐观的生活态度,遇事能容、能忍,能泰然处之。同时,还要培养幽默感。前面也谈到,幽默是秘书人员重要的职业性格之一,是一种精神上的放松,它能解除人的紧张状态。当然,工作、生活中如果没有压力,就会缺少动力,但是,如果压力长期过度,将会严重损害人的身心健康。秘书人员应善于调节工作节奏和生活节奏,化解工作中的压力,保持愉快的心情。

4. 积极参加各种有益的活动,培养健康的兴趣和爱好

积极参加各种有益的活动,可以避免产生孤独、恐惧等不良心理反应。特别是对于秘书人员来说,积极参加各种有益的活动是人际交往的需要,既有利于开展各项工作,同时又有利于实现身心健康。例如,经常去参加一些社交性的晚会、舞会,秘书人员可以广交朋友、联络感情、开阔视野、调节工作与生活、保持良好的情绪状态,同时也能培养健康的生活情趣,丰富自己的业余生活,这是保持心理健康的重要方法。又如,对文学、书法、摄影等的兴趣爱好,不仅可以起到陶冶情操、丰富内心情感、促进心理健康的作用,而且有助于工作能力的提高。再如,积极参加各种体育锻炼活动,这样不仅能锻炼人的体魄,而且能锻炼人的意志,调节人的心理状态,对促进人的身心健康大有好处。

5. 学习和了解有关心理方面的知识

秘书人员对于如何对待工作的紧张压力、如何对待生活中挫折、如何克服不良心理现象、如何科学用脑、怎样保持良好的心理状态等问题,都应该有所了解和掌握,这样才能学会在工作中和生活中进行自我调节,保持心理健康。秘书人员一旦出现了较为严重的心理问题,就应该像对待生理疾病那样重视它,及时找出调节缓解的有效办法。如果自身难以解决和克服,秘书人员就应到有关心理咨询服务机构去进行心理咨询和治疗,避免其向严重的方向发展。

三、秘书的职业道德

职业道德是人们从事职业活动所应遵守的行为规范的总和。职业道德是人们在长期职业实践活动中的高度总结,是道德在职业活动中的具体化、专门化。各行各业都有自己特定的职业道德,如教师应当"教书育人",医护人员应当"救死扶伤",公务人员应有公仆角色、服务意识等。《秘书国家职业标准(2006年版)》中关于秘书的职业道德提出了这样的职业守则:

(1) 谦虚谨慎,文明礼貌;

(2) 办事公道,热情服务;

(3) 实事求是，讲究时效；
(4) 兢兢业业，甘当无名英雄；
(5) 忠于职守，自觉履行各项职责；
(6) 钻研业务，掌握秘书工作的各项技能；
(7) 奉公守法，不假借上司名义以权谋私；
(8) 承诺意识、客户意识、时限意识、精准意识、保密意识、权责意识、服务意识。

以此为依据，我们可以将秘书人员在职业活动中应当遵守的职业道德规范概括为以下六个方面。

（一）礼貌待人

礼貌是一种修养。以礼相待既是对对方的尊重，又是对自己的尊重。秘书人员的一言一行关系组织的整体形象，所以要将文明礼貌贯穿在整个秘书工作之中。秘书人员待人接物一定要文明礼貌，要得体大方、谈吐文雅、面带微笑，既不傲慢、冷淡，又不阿谀、做作。秘书人员与人谈话要注视对方，专心倾听；而不能漫不经心、左顾右盼或同时做其他工作。职业的特性要求秘书人员必须和各种各样的人相处与交往，礼貌地对待任何人不仅是秘书人员的职业道德，也是其必备的职业素质。

（二）廉洁奉公

人们常说："小参谋办大事。"秘书人员是领导的参谋。大多数秘书人员虽职务不高、权力不大，但由于工作岗位的特殊性，使用权力的机会很多，接触大大小小利益的机会也非常多；而且由于秘书人员与领导的关系非常密切，自然也成为许多人为了找关系走门路而拉拢的对象。秘书人员应当自觉做到廉洁奉公，遵纪守法，不以权谋私，不接受贿赂。廉洁奉公的秘书人员既是机关、企事业单位纠正不正之风的得力干部，又是帮助领导廉正清明的有力助手。

（三）忠于职守

秘书人员应忠于职守。忠于职守大而言之是忠于国家、人民的利益，小而言之是要忠于本机关、本单位的政治利益和经济利益。忠于职守的另一层含义是对工作认真负责、一丝不苟，此外还意味着甘于寂寞、乐于奉献、任劳任怨。秘书工作的性质决定了秘书人员将远离鲜花、掌声和闪光灯，在工作中要甘当幕后英雄，不越权、不狐假虎威。邓颖超同志曾高度评价秘书工作："工作既具体又繁忙，无论是管文件、组织会议，还是从事公文写作，常常需要加班加点，夜以继日地工作，而且很少能出头露面、留名得利。自觉地发扬这种埋头苦干、自我献身、甘当无名英雄的精神，正是秘书人员的高尚之处。"

（四）严守机密

秘书人员在为领导处理大量工作的过程中，自然会接触大量的机密。秘书人员应具有高度的职业敏感，在头脑中有一把尺子，随时衡量各种信息的情报价值以及与各方面的利害关系。秘书人员要严守党和国家机密，不得泄露或出卖本单位的政治情报、经济情报、科技情报。

在工作和生活中，秘书人员要做到：不该看的不看，不该听的不听，不该说的不说，不该记的不记;不携带涉密载体出席公共场合,不在公开渠道传递涉密信息;不泄露领导尚未决定的关系群众利益的事,也不得议论别人的隐私,以免制造矛盾、破坏团结。秘书人员还要注意细节,防止无意泄密,比如在接待客人时,应将涉密材料合上或锁好,或者将涉密的电脑页面关闭或最小化。

（五）恪守信用

秘书人员必须在工作和人际交往中恪守信用。如约定会晤、安排会议、组织会议、收发函件、传递文件都要准时;接受任务若不能按期完成,必须及时汇报,不能拖延或擅自改变。恪守信用还包括秘书人员决不轻易答允别人所托而自己又力所不能及的事情,一旦答允就应该尽一切力量去办到。

（六）讲究实效

时限意识、精准意识和讲究时效都是《秘书国家职业标准》在 2006 年修改后新的提法。准确、迅速、求实是秘书工作的基本原则。实效既包含了时效的含义,又包含了求实的含义。所以,讲究实效既是对秘书工作质量的要求,也是对秘书工作效率的要求。

男朋友的工作变动

秘书钟苗的男朋友是销售部的李健。两人已相爱两年,并早已得到双方家长的赞同,准备在国庆放假期间结婚。为了不影响工作,两人的关系在公司里一直处于保密状态,不过他俩准备在今年中秋节的公司员工联欢会上向同事宣布。

离中秋节约一个月的一天上午,公司例行召开董事会,讨论人事工作的一些问题。钟苗负责会议服务。

"公司驻重庆的西南代表处的王经理已经在那里工作快两年了,因为公司的业务需要,一直没能休假。按公司惯例,应该调回公司总部,并且他的孩子明年就要高考,于情于理都应另派人手去接替他回来。"会上一位董事说。

"销售部的李健怎么样?小伙子在公司干了四五年了,算是老员工了,工作业绩也相当不错,是业务骨干。重要的是他还没有结婚,去外地工作比较方便。独当一面地干上两年,对他也是一个很好的锻炼,公司可以考虑将他作为未来的管理人才培养。"一位董事说。

"我看可以。"董事长说:"那就这样定了吧,这个月底就发调令。"

人事部经理马上说:"行!我们在月底前就给小李办好手续。"于是,李健去重庆工作的事就这样定下来了。

这天下班后,钟苗和李健又相会在环城公园的那棵熟悉的玉兰树下。

"我们国庆节举行完婚礼后,可以利用后面的一周长假出去旅游,你看这几个地方怎么样……"说着,李健递给钟苗几张旅游公司的宣传单。

项目一 秘书职业认知

【讨论分析】

此时此刻,钟苗是否应该把董事会上听到的消息告诉李健呢?由此谈谈秘书应具备的职业道德。可以组织全班同学进行分组讨论,然后请每组选出一名代表阐述本组观点。

采访秘书

1. 情景描述

要求学生访问一名资深秘书或从事过秘书工作的领导,通过采访活动使学生对"秘书"这一职业有初步的认知,了解访问对象所在单位秘书机构的组织构成、秘书部门设置及岗位要求,了解秘书人员应该具备的基本素质与能力,同时在完成任务的过程中锻炼学生的综合能力(如沟通协调能力、方案策划能力、书面与口头表达能力、团队协作能力等)。

2. 实训要求

(1) 制订采访方案:分小组制订采访方案,明确采访目的,收集采访对象及其单位的相关信息,联系采访对象,设计采访问题,准备采访设备与物品,明确分工,责任到人。

(2) 实施采访:利用课余时间自主访问,做好采访记录、拍照等工作。

(3) 完成采访报告:整理完成的采访记录,包括采访对象、采访经过、采访内容等要素;分析采访材料,归纳职业秘书应具备的素质与能力;总结采访体会,明确今后专业学习的方向。

(将上述材料整理、编排成电子文档,并用A4纸打印。)

(4) 试着画出所采访单位秘书部门与组织内外各种关系的图示,并分析其特点。

(5) 班级交流:运用多媒体分小组进行采访交流,学生互评,老师总结点评。

3. 实训提示

教师提前1~2周的时间布置采访任务,把班级学生分成若干小组(3~5名学生一组较为合适),采访单位及采访对象由各小组自行联系合作企业确定,各小组最好选择不同类型的企业。

一份好的采访方案对完成采访任务至关重要,所以,采访方案一定要反复修改,具有可行性和操作性。采访前各小组应认真设计采访问题,与采访对象联系时应注意礼貌和沟通技巧。

在采访交流环节,各小组应提前做好PPT,以保证汇报的流畅及时间的紧凑;采取小组代表点评的形式进行互评,可以节约课堂时间。

4. 实训考核

(1) 采访方案或策划书具体可行,占20%。

(2) 采访报告内容科学,结构合理,语言准确流畅,排版规范美观,占40%。

(3) 活动过程中的采访记录、照片若干,汇报PPT 1份,占20%。

(4) 汇报效果、团队合作、创新设计等,占20%。

任务三　秘书工作悟性认知

上任第一天

那是我调来给局长当秘书的第一天。上班后首先敲门进来的是一位处长,是来向局长汇报工作的。按照秘书工作的职责,我为来人倒了一杯茶水,放到沙发前的茶几上。局长见了,坐在皮椅上向我摆了摆手,示意让我将茶水放到他的办公桌上。然后指着对面那把木椅对处长说:"坐下谈。"处长遵从地坐到木椅上,先是一句开场白:"按照局里的指示……"便开始汇报工作。局长昂首挺胸,极严肃地听着。

处长正说着,忽然办公室门开了,从外边大步走进一个人。是谁这样没礼貌,不敲门就进局长的办公室?我正纳闷儿,只见局长迅速从皮椅上站起来,满脸笑容地迎上前去。原来是主管副部长。局长回头向处长说了一声:"你先回去,以后再说吧!"处长轻手轻脚地退了出去。我按照刚才的办法又倒了一杯茶水,刚要放到局长的办公桌上,局长伸手将水杯接过来,走到沙发前,弯腰将水杯放到茶几上。请部长在沙发上坐定后,局长把处长刚才坐的那把木椅拉到茶几旁自己坐下,然后掏出一支中华牌香烟给部长点上。

部长一边喝着茶、吸着烟,一边对局里的人事安排作出指示。局长连连点头称是。

中午部长走后,局长的一个朋友来访,我马上倒水,依刚才部长的样子,将茶水放到茶几上,并把局长办公桌前那把木椅搬到茶几旁。局长让他的朋友坐在沙发上,随手又把我搬过来的木椅搬回原处,然后与朋友并肩坐在沙发上,亲密地交谈起来。

局长的朋友走后,局长又坐回到他的皮椅上。局长问我:通过一天的实践,揣摸出这待人接物中的学问没有?①

一、悟性解读

"悟性"在《高级汉语大词典》里面的解释是指"对事物的理解和分析的能力"。在实际工作当中,相信人们都有这样的体会,那就是不论是做什么工作,在处理问题时都需要多动脑筋,系统地分析和判断问题,要既能干,又会干,更要懂得怎么干才是科学、合理、符合规程的,这样干得好的几率才要大一些。这也就应了古人常说的"师傅领进门,修行在个人"这句话。其实,这里面就涉及一个悟性的问题。悟性是指人对事物的感悟能力,或者说是对事情的敏感度以及分析和理解的能力。

---

① 廖小鸥:《秘书工作手册》,北京:企业管理出版社,2003年版,第24页,有改动。

二、秘书工作悟性的心理基础

秘书工作的悟性来自哪里呢？

首先，悟性是建立在一定的知识、智力和能力水平基础上的。秘书不仅需要具有广阔的知识面及相应的能力，还须具备一定的智力水平，才可以有效地提高其工作的悟性。我们可以称之为"慧能生巧"。

其次，悟性来自于工作阅历和工作经验。人们常说："熟能生巧"，"熟"是量的积累，是在"熟"的基础上摸索规律，把握窍门，总结经验。秘书人员要做到勤干多练，靠勤奋造就熟练，靠熟练提高悟性。

最后，悟性来自于高尚的思想和品质。秘书人员的悟性主要表现为对领导工作中难处、痛处的认识和理解，并且能够随时排领导所忧，解领导所难。秘书人员处理的一切事务，蕴涵着很强的原则性和政策性，也有很强的灵活性和机动性。秘书人员应明白处理哪些事情要讲究原则，哪些事情可以灵活，哪些事情刚性强，哪些事情可以软处理。秘书工作的悟性体现在：在原则问题上，应有坚强的意志，能够站在全局的角度考虑问题，有不达目的不罢休的毅力；在工作过程中，讲究工作的方法，有高超的工作艺术和工作策略。这就要求秘书人员应当有高尚的思想和优秀的品质。《红楼梦》中有句诗："世事洞明皆学问，人情练达即文章"，这可以说是秘书工作悟性所追求的最高境界。

三、秘书工作悟性的培养

良好的悟性是秘书人员能力的综合体现。秘书人员要想全面培养"悟性"，快速提升"悟性"，就要在工作中做到"用心、用脑、用胆、用力"。

秘书人员要培养自己乐观的态度。态度决定一切。乐观的态度有助于人们能够以良好的心态去面对一切困难和挑战。秘书人员在工作时常会受到一些挫折。俗话说："吃一堑，长一智"，这个"堑"，其实就是所遇到的挫折；这个"智"，就是从挫折当中获得的经验教训，也就是一个提升悟性的宝贵机会。没有痛苦的挫折经历，没有挫折的磨炼，人就很难获得进步。做好秘书工作，必须有平和淡定的平常心。秘书部门工作责任重、压力大。对于每天处于紧张工作状态的秘书工作者而言，吃苦耐劳是最起码的素质，心态平和是最好的境界。秘书人员应保持"平常心"，以冷静的态度对待工作，以宁静的态度对待得失，以清静的态度对待名利。

秘书人员要不断地去学习。学习是人获得不断进步的前提和基础之一。特别是在各行各业的新知识不断更新的情况下，学习的作用更加重要。做好秘书工作，必须有精益求精的钻研心，要有专注的精神，办文要办成美文佳作，办会要办得圆满成功，办事要办得圆融通达。秘书人员只有学习新知识、新经验、新做法，才会使自己快速进步，才会使自己更加有悟性。

秘书人员要细致地去观察。观察是一种习惯，也是一种能力，敏锐的观察能力在于培养，在于积累。要通过细致的观察，从简单的现象中找到规律性的东西。这一点非常重要。通过细心的观察，在此基础上努力探索，是快速培养出很强的"悟性"的一条捷径。

秘书人员要在实践中感悟。俗话说："实践出真知。"悟性需要经验的积累。人们应在工作实践中去感悟具体工作的对与错，在实践的积累中去体会具体工作的得与失。

秘书人员要系统地去总结。人们工作和生活的过程,应该是一个不断总结的过程。只有不断总结,才会不断完善自己。在实际工作中,人们每天都会遇到需要解决的问题,解决问题之后,不能一放了之,而要把解决问题的过程进行总结,并使之成为一种习惯。通过系统地总结,人的悟性才会不断提升,不断进步。

钟秘书错在哪里

某省茶叶进出口公司吴经理将与法国客商史密斯谈一笔20万英镑的茶叶出口合同。钟秘书做接待工作兼翻译。史密斯一进门,钟秘书马上将其引进会客室,吴经理已在那里等了。经过一番简单的介绍,他们发现史密斯粗通中文,能听懂不少中国话。吴经理与史密斯寒暄的时候,钟秘书前去泡茶,她用手从茶叶罐中抓了一撮乌龙茶放在茶杯内,然后冲上水,把杯子放在史密斯的面前。

吴经理和史密斯都看到了这一切,史密斯疑惑地问:"听说你们中国在加工碧螺春时,姑娘们要用手沾着唾液把茶叶卷起来,是不是?"吴经理还未答话,钟秘书立即反应:"那种茶叶样子特别好看,特别香呢!"吴经理解释说:"不,不,不,几十年前是这种情况,但现在茶叶的种植、采集、加工都严格按照国家出口标准进行,不会再出现类似的情况。"史密斯说:"刚才那位小姐给我泡茶不是用手抓的吗……"

吴经理转移话题,引导史密斯到茶叶样品桌前,双方就合同事宜谈了起来,在价格问题上双方争执不下。最后,吴经理说:"我按最低价格打九折给你。"史密斯沉思着。钟秘书接口:"我们已经给你成本价了,你应该接受了,你连茶都没有喝一口,怎么知道茶叶的质量呢?"

史密斯听了,耸耸肩,说了声抱歉,拔腿就走。

望着史密斯的背影,吴经理冲着钟秘书一顿责备:"好好的一笔大生意,都让你给搅了!"

钟秘书茫然不知所措:"经理,我不是一直在帮你吗?怎么会是我的错?"

【讨论分析】:
(1) 合同没有谈成,真是钟秘书的错吗?她错在哪里?
(2) 结合本案例,谈谈秘书悟性的重要性。

(一) 拓展案例

当秘书的感悟

我是公司办公室里的一个小秘书,具体工作是为领导写各种讲话、汇报、署名文章及个人总结。通常这工作在书面上被概括为"领导的参谋与助手",在私下里被主任概括为"高尚

的枪手",我觉得实质上与安排领导吃饭差不多,虽然一个提供精神成果,一个提供物质成果,但最终都属于服务的范畴。

某次宴会上,领导们陆续来齐,按照职位级别高低,同级别的按照排序先后井然落座,我的位置一般是在离门和服务员上菜最近的地方,当然这也是工作需要,方便我随时叮嘱服务员为领导添酒、遥控空调的温度、决定上主食的时间,以及陪同仅有的一两位与我同性别的领导去卫生间。

晚饭正式开始通常是由级别最高的那位领导首先提议祝辞,除非他授权别人。主题单一的祝辞都简短些,而像今天这样主题不大明显,涉及层面又比较多的就相对烦琐。我的脸上及时回应着笑容,偶尔优雅地动动筷子,心里不停地打着草稿,总的原则是不能与他人雷同,要把握适当的尺度,同时要显示一定的才华与聪明,最后我的祝辞这样定稿:"今天对我来说非常高兴,也非常荣幸。提杯酒,三层意思,首先祝贺我们公司刘总的乔迁之喜,刘总多年来对我们秘书工作给予了极大的支持,在此一并表示诚挚的谢意;再一层是有幸结识长丰公司的孟总工程师和王主任,希望以后还要对我们多多指导和帮助;最后感谢雅丽大酒店李经理为我们提供这样一个与各位领导近距离接触的场合与机会。我先干为敬,各位领导随意。"

大面积敬酒结束,接下来的小范围交流不再像先前那样拘谨和严格,但是仍马虎大意不得。秘书工作无小事嘛,悟性和细心尤为重要。比我工作早几年的秘书曾经传授:平日里上下班要小心地走在领导身后,而在即将到达电梯门口时迅速箭步上前按动按钮;天气不好时和领导出差自己先多带一件外衣,在下车的第一时间及时地为领导披上……只不过现在换成保持众人皆醉我独醒的最佳状态,适当的时候选好适当的曲目,让领导们尽兴地放松歌唱。

吃饭结束的最后一道程序是将领导们送出酒店,逐一握手再次对领导们的光临表示感谢,然后请领导们坐进事先付好费的出租车,挥手再见。

同事小何用"妆罢低头问夫婿,画眉深浅入时无"来形容我们写完稿子交给领导时的惴惴不安,那意味着之后还会有不知道多少次的修改。相比之下,吃完饭就可以OK,就可以回家多好。小何还说他老爸以前在机关里当秘书,有次为领导起草一急稿,交上去因没充分体现领导的意图被撕了,可怜那时候还没微机办公,全是手写,哭的心都有了。

虽然这样的饭总是吃不饱,但至少我还可以在自己的沙发里享受吃饭后的放松,至少我还可以在放松时想象有那么一天我也许会坐在梅花厅里那个主要位置上享受晚餐,面前的高脚杯中有一束造型最高贵的红色餐巾。而同时,是否会有那么一位貌似忠厚温良的小秘书,在"苦其心志,劳其筋骨,饿其体肤"之后对我进行着揣测?①

(二) 知识链接

美国秘书越老越吃香

美国是个职业化程度很高的国家,秘书也毫无例外地实现了高度职业化。记者在采访中发现,在美国,秘书是个既严肃又体面的职业,不仅从业者众多,而且很受尊重。

---

① 引自 http://hi.baidu.com/wwwkaiguo/blog/item/5d14a489791361b50e244447.html,文章的原名为"秘书工作:悟性和细心最重要",有改动。

一、美国秘书 300 万

据美国劳工部统计局的数据，目前，美国全国秘书从业者约为 300 万，秘书是美国从业人数最多的行业之一。

美国秘书分类很细。据美国行政管理协会的分类，秘书分成企业秘书、行政助理秘书、法律秘书、政府秘书、教育秘书。企业秘书主要是为公司经理服务，负责安排会议、起草信件等工作；行政助理秘书是为公司高级行政管理人员当参谋，负责全部的秘书工作；法律秘书是为司法部门服务，具备一定法律专业知识的秘书；政府秘书指在政府部门工作的秘书；教育秘书指专门服务于教育系统的秘书。每一种类的秘书都有不同的要求和工作特点。

美国秘书的收入因行业、地区等因素存在差异。从地区来看，南部城市秘书收入普遍较低，而北部及西部城市较高。从行业看，运输、司法及公共服务业秘书收入较高，而贸易、金融及房地产业的秘书收入较低。一般而言，行政秘书的平均年薪为 3.1 万美元，而司法秘书的收入可高达 3.4 万美元。

二、工作起来就像"八爪鱼"

美国秘书 99% 为女性，在 300 多万秘书中，男秘书仅为 4.25 万。但是，这些秘书可不是"花瓶"，不是靠花枝招展、巧言善辩来做些端茶送水、迎来送往的无足轻重的杂活。在美国，秘书往往被人们看成是分身有术的万事通。无论是商界秘书，还是政界秘书，他们除了要具备最一般的文字、外语、计算机技能之外，往往还需具有很强的沟通协调能力和敏锐的洞察力、判断力，在单位的角色可谓举足轻重。秘书的工作内容，从日程安排、内勤接待、后勤服务到会议策划、公关服务、出谋献策，范围很广。难怪有人形容秘书是"八爪鱼"。

正是为了更真实地反映当今秘书的职业特点，美国"国际专业秘书协会"在 1999 年更名为"国际行政专业人员协会"。有人预见，秘书的称呼将在不远的将来被"协调员"所代替，因为这更能反映出秘书的重要作用。

三、秘书不是"青春饭"

在美国，秘书这个职业有点像中国的中医，真是越老越吃香。比尔·盖茨在创业之初就聘请了 42 岁的女秘书露宝。比尔·盖茨在提到当初的创业时总忘不了这位秘书。露宝稳重细致，几乎成为公司的灵魂人物，她和盖茨的无间配合变为微软公司一道独特的风景。

的确，在美国的大公司里，很难看到年轻的女秘书，越是级别高的部门，秘书的年龄就越大，多是四十多岁、有教养、有经验的职业女性。一位公司的人事主管告诉记者，从公司用人的角度来看，随着年龄增长，女性缜密、周到的优点就越发突出，她们比年轻人更善于应变周旋，也更有耐心，用"长袖善舞"来形容一点都不为过。通常一个成功的秘书是没有年龄上限的，干一辈子都没有问题。

记者采访了休斯敦洛克律师事务的华人律师童樟茂先生及其秘书——年过 60 岁的劳拉女士。童先生说："劳拉做了将近 20 年的秘书，像一个管家婆一样，把大小事情都安排得井井有条，没有她我这里早就乱成一锅粥了。"

四、异性秘书没啥禁忌

办公室恋情一直是个人们关注的话题，那么，配异性秘书有没有什么禁忌呢？在美国，配异性秘书虽没什么禁忌，但老板一般都会与秘书之间保持单纯的工作关系，发生恋情的情况非常少见。因为弄不好就要像克林顿总统一样，为性骚扰而官司缠身。

具有 10 多年律师经验的童先生认为，由于美国法律对性骚扰做了非常详细的规定，很

多老板的心中都有根弦。他们都担心一旦因为与秘书的关系被揪住小辫子,将会面临性骚扰的控告,不仅公司要赔上天文数字,自己更会身败名裂。因此,很多老板在这方面相当谨慎。童先生也指出,年龄偏大的秘书吃香除了工作资历的因素外,用人单位也有防范性骚扰的用意。所以,童先生得出一个结论,三个同等水平的女性应聘秘书,长得丑的胜出的可能性没准更大。

如果不看长相,聘用秘书看什么呢?童先生告诉记者,他聘秘书最重要的就是要看她待人是否诚恳、谨慎,否则客户都让秘书吓跑了怎么办?另外,他认为秘书需要具备极强的向心意识、协作精神,一丝不苟的做事习惯,还有很强的忍耐力及牺牲精神。童先生戏称:好秘书只有她不在时你才会注意到她。

五、有本科学历也得经过培训

据了解,现在美国秘书大都需要本科学历,从事工作前还要接受系统的秘书职业培训。美国劳工部统计局的工作人员斯达茵女士在接受记者采访时说,由于秘书在美国已成为一个专门行业,因此,专门培养秘书的学校、专门管理秘书的协会都非常齐备。可以说,美国秘书已经实现了知识化和专门化。

除了广泛开展的秘书职业教育培训,美国"国际行政专业人员协会"每年都举行秘书职业资格考试,合格者将获得"特许职业秘书资格证书"(CPS)。考试内容涉及管理学、人际关系学、秘书会计学等各个方面。这项考试的合格率仅为20%。除此之外,秘书还要不断地学习充电。为了能够成为一个合格的法律秘书,劳拉还在一直坚持学习计算机、法律、经济方面的课程。

当然,要想成为一名出色的秘书,还必须管住自己的嘴巴。据了解,在美国,发生秘书泄露秘密的情况很少见,因为这种情况一旦发生,秘书不仅会被立即开除,还有可能吃上官司,从此失去在秘书这个行当里工作的机会。拥有一家贸易公司的罗伯特先生称:"保守秘密是我选择秘书的首要条件。因为他们不仅了解我的商业机密,还不可避免掌握了我的个人秘密。"

六、受人尊重,有自己的节日

为了肯定秘书的贡献,1952年经两位美国资深秘书提议,美国宣布设立秘书周和秘书日。1955年,正式将秘书周定在每年4月份的最后一个星期,而这周的星期三为秘书日。每年的秘书节,美国总统都会致信祝贺。

秘书节一到,贸易公司的罗伯特先生除了要给公司所有的秘书放假外,还会送上鲜花和贺卡表示慰问。另外,他还鼓励每一位秘书的直属上司加送一份额外的礼物,因为他自己每年都会给贴身秘书送上一包上等的咖啡或有异国风味的坐垫来表达感激之情。①

---

① 引自《办公室业务》,2011年第1期,第42—43页,有删改。

项目二　事务管理（一）

> **▶ 学习目标**
>
> **知识目标**　通过学习，了解日常办公室事务管理的工作内容、工作流程以及具体要求。
>
> **能力目标**　通过学习，掌握日常办公室事务处理的方法与技巧；能够合理布置办公环境并能对办公环境进行安全管理；能够规范接听与拨打电话，处理好各类电话事务；能够规范收发邮件；能够科学编制上司的工作日程表，合理安排上司的约会；能够安排好上司的各项差旅事务。

任务一　办公环境管理

 情景案例

消除办公环境安全隐患

　　天地公司秘书钟苗下午发现接待区通往门口的通道上堆放了很多销售部的空纸箱。钟苗是这样处理的：立即向行政主管报告，得到马上清理的指示；参加清理工作，确保接待区到门口的过道通畅。在周末的工作会上，行政经理表扬了钟苗，并告诫全体工作人员以此为鉴，做好工作环境的风险防范。

　　华泰集团秘书在董事会会后把废弃的选票用碎纸机处理，就在她操作的过程中，一不小心将垂在胸前的长丝巾卷入了碎纸机。这位秘书立即关闭了电源，虽然毁掉一条丝巾无关紧要，但不遵守设备安全规程操作的后果是极危险的。当晚下班前，行政经理以此事为例向所有员工再次强调一定要遵守设备安全操作规程。他说，如果今天卷进去的不是丝巾而是披散的长发，那后果真是让人后怕呀！①

 基础知识

　　良好的办公环境有利于提高工作效率。优化办公环境，就是通过对办公室的自然环境加以合理的设计和管理，使其达到最优状态。

---

　　① 中国就业培训指导中心：《秘书国家职业资格培训教程——四级秘书》，北京：中央广播电视大学出版社，2006年版，第115页，有改动。

一、办公室环境的构成

办公室环境一般可分为软环境和硬环境。软环境包括办公室的工作氛围、工作人员的人际关系、秘书人员的素养等;硬环境包括办公室的空气、光线、声音、色彩,办公设备的摆放以及办公室的设计布置等。

(一)硬环境

硬环境包括空气环境、光线环境、声音环境和色彩环境四方面。

1. 空气环境

空气环境有温度、湿度、流通和清洁四个方面的要求。一间舒适的办公室,冬天的温度要求一般为20~22℃,夏天为23~25℃,湿度要求在40%~60%。办公室布局应注意通风,保持工作场所空气的流通和空气质量,禁止在办公室抽烟,必要时可以在工作区外设立吸烟区。

2. 光线要求

办公室的光线应充足,以保证工作人员阅读、撰写和处理文件等工作的进行;应尽量采用自然光,直射的窗户应安装挡板或窗帘,光线不应引起电脑屏幕的反射。办公室的局部照明应达到要求,自然光源不足可选用日光灯或台灯等人造光源,光源应位于左前方。

3. 声音环境

办公室的噪声要低,可利用屏障、地毯、设备隔声罩来减少噪声。打字和复印设备应集中放置在离集中办公区稍远一些的地方,以减少噪声对工作的影响。

4. 色彩环境

办公室内墙、天花板、办公家具、窗帘等应色彩和谐、明亮,内墙一般刷成白色,地面应选择耐脏、稍深的颜色,办公桌可以选择灰色、咖啡色、纯木色。

办公室内也应摆放一些绿色植物(如藤蔓、兰草等),以利于改善空气的清洁度和缓解员工的紧张情绪。

(二)软环境

软环境包括办公室的工作氛围、工作人员的人际关系、秘书人员的素养等。要改善办公室的软环境,首先,办公室人员要建立一致的工作目标,明确各自的职责,统一行动,相互配合;其次,办公室人员要加强自身修养,提高与不同类型的人打交道、共事的能力,以适应办公环境的要求。

二、办公环境优化的原则

办公室的布置不是设施的简单摆放,还应考虑工作人员在其间工作的舒适感,与办公环境的协调,以及有利于工作人员之间的沟通和监督等因素。

(一)方便工作

办公室的布局应该力求方便,争取时效。相同或相关的部门应尽可能安排在相邻的地点,以避免不必要的穿插和迂回,以便于工作的密切联系和同步进行。

（二）利于监督

办公室的布置要有利于监督。办公室的布置要适应自我监督的需要。自我监督,是指进行自我约束和控制,自觉遵守组织的规章制度等。办公室的布置还要适应组织内部监督的特点和需要,现代化的办公环境更多是采用开放式的布局。

（三）力求协调

协调、舒适是办公室布置的一项基本准则。协调,是指办公室的布置和办公人员之间配合得当;舒适即人们在布置合理的办公场所中工作时,身体各部位没有不适感,或不适感最小。协调是舒适的前提,只有协调,才会有舒适。

协调的内涵是物质环境与工作要求的协调,包括：办公室内设备的空间分布、墙壁的颜色、室内光线、空间大小等与工作特点性质相协调；人与工作安排的协调；人与人之间的协调,包括工作人员个体、志趣、利益的协调及上级与下级的工作协调等。

（四）保证安全

保证组织的物品和信息安全是秘书人员的重要职责之一,也是优化办公室环境不可忽略的一个原则。布置办公室时要留意附近的环境和办公室存放财物的安全。一些保密信息（如纸质文件或存储在计算机里的数据等机密）的安全和保管要有保障。

三、办公环境的布置

布置办公室包括以下五个方面的工作：

第一,分析各部门的工作任务,了解各部门及员工之间的关系,确定各办公室、办公桌的位置；

第二,根据需要分配空间大小,办公室的大小因各人工作性质而异,一般而言,每人的办公空间,大者可 $3\sim10m^2$,普通者 $1.5\sim8m^2$ 即可；

第三,根据工作需要,选配相应的家具、桌椅等；

第四,绘制办公室座位布置图,依图布置办公环境；

第五,对设备的安放提出合理建议,使办公环境最大限度地符合工作需要。

四、办公环境的安全管理

保证办公环境和设备的安全,是有效工作的前提,秘书人员必须做好办公室的安全管理工作。

（一）识别办公室安全隐患

秘书人员要能够识别办公环境中的安全隐患,这样可以减少发生危险的可能性。

1. 工作区环境隐患

如门窗、天花板、地、墙的破损,办公室光线、空气、温度、噪声等对人的影响,空间过小,地面打滑,楼梯踏步平板破旧或损坏,楼梯上没有扶手或扶手已损坏。

2. 办公家具与物品隐患

如办公家具破损、有突出的棱角、摆放不当、堆放东西太多太高,办公家具不符合人体力学,档案柜橱阻挡了通道；重的或大的物品放在位置较高的地方,物品挡住了消防通道,易燃物品放在电器的旁边。

3. 工作人员行为习惯隐患

由于办公室工作人员安全意识不强或行为习惯不良,也会带来一些安全隐患。如站在转椅上举放物品,乱扔烟头,没有关上的抽屉柜门挡道,离开办公室不锁门,下班回家不关电源等。

4. 办公设备及操作隐患

如办公设备过期使用,设备接线松开、绝缘不好或拖线太长,办公设备电荷过大,电线磨损裸露;在不会操作和没有指导的情况下使用设备;复印时将保密原件忘在复印机玻璃板上。

5. 消防隐患

如火灾疏散注意事项不完全或者没有;灭火器前堆放物品等,安全出口被阻塞;灭火设备已损坏;防火门被锁住、打不开或者平时开着;火灾警报失灵。

(二)正确处理安全问题

秘书人员要定期对办公环境和办公设备进行安全检查,及时发现和排除隐患,做好风险防范工作。正确处理安全问题应做好以下四个方面的工作:

第一,确定安全检查周期,定期对办公环境和办公设备进行安全方面的检查;

第二,及时发现隐患,在职责范围内排除危险或减少危险;

第三,如发现个人职权无法排除的危险,有责任和义务报告、跟进,直到解决;

第四,将异常情况的发现、报告、处理过程认真记录在本单位的隐患记录及处理表上。

优化办公环境

1. 情景描述

天地公司有一间办公室,面积为 $30m^2$,办公室内设部门经理1人,秘书1人,职员2人,配置文件柜2个,电脑4台,电话、碎纸机、复印机各1台,办公桌4张。

2. 实训要求

请你为此办公室设计布置方案,要满足不同职位的办公环境需要,应符合各自工作性质的特殊要求,并有绿化点缀。

3. 实训提示

部门经理应安排在最里面且有相对独立的空间,面积也应最大;助理应安排在最外侧,便于接待来访者;职员配备办公桌,之间可加挡板,保证工作的相对独立;打印机和复印机放在秘书的附近便于操作,电源、电话线、网线接口应位于办公桌附近,以便于连线。

4. 实训考核

(1)独立设计办公室布置平面图,占20%。

(2) 根据人员之间的关系以及不同职位的办公需要,确定各办公桌的位置,占30%。

(3) 根据实际需要安放办公设备,占30%。

(4) 创新设计,占20%。

任务二　接打电话

电话挡驾

天地公司的秘书钟苗正在埋头起草一份文件,电话铃响了。拿起电话,钟秘书听着对方的声音,辨别出又是那位推销员朱磊打来的电话。朱磊第一次来电时,钟苗听着他的自我介绍,判断这电话不是经理正在等的电话,也不是紧急要事。于是她说:"很抱歉,经理不在。请你留下姓名、地址、回电号码,我会转达给经理的。"可对方非要找经理本人不可。挂断电话,钟苗就此事汇报了经理。经理听后,告诉她,曾在一次交易会上见过此人,印象不佳,不想和他有生意上的来往。没隔多久,朱磊又来了电话,钟秘书说:"对不起,经理仍然不在。我已将你的情况和要求转告经理,目前他非常繁忙,尚未考虑与你联系。"随即主动挂断了电话。

现在,朱磊第三次来电……

随着通信行业的不断发展,电话已成为现代社会中不可缺少的通信工具。秘书人员经常会使用电话与单位内外的有关人员进行业务联系。正确使用电话,有助于创造良好的沟通气氛,提高办事效率,树立良好的个人形象和组织形象。

一、通话的基本礼仪

(1) 态度要热情周到,礼貌友好。

(2) 口齿清晰,声音愉快自然。

(3) 语言简洁明了,得体准确,和谐有序。

(4) 提高电话工作的效率,注意保密。

(5) 简洁、完整、准确、快捷地处理电话留言。

二、接听电话的程序和要求

(一) 做好准备

秘书人员应在电话机旁预备电话记录纸和笔,养成随时准备记录的习惯。做电话记录要用专用的电话记录纸,记录的内容要素主要包括来电时间(具体到年、月、日、时、分)、来电单位(名称、人员姓名、电话号码)、来电内容、处理意见等。

（二）及时接听

"响铃不过三"，即铃响3声之内拿起话筒。秘书人员在电话铃响后，应迅速接听。铃声响了3次以上才拿起话筒是缺乏效率的表现。如果确实有事耽搁了，秘书人员拿起电话后要先向来电者真诚地表示歉意："对不起，让您久等了。"

（三）礼貌问候

接听电话时，先要主动问候，然后报出本单位的名称和个人姓名，注意自称应恰当。如接听的是内线，应先报出部门名称。秘书人员应该礼貌询问来电人的单位、姓名、身份及来电要求。

（四）过滤分流

由于秘书人员每天都会接到许多的电话，必须迅速进行甄别、过滤，及时准确地对来电进行分流处理。秘书人员要根据来电内容及单位分工情况，判断来电是由自己答复还是转给领导或相关部门，对有些来电秘书还要为领导巧妙挡驾。

对来电涉及的重要内容应主动予以复述，以便得到对方的确认，同时做好记录。不清楚的地方应请对方重复或解释，以确保信息的准确。

（五）适时结束

结束电话之前，秘书人员应该保证事情确实已经谈完，所有的细节都已经讲清楚了。秘书人员可向对方询问："请问还有什么事情吗?"结束电话的时候，可以说一些："谢谢您打来电话，再见"之类的表示客气的礼貌用语，然后再轻轻地挂断电话。

（六）处理来电

秘书人员接听完电话后，应对电话内容及时处理。紧急电话秘书人员应立即转告相关部门和人员，以便及时采取相应的措施。对于须认真办理的重要的电话事项，秘书人员应在通话结束后立即填写重要电话处理单，送交办公室负责人或分管领导阅读处理。

三、特殊电话的处理

（一）妥善处理打给上司的电话

一般来电者总喜欢直接与被叫方上司通话，以提高办事效率。为了让上司集中精力和时间处理重要事务，秘书人员应当为上司"过滤"电话。

是否转接打给上司的电话，要视来电的重要程度。秘书人员要善于从对方单位、主叫方姓名与身份、隐藏的信息来初步判定来电的目的和重要程度，进而确定如何应对。

秘书人员处理来电要适应上司的工作安排与生活习惯，作出是否请其接电话的决定，并可以给对方一个合理的解释与回话。

秘书人员应尽可能了解对方来电的意图，回话时要灵活并留有余地。如对方执意要找上司通话，秘书人员可先请对方稍候，然后征求上司的意见后处理。

（二）处理不在的同事的电话

如果来电要找的人因开会或其他原因暂不能来接电话，秘书人员可以进行以下处理：如果知道要找的人何时回来，就可以告诉对方何时再打电话来；如果无法确定要找的人何时回来，可请对方留下姓名或电话号码，并代为转告；还可以询问对方是否愿意与其他人通话

或者由其代为处理。

（三）正确处理临时中断的电话

在通话过程中，有时会因意外或故障而中断对话，这时，秘书人员就需向对方解释并道歉，在要求对方稍等时，必须能够保证在很短的时间（如1分钟内）返回电话机旁；如果不能，则应该征求对方的意见或建议先挂断电话。

在暂时中断电话时，秘书人员还应有保密意识，学会使用"闭音"功能，尽量避免将办公室内同事正在进行的谈话传入话机。电话如因意外或故障临时中断，秘书人员应主动回拨，并要向对方道歉。

（四）同时接听两部电话

在同一时间，两部或两部以上的电话同时打进来，一般的处理方式如下。

首先，请正在通话的一方稍等。在通话过程中，另外的电话铃声响起后，要向对方如实说明情况，告知又有电话打进来，请其稍候。

然后，根据情形灵活处理第二个电话，秘书人员接听第二个电话后要迅速了解其内容，根据轻重缓急程度决定电话处理的优先顺序。如果第二个电话不是特别紧急，则告诉对方已有电话打进来，待处理完毕后再给其回电，将第二个电话挂断，接着处理第一个电话。如果第二个电话非常紧急或非常重要，不允许耽误，需要优先处理，则先将第一个电话挂断，向被挂断的电话对方致歉。不管哪种情形，都必须先挂断一个电话。待处理完一个电话后再拨打另一个电话，并在接通后首先向对方解释、致歉。

在同时处理两个电话时要注意，不能同时接听两部电话，不能拿起两部电话轮流交替接听，也不能对另一部电话不理不睬；在两部电话都接通期间，要注意保密，不能将与一方通话的重要内容泄露给另一方。

（五）接听推销电话

有时候秘书人员在办公室会接到一些推销商品的电话，而且推销商是三番五次地打来，好像"不达目的不罢休"似的。对于这种电话，秘书人员的态度一定要明确，说话不要过于婉转，而应"柔中带刚"，礼貌地拒绝对方，例如可说："我正忙着呢，有空再给您回电话吧"或"谢谢您多次打来电话，只可惜我们已选定了办公用品的供应商，有机会我们再合作"。

（六）接听打错的电话

在接到打错的电话时，秘书人员不能只说："打错了"便"咔嚓"一声挂断电话，而应不失礼貌地说："您打错了，我这里是……"这也不失为宣传组织的一个好时机。

（七）处理投诉电话

投诉电话往往伴随着比较冲动的感情和激愤的言辞，这时，秘书人员不能"针尖对麦芒"，而应心平气和、冷静耐心地听，等对方发完火后，再诚恳地向其解释原因或提出建议，如"您购买的产品出了问题，可以直接找我们的维修中心维修，它的地址是×××，电话号码是×××"或"我会把您反映的情况及时向领导汇报，有了结果，我将马上通知您"，或把电话直接转至有关的业务部门等，以此来显示出秘书人员的教养和风度。对于企业的秘书人员来说,这样的电话会更加频繁,更需要有耐心。

(八)接听匿名电话

如果打电话的人既不愿报姓名,又不愿说明打电话的动机,执意要直接找领导,这时,秘书人员仍应保持彬彬有礼的态度,坚持不报姓名或不说明来意就不打扰领导的原则,可以向对方说:"很抱歉,先生,××(领导)此刻不在办公室,如果您不愿意告诉我您是谁,有什么事,那么请您最好写一封信来,注明'亲启'字样,我会尽快交到××(领导)的手上。"

如果秘书人员接到的是反映有关情况的匿名电话,则要注意先不要明确表态,也不要到处乱说,而应向有关的负责人反映情况。

四、拨打电话的程序和要求

(一)通话准备

1. 准备通话提纲

为保证通话内容的准确性与完整性,提高通话效率,秘书人员应当事先准备通话的书面提纲,写下需要沟通的内容。如果是电话传达领导的指示,应先对领导的指示做好详细记录,一般通话内容应事先打好腹稿。

2. 查核对方的号码

秘书人员在拨打电话之前应当查清对方的电话号码,切不可先拿起电话再查找号码,因为这样会导致自己的电话占线,也会使别的电话打不进来。

(二)正确拨号

提起话筒后秘书人员应立即拨号,拨号时注意力要集中,以免拨错电话。

(三)自我介绍

拨通电话在听到对方的回应之后,秘书人员应首先进行自我介绍,一般用语如"您好!这里是××公司总经理室,想请××先生(女士)听电话。"

(四)准确陈述

在确认对方就是自己所要的通话对象后,秘书人员应将通话内容逐项、简洁、准确、清楚、完整地告诉对方。如果是重要通知,秘书人员可以提醒对方记录,并与对方核对通话要点。

(五)礼貌告别

一般是由主叫方提出结束通话。结束通话之前秘书人员可以委婉地说"您看还有什么问题吗?"在对方表示没有问题后才可以结束通话,礼貌道别并祝愿对方,如:"祝您工作愉快!"。

(六)跟进处理

根据通话内容及所做记录,秘书人员要及时跟进并处理相关事情,优先处理重要的紧急的事情。

接听电话

1. 情景描述

钟苗是跨国化妆品企业华润公司的办公室秘书,负责电话的接打工作。钟苗觉得这项工作对于大学毕业的她来说,实在是太简单了。这不,电话铃响了。

钟苗拿起电话,声音圆润地说:"您好,华润公司,请讲。""华润吗,你们王总在吗?我有要事找他。"电话里传来对方焦急的声音。

钟苗一看,王总正在办公室里看文件,立即说:"王总在,您稍等。"

钟苗放下话筒,走到王总身边,"王总,您的电话。"

"谁打的电话?"王总问。

"不知道,好像挺着急的。"钟苗答道。

只见王总一皱眉,拿起了话筒。不一会儿,钟苗听到王总在电话里和对方吵了起来。王总挂了电话后,生气地对钟苗说:"以后有找我的电话先问问清楚。"钟苗的脸红了,但一脸茫然。

这时,电话铃又响了,钟苗拿起电话,没精打采地说:"您好,华润公司,请讲。"

"请问高叶在吗?"对方轻声地问道。

钟苗吸取刚才的教训,问:"请问您是哪位?"

"我是她的男朋友。""哦,那请你稍等。"

钟苗想这个电话肯定要传给经理助理高叶。她看高助理正在对面的办公室复印资料,于是大声喊道:"高助理,你男朋友的电话,快来接。"

只见高叶一脸不高兴地匆匆赶来,边走边说:"轻点,轻点,别大声嚷嚷。"这时桌上的两部电话同时响了起来,钟苗拿起一部,没好气地说:"你好,华润公司,请讲。"

"我是周洲,请转告高叶,我明天9点下飞机,叫她派车来接,同时带上编号TC5193的那份合同,我有急用。千万别忘了。"这个电话的声音有些含糊不清,显然是用手机从较远的地方打来的。

此时,另一部电话仍然在响,钟苗拿起电话:"喂?"

"化工公司吗,我找李主任。"

"什么化工公司?"

"你们是生产肥料的嘉华化工公司吗?我找推销部李主任。"

"我们是华润公司,你打错了。"钟苗说完把电话重重地一挂。

没想到,接电话这么烦,钟苗刚想喘一口气,这时高助理走过来问:

"钟苗,周副总有没有来过电话?"

"是叫周洲吗?刚来过。"钟苗想起了要通知高助理的那个电话。

"他说了些什么?"高助理问。

"他说要你接机,好像还要带份文件。"

"哪个航班,几点,哪份文件?"高叶问道。

"这个,我记不清了。"钟苗红着脸低下了头……①

2. 实训要求

学生每 5 人为一组,教师为 5 名学生编上号数,即 1—5 号,实训在模拟公司、办公室或教室进行,最好能配置真实的电话机。

首先,讨论情景案例中秘书钟苗在接打电话过程中的不当之处,以及正确的接打电话的方法;其次,按场景顺序把正确接打电话的场景演示出来,总过程不能超过 30 分钟。

3. 实训提示

秘书在接听不同来电时,应根据具体情况进行处理:如找上司的电话,不能来者不拒,都转给上司,有时需要秘书进行挡驾;上司来电交代重要事情,要认真记录并确认;同事的私人电话要注意私密性;接听到恐吓电话,秘书要镇定,并马上做好录音工作。

4. 实训考核

(1) 能够具体分析钟秘书在接听来电时的不当之处,说明正确的处理方法,占 20%。

(2) 正确模拟钟秘书接听不同来电的情景,重点考查态度礼貌与方法技巧,占 30%。

(3) 职业素养,如服饰发型、仪表仪态、语言表达、沟通技巧等,占 20%。

(4) 团队合作,如组员的积极性、参与度、配合度等,占 20%。

(5) 模拟效果与团队创新,占 10%。

任务三　收发邮件

沈秘书处理邮件

沈小姐是某公司总经理的秘书,一清早进入办公楼,就到公司租用的信箱中把邮件取了出来,用专用信袋装好,提着走进了自己的办公室。她略微整理了一下,就坐在自己的办公桌前开始工作了。沈小姐数了下信件的数量,一共 21 件。她先把公函和私人信函分开,把有密级要求的、标有"××亲启"的信件分开。然后根据收件部门的名称分类:有 5 封信是人事科的;7 封信是销售科的;1 封信是财务科的;1 封信写着教育科的,但公司没有这个部门,她把这封信归到培训部;1 封信上写总经理亲启;另 2 封信是总经理办公室的;剩下的 4 份是报纸杂志。

沈小姐拿出邮件登记簿,边登记边分拣。所有的来函和邮件都登记在册了,也按部门分拣归类了。接着她把写总经理亲启的那封信放在总经理的办公桌上,把其他信放到各个部门的专用信格里,留下了 2 份报纸、2 封总经理办公室的信。

在折信前,沈小姐先把信拿到光亮地方照了一下,一封信的信纸折得几乎与信封一样大小,她只好把信在桌上磕了十几下,尽可能使信纸沉落下去,然后取出剪刀,小心翼翼地剪开

---

① 孙荣,杨蓓蕾:《秘书工作案例》,上海:复旦大学出版社,2005 年版第 94 页,有改动。

了信口。将信封内的信纸一一展开,盖上日戳,再用回形针把信纸和信封一一别住。这封信写明有3份附件,但仔细检查后只找到2份附件,她用红笔在信纸上写下:"缺少一份附件",然后签了自己的姓名。她想,这封信让总经理来处理吧。

另一封是对本公司提出业务方面意见的客户来信,按照惯例,沈小姐决定立即复信。她写到:

刘天宇先生:

非常感谢您对我公司的关心。您所提到的服务质量和态度问题,我们正在研究改进,希望在不久之后,您看到的将是新的面貌。希望我们继续合作。再次向您致谢。敬请

安好

××公司敬上
2014年5月6日

拟好复信稿,本已坐到电脑前的沈小姐想了一下,还是拿出了钢笔,手写誊抄了一遍,并写好了信封,填好了发函登记。①

邮件收发处理,是指在邮件的收进和发出过程中所进行的一系列工作,它是秘书的一项日常事务工作,有效地处理邮件能够使办公室成为组织内外联系的桥梁和窗口。

一、邮件接收程序

邮件接收程序,是指对通过各种渠道投送至组织的邮件进行处理的一套行之有效的程序。接收邮件工作的主要程序包括以下六个方面。

(一)签收

对所收邮件的件数要认真清点,检查实收件数与投递清单上的件数是否相符。清点后,要检查文件信封上或封套上所注明的收文单位、部门、姓名是否都对,如有误投,应立即退回。此外,还需检查包装和封口是否损坏。文件经清点检查无误后,收件人要在投件人的投递回执单或送文簿上签字,并注明收到的时间。

(二)分类

对邮件可按重要程度或紧急程度作如下分类。

(1)重要和紧急信函:航空信函、电报、传真、电子邮件、挂号信、保价信函、特快专递往往最能体现邮件的时间要求。其中,挂号信、保价信函则更体现邮件的重要性,而特快专递既可以体现时限要求,又可以体现邮件的重要性,这类邮件应该优先得到处理。

(2)一般信函:用于寄送一般事务的邮件,邮局收寄时不提供收据。这类信函不对时间及重要程度作额外的强调,一般可以在处理完紧急邮件后再处理。

(3)报刊、广告品:由于此类文件上面所载明的信息对组织业务可能不是很直接,所以相对来说,对它们的处理时限可以更加宽泛一些。

(4)私人信函:包括寄给上司的私人信函及组织里其他人的私人信函。私人信函一般

---

① 孙荣,杨蓓蕾:《秘书工作案例》,上海:复旦大学出版社,2005年版,第98页,有改动。

标有"亲启""私人"等字样。

（三）拆封

（1）拆封之前，注意保持原封的完好，要在邮件的上方轻敲几下，保证不致拆坏邮件内容。特别注意封内文件不能损坏，原封要订在文件后面，方便回复及备查。

（2）随邮件寄有票证等其他物品时，要认真清点，妥善封装保管。未经授权，秘书不能启封私人信函及保密信函。

（3）出现误拆情况，应及时向收信人道歉并说明，以免在组织内引起更多的猜疑；如果不能直接见到收信人，可以在信封外另加一个组织的信封，并在上面注明"误拆"字样。

（四）登记

登记是邮件处理中的重要环节之一。在登记邮件时，要按邮件登记簿中所列内容逐项登记，如来函单位、缓急程度、密级、份数、日期等。

（五）记录

在处理信函时，秘书应该随时将信函中所涉及的与自己有关的工作记录下来，以便过后及时处理。

（六）呈送

在将邮件送有关人员处理前，秘书应将自己初步处理好的信件分成以下三类。

（1）需要上司本人阅读、批示的信件：这类信件应该按照紧急程度加以排列，需要最先处理的放在最上面。

（2）需要由其他部门答复的信件：对这类信件的处理，秘书应该请示上司，而不能擅自将之交给具体的承办人。

（3）可以由秘书本人回复的信件：在日常工作中，上司可能会授权秘书处理一些日常信件。这时秘书可以自己先拟出回函，然后将之与来信一起呈送上司签发。

二、邮件寄发程序

邮件寄发程序，是指在各种邮件拟写完毕后，至装入信封交寄之前所要经历的一系列工作环节。

（一）核对

信函起草完毕后，秘书应该按照正确的格式进行打印，并核对字句、用词及标点的使用正确，同时核对附件是否准确、齐全。

（二）签发

秘书发出的邮件必须经过上司签字之后才能生效。秘书要做的工作是将需要上司签发的信函准备好后，在恰当的时机送上司签字。

（三）装封

邮件装封之前，秘书应该注意将信纸上的小夹子或其他装订用具取下。信纸的折叠应该根据信封和信纸的规格而定，装入邮局标准规格的大小信封。

邮件装封时，要对所发邮件进行查对，检查信封上的收信人姓名、地址与信笺上的收信人姓名、地址是否一致，核对附件是否齐全，标记是否准确。

（四）登记

重要邮件在发送前先要在登记册上登记。

（五）交寄

秘书应该根据邮件内容的重要性及时效性选择妥当的传递方式，既保证邮件可以在需要的时间内安全投递至收信人手中，又要控制邮资开支。秘书应能恰当地选择使用哪种服务，如平常信函、挂号信函、保价信函、航空信函、特快专递等。

三、电子邮件的收发

随着网络办公时代的到来，电子邮件已经成为现代办公不可缺少的工具之一，同时也成为秘书每天都要处理的一种特殊的"邮件"。电子邮件具有快捷、方便、经济、高效的特点，但如果不注意规范使用也会带来不利的影响。

（一）电子邮件的格式

1. 主题

主题要提纲挈领，添加邮件主题是电子邮件和信笺的主要不同之处，在主题栏里用短短的几个字概括出整封电子邮件的内容，便于收件人权衡电子邮件的轻重缓急，分别处理。

2. 称呼与问候

电子邮件的开头要称呼与问候收件人。这既显得礼貌，又明确提醒该收件人，此邮件是面向他的，要求其给出必要的回应；如果对方有职务，应按职务尊称并问候对方，如"×经理，您好！"；如果不清楚职务，则应按通常的"×先生，您好！""×小姐，您好！"称呼。

3. 正文

在拟写电子邮件的正文时，要简明扼要，行文通顺。在回复电子邮件时最好附上对方的来信，以方便对方对电子邮件的理解和处理。发送较大内容的图片和文件要压缩以后用附件的形式发送，同时在正文中告知对方。

4. 落款

电子邮件的末尾加上签名是必要的。签名可包括姓名、职务、公司的名称、电话、传真、地址等信息，但行数不宜过多，一般不超过4行。

（二）接收电子邮件的注意事项

（1）每天至少检查一次邮箱，以免错失重要、紧急的信息。

（2）要对收到的有保存价值的电子邮件进行分类保存。需要由有关部门或人员处理的，要及时转达。

（3）需回复的邮件要分别处理，分清哪些是以领导名义回复的，哪些是以秘书名义回复的。

（4）不轻易打开不明电子邮件，及时删除垃圾电子邮件，防止电子邮件病毒。

（三）发送电子邮件的注意事项

（1）认真填写收信者的地址，以便准确无误、及时快速地将电子邮件发送给对方。

(2)主题词信息要一目了然,能吸引收件人翻阅信息,以免淹没在垃圾电子邮件中。

(3)注意电子邮件的保密性,重要的保密信件要谨慎使用免费电子邮箱发送,同时做好保密措施。

(4)电子邮件的行文追求自由、便捷,但是秘书在发送电子邮件时还是需要注意礼仪问题,不能过于随便。

邮件处理

秘书钟苗上班刚一周,上司让她负责处理公司的邮件。早上第一批邮件到了,钟苗正忙着打电话,她让送信者把信就堆放在已有一些信件的办公桌上,一边打电话,一边拿过笔签了字。打完电话后,钟苗心不在焉地把所有的信都剪开了,其中一封信被剪掉了回信地址的一角,她也没有注意。她抽出所有的信纸,放在一边,而把所有的信封放在了另一边。钟苗拿起一张信纸看完了信,她把信塞回信封,又用胶水粘了起来(但是外表还是留有痕迹)。

她又看了几封信,其中有一封急件,觉得应该由上司回信,于是,她把几封信混在一起放在上司的办公桌上。这时,上司拿来写有美国地址的英文名片,让她打印一个寄往美国的信封,钟苗按照以往写信的习惯,把收件人地址、姓名打印在信封的上面,把本公司的地址打印在右下角。

【讨论分析】

案例中钟苗在收发邮件的过程中存在哪些错误之处,应如何改正?

任务四 时间管理

钟秘书制定时间表

天地公司销售部经理第三季度会议较多:七月的前两周要在上海开会;八月的第二周要去香港参加5天会议;每月的最后一个星期五上午是销售部固定的部门会议;八月最后一个星期三要参加公司的办公会议;七月的第三周星期二要在公司开销售会议。销售部经理秘书钟苗了解了这些信息,便协助经理制定了一份时间表。①

---

① 中国就业培训技术指导中心:《秘书国家职业资格培训教程——四级秘书》,北京:中央广播电视大学出版社,2006年版,有改动。

秘书应能够做好时间安排。富有经验并熟悉业务的秘书也往往在上司的授权下安排上司的工作日程和约会事宜,做好这些工作能为上司节省大量的精力与时间。事实表明,有计划地工作可以提高工作效率。

一、时间管理的基本原则

(一) 区分轻重缓急

秘书为上司安排时间时,首先应考虑的是服从于组织的总目标、总任务和整体计划,要顾及上司上下左右的工作配合、工作制约,如发现有冲突,应及时汇报上司,征得其同意后进行协调、解决。

秘书应对上司的各种活动有全面的了解,包括各种工作任务、各种会议、经常联系的同事和客人、计划中的出差、社会交往活动乃至休假等大大小小的活动进行全面了解并作记录,然后,区分轻重缓急,按年、月、周、日作出初步安排:先安排最重要的,然后安排次重要的;先安排组织外部的活动,再安排内部的活动。

(二) 留有余地

安排上司的工作日程切不可满打满算,一般不超过工作量的50%。秘书既要考虑临时增加的内容,又要留出足够的时间让上司作准备,以免穷于应付,反而达不到工作效果。同时,秘书也应该注意让上司劳逸结合,保持上司的身体健康和情绪稳定。

(三) 保证效率

秘书应注意各事项之间的有效衔接和协调,免除车马往返的劳累,保证单位时间里工作完成的数量。在安排时还要兼顾内部事务与外部交往两个方面,注意这两个方面的穿插和协调。重要活动应避开某些不恰当的时间,如即将出差或出差刚返回、法定节假日或休假期间、周一的清晨和周末的下午、上司身体欠佳时等。

(四) 事先确认,及时调整

在安排上司的工作日程表时,秘书要事先与上司沟通并征求其意见。尽管工作日程表已安排周详,但随时可能发生意外,秘书应随机应变,根据先重后轻、先外后内的原则随时作补充、更改或取消。当然,对补充、更改、取消的内容应尽量提前告知上司,以让其做好准备,免得措手不及。

(五) 适当保密,及时提示

上司的活动安排往往与组织经营的动向密切相关,从而成为竞争对手刺探的情报。为此,秘书在管理上司的日程时应注意适当的保密,只给经过上司授权的人查阅。

秘书不仅要为上司制定科学、合理的工作日程表,而且还有责任帮助上司实施。这包括帮助上司记忆工作内容和时间表,及时提示和督促上司,将上司的重要活动通知给有关的同事及汽车司机,并要求他们与上司密切配合等。

二、工作时间表的编制

按时间顺序,工作时间表可分为年度计划表、月计划表、周计划表和日计划表。

（一）年度计划表

年度计划表中应将一年中机关或企业的例行会议、重要的经营活动、已确定的商务出访等安排妥善。秘书可参照上一年的时间计划表和新一年的工作部署来编制年度计划表，其内容力求简明概括、一目了然，详细情况在月计划表和周计划表中体现出来。

（二）月计划表

月计划表的信息常在主管领导召开会议时收集。秘书可以请其他的领导提出下月计划，在结合集体议定的事项后方可制表，对有矛盾冲突的加以沟通调整，再将编制的月计划表交主要领导审定后下发实施。

（三）周计划表

周计划表是在月计划表的基础上制定的。表中内容通常在周五下班前或周一上午确定，由主要领导碰头协商活动安排，然后由秘书加上平时收集的信息一并填写在周计划表格中，并印发给相关人员。

（四）日计划表

日计划表也称日程表和工作日志，是将领导与秘书一天的主要活动按时间先后编排制表。秘书在前一天下午或当日清晨，根据周计划表，编制当日日程表，并得到领导的确认。

时间计划表的跨度越小，填写的信息应该越详尽、细致、明晰、准确，才会对实施者有指导意义。

三、工作日志的编写

工作日志是秘书协助上司通过与各方协商，对上司和自己一天的活动作出合理安排，并予以实施的辅助工具。秘书要编写的工作日志有上司工作日志和秘书工作日志。

（一）上司工作日志

上司工作日志一般包括的内容如下：

（1）上司在单位内部参加的会议、活动情况，要清楚记录时间、地点；

（2）上司在单位内部接待的来访者，应准确记录其姓名、单位、事由、约会时间；

（3）上司在单位外部参加的会议、活动、约会等情况，要清楚其记录时间、地点、内容、对方的联络方法等；

（4）上司个人的安排，如去医院看病等，秘书在这段时间不安排活动；

（5）上司的私人信息，如亲属的生日要清楚记录，以提醒上司购买生日卡和礼物等。

（二）秘书工作日志

秘书工作日志除包含上司工作日志的内容外，一般还应包括以下内容：

（1）上司各项活动需要秘书协助准备的事宜，如为上司的某会议准备发言稿、会议议程、订机票，为上司的某会谈草拟合同和订餐等；

（2）上司交代自己的工作，如为签字仪式联系地点、媒体等准备工作；

（3）自己职责中应做的工作、活动，如撰写半年工作总结、参加值班等。

秘书工作日志与上司工作日志要保持信息的一致性和准确性，如果有新的变化与调整，应及时补充和更新。工作日志样例参见表2-1。

表 2-1　工作日志样例

秘书工作日志			陈经理工作日志		
×月×日　星期一　第×周			×月×日　星期一　第×周		
时间	内容	地点	时间	内容	地点
8:30	部门经理会议准备	第一会议室			
9:00	部门经理会议,带相关文件资料	第一会议室	9:00	部门经理会议	第一会议室
10:30	新员工培训课开课仪式	第二会议室			
11:00	陈经理给参加员工培训的员工讲话	第二会议室	11:00	给参加员工培训的员工讲话	第二会议室
11:30	确认陈经理与客户的午餐	文华大酒店			
12:30	陈经理与客户王先生共进午餐	文华大酒店	12:30	与客户王先生共进午餐	文华大酒店
14:00	去银行取现金	银行			
15:00	安排人事部的朱迪小姐见陈经理	经理办公室	15:00	见人事部的朱迪小姐	经理办公室
16:30	与陈经理商谈下一次推销工作会议的日程安排	经理办公室	16:30	商谈下一次推销工作会议的日程安排	经理办公室
18:00	提醒陈经理参加 19:00 的高尔夫俱乐部聚餐会				
19:00	陈经理参加高尔夫俱乐部聚餐会	艾康特公寓	19:00	俱乐部聚餐会	艾康特公寓

四、计划表、日程表的变化与调整

计划表、日程表制作完成后,有可能因意外或对方的原因而必须改变日程安排。一般的变更为:原定结束时间延长超时;追加紧急的或新添的项目;项目的时间调整、变更;项目终止或取消。如果是我方原因变更安排,会造成一些有形或无形的影响,甚至会影响组织的信誉和双方的信任关系。因此,秘书应尽量想办法将日程安排的变更限制在最小的范围。针对上述情况,秘书应注意以下三点:

(1) 进行项目的时间调整、变更仍然应先安排重要、紧急的事项,后安排不重要、不紧急的事项,并将变更的情况报告上司;

(2) 安排的活动之间要留有 10 分钟左右的间隔或适当的空隙,以防活动拖延或新添临时的、紧急的情况;

(3) 确定变更后,应立即做好相关善后工作,如通知对方、说明理由、防止误解等。

五、为上司安排约会

秘书对上司的日程安排中,很大部分是安排上司的约会,即秘书为上司安排邀请或客人来访时所做的事先约定。

（一）主动安排约会

1. 联系对方

秘书应正确告知对方赴约者的姓名、职务、目的、时间、地点、方式（早餐会、晚宴等）、所需的时间等；日期的确定应有弹性，让对方能有所选择；同时记录好双方的联系方式，以便约会取消或改变时可马上通知。

2. 选择约会的时间、地点

秘书选择约会的时间、地点应考虑上司的情况，上司若连续参加两个以上的约会时，要留出交通所需时间。上司若出差，则秘书不要在其回来的当天安排约会。

不要选择星期一早上、周末下午、即将下班之前、午餐前后等时间段安排约会，对方的休息日、节假日、组织重大活动日或有特殊政治和宗教意义的日子也不要安排约会。

3. 报告上司，落实细节

约定好后秘书必须向上司进行汇报，并填写在工作日程表上。如有必要，秘书还应准备约会所需要的文件资料。计划好具体的时间、地点后，秘书应立即落实细节工作，如预定内部会议室等。如果是外部地点，没有充分把握时，秘书应事先调查路线，确认如何前往、房间大小、桌子配置等。

（二）被动要求约会

秘书接到要求与上司约会的信息后，应征求上司的意见后决定，同样要注意以下事项。

1. 明确信息

秘书要确定对方的姓名、组织名称、职务、时间、日期、方式、所需要的时间等。

2. 征得上司的同意

若对方所要求的日期已有安排，秘书不可独断拒绝，应先询问上司，决定后再和对方联系。如日期与其他事项有冲突，则应先获得上司的答复，再向对方提示若干方便的时间、日期以让对方选择。若对方的姓名是初次听到，则秘书要特别留意，详细了解对方约会的目的、要谈论的事项，并暂时保留答复。此外，还应了解对方的背景情况，将所得信息告诉上司，征询上司的意向。

3. 确定约会

已确定的被动约会，应及时回复对方，并填写在上司和自己的日程表上。

日程安排

1. 情景描述

钟苗是天地集团有限公司人力资源部部长的助理，她的主要职责是协助部长开展本部门的日常工作，其中一项重要的工作便是管理上司的工作日志。由于集团组建以来，公司人力资源需求增多，员工招聘工作也正紧锣密鼓地展开。8月份，部门工作安排得非常紧凑，

仅8月4日一天工作时间就排得满满的,以下是部长当天的主要活动。

上午8:00,参加公司部长周例会;9:00,召开人力资源部部门会议,安排本周部门主要工作;10:30,安排上周的3位应聘人员复试;下午14:00,前往中州大学举行专场招聘会,并现场安排笔试和初步面试;下午17:00,对公司管理人员进行企业文化培训;下午18:00,参加"保持共产党员先进性教育活动"支部会议。

2. 实训要求

如果你是助理钟苗,请你拟制两份8月4日的工作日志表,一份供部长使用,一份自己留用。

3. 实训提示

秘书工作日志与上司工作日志要保持信息的一致性和准确性,参考工作日志样例(参见表2-1)。

4. 实训考核

(1) 表格规范,要有表头,各栏内容设置合理,占20%。

(2) 表格内容具体,秘书工作日志的内容能体现围绕上司工作日志的内容安排,保持信息的一致性和准确性,占40%。

(3) 体现时间管理的基本原则,安排科学合理,占40%。

任务五 差旅安排

失败的约会

天地公司的经理与三利公司的经理就某合作项目安排了约会,预定在某日下午13:00开始。天地公司的秘书预订约见前一晚直飞三利公司所在A城的机票。但天地公司的经理认为自己的工作很忙,前一晚还有其他安排,恐怕不能飞往A城。于是秘书改订约见日上午8:00的机票(因为当日上午只有这一次航班)。但是,由于天地公司的经理晚上工作得太晚,而早班飞机又比较早,所以最终没能赶上班机。于是,该公司经理只能立即买飞往相邻城市B城的机票。再乘大巴车赶到A城的三利公司。由于迟到,三利公司的经理不悦,认为天地公司对该项目的合作缺乏诚意。最终,天地公司失去了与三利公司合作的商机。[①]

由于工作需要,上司经常要到外地出差或到国外旅行。作为秘书,应为上司做好差旅活动的准备工作,安排好各项差旅事务。

---

① 中国就业培训技术指导中心:《秘书国家职业资格培训教程——四级秘书》,北京:中央广播电视大学出版社,2006年版,第139页,有改动。

项目二 事务管理(一)

一、差旅准备工作

(一)制订差旅计划

秘书应熟悉本单位对差旅费用、交通、食宿等级标准的有关规定,了解上司对交通工具及食宿的要求。在明确上司旅行的意图、目的地、旅行时间、商务活动计划等的前提下为上司制订旅行计划,其内容包括出差的日期、时间、路线、接站、食宿安排、交通工具、抵达后活动安排、文件资料、差旅费用、联络方式等。

(二)预订工作

秘书在了解了上司差旅目的地后,应有针对性地做好预订工作。

1. 预订车票(船票、机票)

秘书通常采用电话或传真的方式订票。

(1) 订票

订票包括日期、目的地、出发时间、到达时间、车次(开车时间)、航班班次、客舱种类、座位等。

(2) 取票

秘书拿到车票、船票、机票后,应仔细核对姓名、日期、航班(车次)、座位、到达地点等。

2. 预订宾馆和房间

上司出访,秘书应考虑安排住什么样的宾馆。秘书应该根据组织的规定,确定上司出访应享受的待遇,并根据上司的爱好和习惯来决定。

(三)制定差旅日程表

安排好订房、订票等工作后,秘书下一步的工作是按照上司的意图制定旅程表(参见表2-2)。旅程表的内容比旅行计划更详尽,将旅行活动按日打印在纸上,并按时间顺序编排。旅程表的内容主要包括:日期;时间(出发、往返时间,抵达目的地时间,中转时间,活动开展时间,就餐、休息时间);地点(目的地、中转地点、活动地点、食宿地点);交通工具(往返交通工具、停留地交通安排);具体事项(具体活动如洽谈、会议、访问、宴请、娱乐、私人事务);备注(标明提醒上司注意的事项,如接送安排、中转站、休息时间、上车上机时间、当地习俗礼仪等)。

表2-2 ××总经理行程安排

上海至北京		
2014年5月11—13日		
5月11日	星期二	
上午	7:00	赴虹桥机场(公司派车送达)
	8:40	乘MU5143次班机离沪赴北京
	10:20	抵达北京(××接机),住××宾馆606房间(已预先订房)
	12:00	与××总经理共进午餐(在宾馆)
下午	14:30	与××总经理在公司会议室洽谈(需用的1号、2号、3号文件在您的公文包中)
	18:00	与××总经理在公司共进晚餐

续表

5月12日	星期三	
上午	9:30	赴×××公司与×××董事长洽谈（需用的4号、5号文件在您的公文包中）
	11:30	与×××董事长共进午餐（在该公司）
下午	15:00	拜访×××先生（由××先生陪同，礼品在您的手提箱内）
	18:00	在宾馆用餐
5月13日	星期四	
上午	8:50	乘CA1501次班机离开北京（机票已订，由王秘书事先送交您）
	10:25	抵达上海虹桥机场（××接机）

（四）资料物品及差旅费的准备

1. 准备文件资料和物品

秘书必须为上司准备好相应的文件资料与有关物品，可将文件及物品按公用与私用分别列出清单，请上司过目，以免遗漏。

2. 预支差旅费

秘书要填写申请表并提取预支的差旅费。差旅费包括往返及当地的交通费、住宿费、餐费以及其他可能的活动经费。差旅费的携带方式是现金、信用卡和旅行支票。出国旅行时，还要兑换好够用的外币。

二、差旅过程中的工作

（一）旅行过程中秘书的职责

（1）对于携带的重要文件、机密商函、参考资料、活动资金等，秘书更应谨慎保管，以保证万无一失。

（2）秘书应听从上司的指示，保持与组织的联络，处理相关事宜。

（3）秘书应主动关心上司的身体健康，以保证差旅顺利。

（二）旅途中的饮食和安全

1. 旅途中的饮食安排

在公务旅行的过程中，秘书对上司的起居要注意安全、舒适，对饮食则要考虑卫生、方便。

2. 旅行时的安全防范

在旅行时，秘书要妥善保管好携带的贵重物品（如钱物和重要文件），并将之或随身携带，或存放于宾馆的保险箱内，以免失窃及泄密等恶劣情况的发生。

（三）抵达目的地后的秘书工作

在抵达目的地后，如果无人接应，秘书应招呼出租车或引导上司去预订好的宾馆。如果对方应约前来迎接，则下车（船、机）时，秘书应自觉地让上司走在前面，并主动为双方作介绍，表示感谢等语言应让上司来说。

无论是秘书事先预订还是临时寻找的宾馆，都要以方便工作为准，要考虑路程距离和相关条件。因此,如果事先预订的宾馆不符合上述要求,秘书应该考虑进行调整。

住下后秘书要迅速了解住宿场所的交通、医院等设施与情况,以备不时之需。

三、差旅结束工作

出差回来后,秘书的工作是要将这次差旅的结果与成就予以总结,对相关事宜予以善后处理,具体事宜如下。

(一) 沟通信息

无论是否陪同上司出访,上司返回后,秘书都要把上司不在公司时发生的事情及处理情况,依照事情轻重缓急程度,简明扼要地汇报。此外,秘书应向各有关单位、部门通告上司回来的消息。

(二) 整理材料及清理财务

秘书要撰写出差旅行的总结材料,以便上司向有关方面(如董事会、上层领导等)汇报。秘书还要整理上司带回的各类资料与物品,将其按情况登记后归档;物品清点后,根据上司的指示进行处理。此外,秘书应按规定帮助上司进行财务清理,申报各项差旅开支,申领相应的补贴。

(三) 表示感谢及总结经验

旅行结束后,秘书应立即发出感谢信或致电,向这次出差期间予以热情接待的有关人员表示感谢之情。

秘书应对这次差旅活动进行小结,总结经验教训,以备下次为上司作差旅准备时参考。

四、出国旅行

(一) 出国旅行准备

1. 出国申请

出国申请的内容应包括出国事由、出国线路(外国公司或组织所在国名称)、出国日程安排(出国时间,国外活动时间、地点、回国时间等)、出国组团的人数。

申请书后面要附出国人员名单、外国公司或组织所发的邀请函。出国人员名单要写清姓名、年龄、性别、职务、职称等内容。

2. 办理护照

护照是各主权国家发给本国公民出入境及到国外旅行居留时证明其国籍和合法身份的证件,凡是出国人员必须持有护照。出国前护照持有人要凭护照办理所去国家和中途经停国家的签证,凭护照购买国际航班机票或车(船)票。

我国的护照分为外交护照、公务护照和普通护照,普通护照又分因公普通护照和因私普通护照。外交护照主要发给具有一定职级的人员和具有外交官身份的驻外人员;公务护照和因公普通护照主要发给因公出国工作或访问学习人员;因私普通护照发给我国侨民、留学生和因办理私事的出国人员;因公出国人员的护照应到外交部或其授权的机关办理;因私出国人员的护照由公安部授权的机关办理。

秘书在办理护照时应注意以下事项:

（1）带齐有关文件和证件，包括主管部门的出国任务批件、出国人员的政审批件、外方的邀请函、出国人员的身份证、照片等，认真填写有关卡片和申请表；

（2）拿到护照后，应仔细检查姓名、出生年月、地点是否正确，并在签字格上签名；

（3）应提前办理签证，要为因某些材料不合格预留更多的准备时间，也要为签证预留充裕的时间。

3. 办理签证

护照办好以后，出国人员还要申请所去国家和中途经停途中的签证。签证是一国官方机构对本国公民和外国公民出入国境或在本国停留、居住的许可证明。签证一般做在护照上，也有的做在身份证件上。如果出国人员前往未建交的国家，则将单独的签证与护照同时使用。我国的签证一般做在护照上。

因公出国的人员的签证可到前往国驻我国的大使馆或领事馆直接联系申办；或是委托权威、可靠的签证代办机构（如中国旅行总社签证代办处）代办；也可以委托前往国家洽商的公司到前往国家的使（领）馆办理。办理签证时要交上护照并填写一份签证表。取得签证后，应检查签证的有效期及是否签字盖章。

4. 办理《国际预防接种证书》（《黄皮书》）

出国人员在办理了有效护照和签证后，应持单位介绍信到所在地的卫生检疫部门进行卫生检疫和预防接种，并领取《国际预防接种证书》，又名《黄皮书》。《黄皮书》是世界卫生组织为了保障出入国境人员的人身健康，防止危害严重的传染病通过出入国境的人员、交通工具、货物和行李等传染和扩散而要求提供的一项预防接种证明。我国的《黄皮书》统一由中华人民共和国卫生部印制，由各省、自治区、直辖市的卫生检疫局签发。在拿到《黄皮书》后，出国人员应该进行认真查验。一般来说，出国一年以上的旅客方需办理此项。

5. 订购车票（船票、机票）

订购车票（船票、机票），出国人员可以在国内各航空公司及车票（船票、机票）售票代理点办理购票手续，也可以在外国航空公司驻我国的办事处购买。出国人员在购买国际机票时需出示护照。

6. 办理保险

出国人员可以通过保险代理人直接由保险公司办理保险，使用于意外事故、医疗或行李丢失等。

（二）出入境手续

1. 边防检查

出国人员要填写出入境登记卡，交验护照，检查签证。边防人员确认无误后，在护照内页盖上注明出入境口岸和日期的验讫章放行。边防检查是为了控制一些国家禁止出入境的人员通行和打击偷渡行为。有的国家在入境时就填好一式两份的出入境卡，入境时收走一份，另一份加在护照内等办理出境手续时再收走。

2. 海关检查

填写海关申报单，包括姓名、性别、职业、国籍、护照号、发照日期、入境口岸、入境日期、逗留地址、行李件数以及所带物品的数量，有些国家还要求填写外币申报单，海关人员将根据海关申报单进行检查。边防检查的重点是查人,海关检查的重点是查物品出入境是否合法。

3. 安全检查

安全检查的目的是禁止携带武器、凶器、爆炸物和剧毒物等。所以,出国人员在准备行李、礼品时应避免携带违规违禁物品,以减少麻烦。

4. 检疫

出国人员交验《黄皮书》。很多的国家对来往某些国家和地区的旅客免验《黄皮书》,但对发生疫情的地区则检查得特别严格,对未进行必要接种的旅客则会采取隔离、强制接种等措施。

旅行安排

1. 情景描述

北京市宏远创业投资集团有限公司是以资本为主要联结纽带、以母子公司为主体的大型投资企业集团,于2000年10月正式成立。公司团队具备多年的科技行业、金融证券、创业投资等经验,拥有IT、生物医药、新材料三个专业投资小组和一批在创业投资领域有着丰富经验的外籍高管(曾在国际知名企业任职)及国际化专业人才。截至2014年,公司在经济、科技和教育较发达的深圳、上海、成都、武汉等地设有总部和分支机构,建立起了全国性的投资网络,合作伙伴遍及全国各地。

为拓展经营业务范围,"十一五"期间,公司决定寻求国际合作伙伴,谋求其在国外市场空间的扩大。经过一段时间的接洽和谈判,该公司负责人施林在美国纽约物色到了一客户——纽约生物医药科技公司,该公司具有多年生物医药生产研发经验,是一家成长型企业,发展潜力很大。数轮磋商后,两公司达成了共识,并定于2014年9月20日正式签订投资合作协议。届时,宏远创业投资集团有限公司董事长苏明将在执行总监施林的陪同下,率公司生物医药专业投资小组赴美国与纽约生物医药科技公司签约。董事长秘书高叶与美方公司负责人沟通后,为苏董事长制定了旅程表,使其此次赴美商务旅行日程安排得紧凑合理,以便签约事宜顺利推进。

2. 实训要求

(1) 请你以秘书高叶的身份为苏董事长设计此次赴美商务旅程安排表。

(2) 请说明高秘书应该为苏董事长赴美商务旅行办理的手续有哪些。

(3) 请上网查询"北京—纽约"往返航班的班次和具体时间,作出选择并说明原因。

3. 实训提示

(1) 表格中时间的标注应注意时差,最好标出活动的当地时间。

(2) 选择往返航班的班次和时间时,应考虑抵达当地的时间是否合适。

4. 实训考核

(1) 表格设计规范清晰,一目了然,占10%。

(2) 表格中标注活动的当地时间,时差计算准确,占20%。
(3) 各项活动安排合理科学,航班选择恰当,占30%。
(4) 上网实地查询并选择"北京—纽约"往返航班及纽约住宿的酒店,占20%。
(5) 赴美商务旅行应办理的手续,占20%。

 拓展提高

拓展案例一　误拆信件的处理

小王是某外资公司的秘书。一次,他不小心误拆了法国总经理的私人信件,而且信里写的是总经理极其不愿他人知晓的隐私,这可如何是好呢?

小王当时想,事情既然已经发生了,就要勇于面对,不可藏匿不交,更不可私自拆毁。误拆信件只是工作事故,而藏匿或拆毁则是道德甚至是法律问题了。当务之急是先解决问题,然后再分析原因。

于是他紧急采取了如下步骤。

1. 发现误拆,当即停止阅读,并保证不把已看到的内容告诉任何人。
2. 把信纸按原样折叠好,放回信封。
3. 取一张便士贴,上面写上"Sorry, opened by mistake"并签上自己的姓名。然后将这张便士粘贴在信封上。
4. 在每天规定的呈送邮件的时间里,把这封错误开拆的信放在其他邮件中间,一并送入总经理室。若办公室无人,则当面向总经理道歉;若办公室有其他人在,则过后道歉。

通过这一方式,小王虽然受到了总经理的严厉批评,但最后也得到了总经理的谅解。事后,小王及时总结经验教训。小王承认,发生误拆信笺的事情,主观上是自己工作不认真、太大意所致,今后要增强工作的责任心,以避免类似事情的发生;客观上,是来信人没有按照一定的规范表明是私人信件。这需要学习识别哪些是没有标明性质的私人信件。小王得出如下经验:一是留意哪些人经常给总经理写私信,那么这些人的来信即便没有标明信件的性质,也不会贸然误拆了;二是学会辨别公务信件和私人信件的差别,一般来说,公务信件是打印的,而私人信件是手写的,公务信件的信封是白色的,私人信件的信封是多种颜色的,公务信封往往印有单位的名称和地址,而私人信封往往是公开出售的;三是当拿不准是公务信件还是私人信件的时候,请领导来定夺。

拓展案例二　吴秘书为何被解聘

经理把秘书叫进来,想知道上午有什么事情需要向他汇报。吴秘书新来乍到,她性格开朗,办事风风火火,一进门,她就大声问:"什么事,老总?"

"请把上午重要的来电讲一下,吴秘书。"

"哦,蓝天公司经理来电,说他刚从国外访问回来,有时间请您打高尔夫球;还让您问张副经理好。"

"嗯……"经理翻了一下眼皮,又问:"还有吗?"

"您夫人中午来过电话。"

"什么事?"

"让您回电话,三点以前,有要事商量。"

"没有了?"

"没有了。"吴秘书看看记录。

"约红星公司会谈的时间定下来没有?"

"哎呀,糟糕!忘了联络了。"

"马上去联系!"经理挥挥手,自己又忙着处理其他事务了。吴秘书跑起来鞋跟咚咚直响,她迅速去打那个险些误了大事的联络电话。

周末工作会上,经理要求人事部重新聘请秘书。吴秘书感到委屈,她莫名其妙地问:"我怎么了?"

原来,吴秘书跑起来咚咚直响的鞋跟声音扰乱了领导的办公环境;她大声问话不符合秘书礼仪;她的回答缺乏专业性,问一句答一句;更重要的是她的汇报没有重点,表明她做事情没有计划。

项目三　事务管理（二）

> **学习目标**
>
> **知识目标**　通过学习，了解日常办公室事务管理的工作内容、工作流程以及具体要求。
>
> **能力目标**　通过学习，掌握日常办公室事务处理的方法与技巧；能规范进行日常办公用品的采购、管理和发放；能正确使用和管理印章与介绍信；能处理值班工作中的常规问题；能协助组织处理突发事件。

任务一　办公用品管理

 情景案例

钟苗装订会议文件

钟苗刚刚成为宏远公司办公室秘书。一次，公司召开新产品推广会，所有人都在连夜准备文件，钟苗接到的任务是装订和封套。主任一再叮嘱："一定要做好准备，别到时措手不及。"钟苗听了心里有点不耐烦，这种小事还这么不放心，于是没有理会。等到文件交到钟苗手里，她开始一件一件装订，没想到订到十几份，订书机"咔嚓"一声，订书钉用完了。钟苗漫不经心地打开订书钉盒，里面却没有订书钉了。钟苗这时脑袋嗡地一响，马上到处找，可是平时随处可见的小东西，现在竟找来找去都找不到。

这时已经是深夜了，而文件必须明早8:00大会召开前发到代表手中，主任大喊："不是叫你做好准备吗？怎么连这点小事也做不好？"钟苗的脸上像挨了一巴掌似的滚烫刺痛。办公室的同事几经周折，终于在凌晨4点在一家商务中心找到了订书钉，顺利地将装订得整齐漂亮的文件发到了代表手中。①

 基础知识

办公用品，是指办公室人员在办公过程中需要用到的各种文具及其他办公耗材和小型设备。办公用品多是细小、琐碎之物，但是这些物品是完成日常工作所必需的。做好办公用品的管理，对提高工作效率、保证工作的顺利完成起着重要的作用。

---

① 金常德：《新编秘书实务》，大连：大连理工大学出版社，2008年版，有改动。

一、办公用品的分类

（一）日常办公易耗品

日常办公易耗品主要包括：纸簿类的笔记本、专用本册（如现金收据本）、信封、信纸、复写纸、便笺等；笔尺类的铅笔、钢笔、墨水、圆珠笔、橡皮擦、尺子、修正液、彩色笔、白板笔等；装订类的胶水、剪刀、胶带、大头针、曲别针、图钉、订书钉等；归档类的各类文件夹、档案袋等。

（二）小型办公设备

(1) 桌椅、橱柜类，包括办公桌椅、窗帘、摆设、计算机桌椅、会议桌椅、文件橱柜、沙发、茶几、茶具、冰柜等。

(2) 器械设备类，包括电脑、电话机、传真机、打印机、复印机、扫描仪、录音机、扩音机、话筒、订书机、碎纸机、计算器、拆信器、启钉器、切纸机等。

（三）办公设备耗材

办公设备耗材主要包括打印用纸、复印用纸、传真纸、光盘、墨盒、硒鼓等。

二、办公用品的计划与采购

（一）编制办公用品采购计划

通常，秘书在办公用品采购前要做一个采购计划。采购计划一方面应避免因办公用品的断档脱节而影响工作的正常开展，另一方面要防止浪费现象的发生。该计划一般包括采购物品的名称、数量、规格、单位、申请部门、库存、实需购买量、完成情况等。本单位如果制定了统一的表格，秘书就应该按照统一规定，正确填写采购计划。如果本单位未作统一的表格，秘书可以根据采购计划所需的内容自己编写（参见表3-1）。

表 3-1 办公用品采购计划表

办公用品采购计划表（　　年　月）								
序号	名称	规格	单位	数量	申请部门	库存	实需购买量	完成情况
1	墨盒	爱普生750	个	2	办公室	0	2	
2	回形针		盒	3	办公室	0	3	

（二）采购所需办公用品

大的公司往往设立专门的部门负责采购办公用品，秘书部门根据需要填写《办公用品申购表》，说明需采购物品的详细情况，经部门领导批准后交给采购部门即可；如果公司没有设立专门的采购部门，则需要秘书亲自采购。

1. 选择办公用品供应商

在选择办公用品供应商时，通常要考虑以下五个方面。

(1) 价格和费用。既要比较供应商的报价,又要考虑购买后存储中的损耗。

(2) 质量和交货。检查比较货品的质量,最好选择可以更换不适用物品的供应商,还要看能否在需要时快速交货并按约定准时交货。

(3) 服务和所在地点。比较供应商提供的服务,如是否能够满足单位所需全部办公用品的供应,是否可以电话或传真订购,哪些不用每次付费而定期结算,哪些能退货等。同时,考虑供应商的所在地点是否方便联络和交货。

(4) 安全和可靠性。比较供应商的供货手续及相关票据是否齐全,了解商家的规模大小、信誉度、可靠性等。

2. 办公用品订购方式

(1) 电话订购。大多数的日常办公用品都可以通过电话从供应商处订购。

(2) 传真订购。秘书将订购货物的名称、数量、类型、送货时间等细节以传真的形式发送给供应商,供应商收到后会按要求送货上门。

(3) 网络订购。通过电子商务服务也可以实现办公用品的网上订购,这种方式省时、省力又高效。

(4) 直接到当地的商店购买。

3. 办公用品的采购程序

(1) 由需要购买办公用品的人填写《办公用品申购表》并签字,说明需要办公用品的理由,将其经过部门领导人批准后交给采购人员。

(2) 由采购人员向供应商发出购买需求,供应商会提供相应的报价单,经过比较筛选确定合适的供应商。采购人员填写正式的订购单并报单位高级主管签字批准,同时要复制一份给财务部门,告知已开始购货,请其准备付款。

(3) 收到供应商的货物后,要对照供应商的交货单和自己的订购单检查货物,查明货物的数量、质量,验收合格后将签收交货单送财务部门。

(4) 采购人员要根据收到的货物填写入库单。货物入库后,要让库房管理人员验收签字。

(5) 财务部门收到发票后,对照交货单、入库单和订购单,如三单货名、数字相符,经财务主管签字批准后支付款额或支票。

三、办公用品的保管

办公用品的仓储保管,一般由秘书负责管理。在库存保管中应注意以下七点。

(1) 保证储藏仓库的安全。仓库应上锁,并注意防火、防盗、防潮等问题。

(2) 仓库内应分类摆放办公用品,各类物品要清楚地贴上标签。

(3) 新到的物品放于原有物品的下面或后面,使原先的物品先发出去,以保证物品不会因过期而不得不销毁。

(4) 不常用的办公用品最好置于货物架的上部或下部,或放于多层货物架的最里层。

(5) 体积大且比较重的物品放于最下面,以减少取物时发生事故的危险。

(6) 小物品(如订书钉盒等)应放于大个物品前面的显眼位置,以便于寻找和领取。

(7) 应准确记录每种办公用品领走的数量和现存数量,按月度或不定期进行盘点,比照最适宜的库存数量,以决定是否重新订购。

四、办公用品的发放

一般来说,秘书要充当办公用品发放者的角色。在发放办公用品时,秘书要严格遵守发放制度,一般要注意以下六个方面。

(1)办公用品的发放由专人负责,发放工作不得由他人代劳。

(2)办公用品应在规定的统一时间定时发放。

(3)领用办公用品时,领用人需填写《物品申领表》。

(4)需要在规定以外的时间紧急领用办公用品时,领用人除正常领取所需的申领表外,还应提供其上司的特批单。发放员收到单据后要请示上司,如果上司同意发放,请上司签字后就可以为领取人发放用品。

(5)发放人应清点核实所发放的办公用品,并在《办公用品库存表》上登记核减库存余额。

(6)对员工进行节约教育。作为秘书,应本着集体利益就是个人利益的态度,自己做好勤俭节约,同时还要对员工进行节约教育,使其在工作中珍惜办公室的易耗品、爱惜办公室的设备,不浪费办公室的资源,形成良好的节约风气。如打印纸和复印纸两面使用,尽量控制纸质文件的数量,能够使用电子文档的则发电子文档,成本昂贵的彩色打印、复印要集中管理,限制自由使用。

五、办公用品的库存管理

为了对库存办公用品的数量进行控制,满足单位正常运行的需要而又不造成浪费,秘书应对办公用品进行库存管理,建立库存记录,以便及时了解库存余额的变化。

(一)库存控制卡

库存控制卡主要用来登记有关办公用品的库存信息。通常,库存控制卡包括以下内容。

(1)库存参考号,为了方便库存管理,对每一项库存进行的编号,一般与物品存放位置相关。

(2)项目,包括大小、颜色和数量。

(3)单位,即货物订购、存储和发放的单位。

(4)最大库存量,一项物品应该存储的最大数量,它是由存储费用、存储空间、物品的保存期限及在一定时间段内的需要量所决定的。

(5)最小库存量,一个单位在一定时间段内某物品存在短缺危机的数量值。当库存余额达到最小库存量时,就必须检查是否已经订货,并与供应商联系。

(6)再订货量,由一个单位对该物品在某个时间段内的平均使用量及供应商供应该物品的时间长短来确定的数值。当库存余额与再订货量接近时,就意味着必须订购新的货物来使货物的余额达到最大库存量,以保证业务的正常运行。

(7)日期,即所有与库存管理有关的日期。

(8)收发信息,即记录接收和发放物品的相关信息,如数量、发票号、领用者等。

(9) 余额,在每次物品的接收或发放后计算物品的库存余额,填写库存物品的实际数量。

(二) 库存监督

(1) 检查《库存物品申领表》和库存卡,从而了解各部门和某个人使用物品的情况。其目的是防止物品的过度使用,这种库存监督通常每2个月一次。

(2) 定期检查库存卡,了解库存物品的项目和最大库存量、最小库存量和再订货量。其目的是了解组织发展变化后,在使用方式改变的情况下是否需要重新调整这些库存量,同时通过监督处理那些过期的和多余的物品。这种监督通常一年检查2次。

(3) 检查实际库存,将库存中实际存放的物品余额与卡片上的余额相比较,看是否有出入。其目的是防止浪费和被盗,准确计算库存价值,提出那些从未使用的物品,找出并纠正库存记录的不正确填写。这种监督通常一年4次。

办公用品采购

1. 情景描述

钟苗是天地公司办公室秘书,办公室办公用品的管理是钟秘书的工作之一。目前,公司需要购置一批办公用品,清单如下:文件柜1个;打印纸5箱;信封800个;工作手册500本;圆珠笔、签字笔各200支;订书机10个;回形针、订书钉200盒;打印墨盒5个。

2. 实训要求

根据上述内容,完成以下3个场景演示。

场景一:根据公司的情况,编制一份办公用品采购计划。

场景二:按照采购流程采购,模拟填写各种单据。

场景三:销售部小王来钟秘书处领取1箱复印纸、2本工作手册和3支圆珠笔,请演示钟秘书的发放工作。

3. 实训提示

学生每5人为一个组,教师为5名学生编上号数,即1—5号。实训在模拟公司办公室进行。学生按场景顺序进行演示,3个场景演示总过程不能超过40分钟。

场景一:由1号学生扮演钟秘书。

场景二:由2号学生扮演钟秘书,3号学生扮演总经理,4号学生扮演供应商,5号学生扮演公司会计。

场景三:由3号学生扮演钟秘书,4号学生扮演总经理,5号学生扮演销售部小王。

每组在实训过程中还必须模拟填写订购单、入库单和交货单、办公用品申请表、发放登记表。

4. 实训考核

(1) 正确编制办公用品采购计划,占20%。

(2) 采购流程正确流畅,各种单据齐全,填写正确,占40%。

项目三　事务管理(二)

(3) 规范发放办公用品,占20%。
(4) 职业素养(如服饰发型、仪表仪态、语言表达、沟通技巧等)与团队合作(如组员积极性、参与度、配合度等),占20%。

任务二　印信管理

镇政府文书擅自用印

印章是一个机构、组织作为一个法人地位、权力的标志和凭证,具有法律效力。印章的使用有严格的规章制度,用印必须遵循一定的手续,不能违章用印,擅自用印。一个单位掌握印鉴的人,他的手起落之间,担负着重大关系。因此,负责管理印章的秘书人员一定要坚持原则,不徇私情。否则,将会给单位带来严重的后果。

据《上海法制报》报道,1998年2月27日下午1时许,上海市某区某蛋鸡场会计愈某拿着一份该场拖欠某粮油公司52万元债款的"还款计划"急急走进某镇政府办公室,找镇政府文书姚某,愈会计是受单位负责人丁某之托来盖担保章的。姚某稍稍瞄了一下这张"还款计划",便毫不犹豫地打开抽屉,拿出一枚标有"某镇人民政府"字样的印章盖在了担保单位一栏上。据姚某到案后交代,当时他之所以这么做,其中一个原因就是自己与蛋鸡场负责人丁某是邻居,如不盖章情面上过不去。实际上,他也知道政府印章被滥用的后果。

翌年6月10日,蛋鸡场由于经营不善,未能按"还款计划"中的约定履行还款义务,粮油公司于是以蛋鸡场及某镇人民政府为被告向法院提起诉讼,请求判令被告支付货款并承担诉讼费。

1999年10月10日,上海市某区法院依法向某镇人民政府下达"执行通知书",责令其在5日内按判决书规定的义务承担赔偿责任,赔偿52万元,逾期将依法强制执行。①

印章是国家行政机关、企事业单位、社会团体行使职权的重要凭证,也是其权力的象征,具有权威、凭信、标识的作用。一般来说,单位印章大多交由办公室主任或秘书保管。

一、印章管理

(一) 印章的种类

公务印章主要有单位公章、套印章、钢印、领导签名章、专用章、收发章、校对章和其他戳记等。

---

① 孙荣,杨蓓蕾:《秘书工作案例》,上海:复旦大学出版社,2005年版第104页,有改动。

秘书或秘书部门通常要管理的印章主要有以下四类。

1. 本单位的正式印章

本单位的正式印章也就是单位公章,代表一个单位的正式署名,是单位对外行使权力的标志,具有法定的权威性和现实的证明效力。

2. 钢印

钢印不用印色,只利用压力凹凸成形,一般加盖在证明性公文或证件上,其位置在持证人相片的右下角,与正式印章具有同等的法律效力。

3. 领导人的手章(签名章)

领导人的手章(签名章)是为单位领导人行使职权而刻制的个人姓名章,其作用是代替领导人的亲笔签字,与领导人的亲笔签字具有同等效力。

4. 秘书部门公章

秘书部门公章代表秘书部门的正式署名。

此外,在组织管理活动中也会用到以下印章。

1. 套印章

套印章,是指按照正式印章的原样制版而成,在需要铅印大批量文件时,以制版印刷的方式代替手工印刷。它与正式印章具有同等的法律效力。

2. 专用章

专用章,是指各级各类组织为开展某一类专门性业务而使用的印章。这类印章在印文中除刊有组织的法定名称外,还应刊有专门的用途,如"财务专用章"等。这类印章不代表整个组织,只代表组织下属某一专门部门的职权。

3. 收发章

收发章,是指单位收发室在收发文件过程中使用的专门印章,分为收文章和发文章。

4. 校对章

校对章,是指为改正文件印制的个别差错,并证明改正有效的印章。印文除了刻有单位名称外,还应当刻有"校对章"字样。

5. 其他戳记

其他戳记,是指为标识特定信息而使用的事务性印章,如保密章、急件章、注销章等。

(二)印章的刻制

印章刻制是印章管理工作的首要环节,必须按照国家的有关规定严格执行。

(1) 正式印章的刻制采用分级负责的原则。凡机关单位的正式印章,一律不得私自刻制,只能经公安部门批准后到指定单位刻制,或由其上级主管机关批准后刻制颁发。下级机关领取上级主管机关颁发的正式印章时,必须由本单位的两个正式职工持本单位领导人签名的介绍信领取,并严格履行接印手续。单位内部的专用章、负责人印章等可由单位出具证明,然后到指定的刻制部门刻制。

(2) 本单位如因印章损坏或其他原因而需要自己刻制正式印章时,必须首先以"请示"文种报经上级主管单位审核批准。报批时,应同时将上级主管单位批准本单位成立的正式公文和按照有关规定拟定的包括印章式样、尺寸、印文、图案、字体等在内的内容一并上报。批准后,由印章的制发单位开具公函,附上印章样到所在地的公安部门办理登记手续,由公安部门指定专门的刻章单位刻制。

(3) 单位内部使用的领导人签名章、校对章、合同章、专用章及其他戳记可由单位出具证明或凭本单位的介绍信到指定的刻制单位刻制。

(三) 印章的启用

(1) 确定印章的启用时间。

(2) 提前向有关单位发出正式启用的通知并附上印模。

(3) 填写"印模卡"一式两份,一份留存,一份交上级机关备案。

(4) 在正式印章启用通知规定的生效日期之前,该印章不得使用。

(四) 印章的保管

1. 专人负责

一般情况下,印章的管理者就是具体使用者。秘书或秘书部门对于保管和使用印章的人员必须严格审查和挑选,选择政治可靠、工作负责、坚持原则的人员来负责管理。管印人接到印章后应该做好接印登记。

2. 确保安全

印章应该存放在安全保险的地方,最好放在保险柜内,并且养成随用随开、用完即锁的好习惯。印章应在办公室内使用,一般情况下,不准携带出办公室。管印人不得委托他人代取、代用印章,印章若遗失或失窃应及时上报主管机构和公安局。

3. 防止污损

平时使用印章要注意轻取轻放,避免破损。管印人还要注意经常洗刷印章,保持图案和印文的清晰,防止印泥或其他污物将刻痕填塞。

(五) 印章的使用

1. 履行审批手续

常规用印,管印人可以在职责范围内盖章。非常规用印,用印人必须填写《用印申请单》(参见表3-2),经主管领导或办公室主任批准后方可盖章。

表3-2 用印申请单

文件标题			
发往机关		份数	
用印日期		用印申请人	
批准人		备注	

2. 监督用印

用印前,管印人必须对用印内容予以审阅,如发现政治上不严肃的文件,弄虚作假或与实际出入较大的文件,超越或降低本单位公章职权范围的文件等,必须予以纠正并报请有关领导,不能"有求必印",更不能在公文纸或空白凭证上用印。

3. 做好用印登记

建立用印登记制度，除介绍信有存根外，其他用印必须登记。登记的主要内容有用印日期、部门、内容、份数、用印人姓名、批准人姓名、盖印人姓名等，一般使用专用的用印登记表（参见表 3-3）。

表 3-3 用印登记表

序 号	用印日期	文件名称	发往机关	份 数	用印单位	用印人	批准人	备 注

4. 正确用印

在盖印前，管印人必须检查有无单位领导人批准用印的签字，必须对用印的文件内容认真阅览，确认与申请用印的文件内容相符且份数相等后才能盖印。对各类奖惩、决定、证书等，均要检查是否附有批文或领导人的批复。一般来说，正式文件只在落款处加盖公章，印章应该上不压正文，下齐年盖月。带有存根的文件材料（如介绍信等）用印，除在规定处用印外，还应该加盖骑缝章以备查考。盖印必须清晰、端正，要避免倒歪、模糊等情况。

5. 如何使用经理名章

经理名章代表一个公司的领导身份，具有行使职权标志的作用，多用于书信、票证、合约、报表、文件等方面。各级领导机构之间，以经理个人名义发出的书信，一般都加盖经理名章，表示负责、尊重和信任；领导机关印发的一些票证，常加盖经理名章，表示负责、严肃和认真；签订合同、协定、协议等，要加盖双方或各方经理名章，表示负责和信用；布告、通告等特殊文书也加盖经理名章，表示权威和承担法律责任。经理名章具有法定的权威性和代表性，因此要慎重使用，加强管理，防止他人利用经理名章招摇撞骗，进行非法活动。

（六）印章的停用

机关或单位如发生合并、撤销、名称变更等情况，原印章应该立即停止使用。停用印章要发文通知有关单位，盖上印模，说明停用原因和时间，宣布原印章失效。废印章必须及时送交原制发机关封存或销毁，不得留存在原单位。

二、介绍信管理

介绍信是国家机关、企事业单位、社会团体的工作人员与其他单位或个人联系工作、了解情况、洽谈业务或参加各种社会活动使用的，向接洽单位介绍本单位派遣人员的姓名、身份和接洽事宜的专用书信，由被派遣人员随身携带，当面向接洽单位出具，其目的旨在证明被派遣人员的身份。介绍信管理是秘书日常事务的重要内容。

（一）介绍信的格式

1. 便函式介绍信

便函式介绍信就是将内容用手写或计算机打印，但必须使用带有单位名称的便笺。

2. 固定式介绍信

固定式介绍信就是设计好固定的格式后大批量印制，使用时填写相关项目即可。它一般由持出联和存根联两部分组成,两联之间有间缝,并标有编号(如图3-1所示)。

无论是便函式介绍信还是固定式介绍信,都应当具备接洽单位、被介绍人姓名、身份、人数、接洽事宜、有效期限、填写日期等内容。

```
No.××                    ××公司介绍信(存根)
                          ×介字【20  】第   号
  _____:
  兹介绍我公司_____等____位同志前往你处联系____
  _____事宜。
                                                 年   月   日
  (有效期    天)
- - - - - - - - - - - - - - - - - - - - - - - - - - - - - - - - - -
  No.××
                          ××公司介绍信
                          ×介字【20  】第   号
  _____:
  兹介绍我公司_____等____位同志前往你处联系____
  _____事宜,请予接洽。
  此致
  敬礼!
                                              (××公司印章)
                                                 年   月   日
  (有效期    天)
```

图3-1　固定式介绍信

(二) 介绍信的保管

(1) 介绍信的管理有明确规定,要指定专人负责管理。介绍信与用印紧密相连,一般情况下,介绍信由印章管理人员负责管理。

(2) 介绍信的保管同印章的保管一样,牢固加锁,随用随开,用毕锁好,以防被盗、丢失。

(3) 介绍信管理人员在使用介绍信时,要在存根上加以记载,涉及重要事项的要请批准人在介绍信存根上签字。属于口头批准的,要在存根上记下批准人的姓名,有批条的要将批条粘贴在存根上。介绍信要按编号顺序使用。

(4) 对于开出后未用的介绍信,介绍信管理人员应及时催回,粘贴在存根上。

(5) 介绍信的持有者如将介绍信丢失,应及时报告单位或部门负责人,并告知介绍信管理人员。涉及重要事项的,介绍信的持有者还应通知前往办事的单位,以防冒名顶替。

(三) 介绍信的使用

(1) 严格履行批准手续。使用单位的介绍信,要经上司或办公室负责人的批准。

(2) 介绍信的内容要明确具体,不能含糊笼统。

(3) 介绍信要填写有效时间,一般为开具之日起15天。

(4) 介绍信管理人员要对开出的介绍信负责,在检查无误后方可用印。

(5) 一份介绍信只能用于一个单位,不能用于两个单位。

(6) 介绍信要填写介绍信持有者的真实姓名和真实身份,不能为达到目的而随意提高介绍信持有者的地位和身份,不准弄虚作假。介绍信持有者不能将介绍信转借他人使用。

(7) 介绍信的存根内容要同介绍信的正文内容相符,与介绍信持有者的姓名相一致。

(8) 介绍信书写要工整,字迹要清楚,不能随意涂改或涂抹,如有涂改需在涂改处加盖公章,否则视为无效。

(9) 填写介绍信要用毛笔或钢笔,禁止用铅笔、圆珠笔或红色墨水书写。

(10) 便函式介绍信因无存根,所以应当建立专用登记簿,逐项登记,登记的项目和内容应当与开出的介绍信完全一致。

(11) 填写后的介绍信要加盖公章,固定式介绍信除盖落款章外,还要盖骑缝章;便函式介绍信只盖落款章即可。

(12) 一般情况下不得开具空白介绍信。

钟苗开具介绍信

1. 情景描述

大有公司派人力资源部张晓丽到某职业技术学院联系现场招聘应届毕业生事宜,想请钟秘书为她开具一张介绍信。

2. 实训要求

根据上述内容,完成以下 4 个场景演示。

场景一:钟秘书指导张晓丽填写用印申请表,并交由经理审批签字。

场景二:钟秘书从带锁的抽屉里拿出空白介绍信,填写介绍信。

场景三:钟秘书又从抽屉里拿出公司的公章,在介绍信上盖上印章。

场景四:钟秘书将介绍信持出联递给张晓丽,然后请张晓丽做好用信、用印登记。

3. 实训提示

学生每 3 人为一个组,教师为 3 名学生编上号数,即 1—3 号。实训在模拟公司办公室进行。学生按场景顺序进行演示,4 个场景演示总过程不能超过 30 分钟。

场景一:由 1 号学生扮演钟秘书,2 号学生扮演总经理,3 号学生扮演张晓丽。

场景二:由 2 号学生扮演钟秘书。

场景三:由 3 号学生扮演钟秘书。

场景四:由 3 号学生扮演钟秘书,1 号学生扮演张晓丽。

每组在实训过程中必须模拟填写用印申请表、空白介绍信、用印登记表。

4. 实训考核

(1) 能正确开具介绍信,手续齐全,用印规范,占 40%。

(2) 用印申请表、空白介绍信、用印登记表填写正确,占 30%。

(3) 职业素养,如服饰发型、仪表仪态、语言表达、沟通技巧等,占 20%。

(4) 团队合作与创新,占 10%。

任务三 值班工作

钟秘书值班

钟苗是金心公司的秘书,也是公司值班办公室成员。金心公司实行的是专职性值班,实行3班倒制度。下午16:00秘书来到值班室值班,上一班的小李正在处理一份文件,是总经理19:00要用的材料。与小李交接工作完毕后,小李下班离去。钟秘书继续处理文件,18:30完成。钟秘书在值班记录上填上值班的基本信息,19:00把文件送到总经理的办公室。此后,钟秘书又收到了5封邮件,接待了一位来访者。钟秘书都在值班记录表上做了详细的记录。20:00钟秘书在公司巡查了一遍,检查了没有人办公的办公室的电源及门窗是否关好并填写值班记录。24:00,下一班值班人员来到,两人交接完工作后,钟秘书下班。

值班工作,是指单位指定专职值班人员或兼职人员在一定时间内(如中午、夜间和法定节假日)轮流交替坚守岗位,负责处理单位一些临时性的综合事务或专项性的特定事务。值班工作是保证组织及时获得准确信息、进行正确决策,以及出于安全防范的需要而开展的经常性工作,也是秘书部门的常规工作之一。秘书值班工作除本人轮值期间按要求做好具体值班工作外,还包括做好值班管理工作。

一、值班工作的类型

按值班工作的时间,值班工作可分为常设性值班、休假日值班和临时性值班。

(一)常设性值班

一些较大的党政机关、企事业单位、社会团体会建立常设性值班室,有固定的值班人员,实行全天候值班制度。

(二)休假日值班

一般的机关、企事业单位和社会团体在休息时间(如晚间或节假日)安排值班。

(三)临时性值班

临时性值班主要是指遇到或为防范一些突发性事故或突发性事件而采取的临时值班措施,如防汛防台值班。

二、值班工作的主要内容

(一)承办临时事项

无论是哪种值班,都要承办领导指示和其他部门委托的临时事项,包括临时性会议通知,回复上司对于某些问题的查问,向有关单位转达领导的指示,催查领导指示落实的情况,根据领导的意图安排和落实接待任务等。

（二）接待临时来访人员

非正式上班期间,来访者一般先由值班人员负责接待。值班人员应根据来访者的意图作出合理的安排和答复。

对反映情况、提出要求的来访者,符合规定手续的,能直接给予解决的,要按有关政策规定给予解决或解释；对不能解决的,应及时转交有关部门处理。对于直接找上司解决问题的来访者,应视情况加以甄别和过滤,或安排约见,或耐心解释、婉言谢绝。

（三）处理来电来函

平时的来电来函都由职能部门或秘书部门受理,休息时间或节假日则往往由值班室代为收受。

内容重要或紧急的函电,应立即报告有关领导或转告有关部门。一般来电和来信,值班人员只负责记录和登记,不直接答复或表态,也不能随便拆信。

（四）处理突发事件

值班人员在值班期间有时会遇到一些突发性的紧急情况,如生产事故、交通事故、失火、偷盗、自然灾害等。此时,值班人员要临急不乱,处变不惊,沉着、冷静地在可能的范围内适当采取临时应急措施加以处理,如及时向上司汇报请示,或就近组织人力物力抢险救灾,或向邻近的组织单位、部队求援,或保护好事故现场等。

（五）安全保卫工作

较小单位的休息时间和节假日值班,往往要同时兼顾安全保卫工作。有的规模大的单位在休息和节假日安排专门人员进行安全保卫值班,这种情况下,总值班人员应当做好协调工作。

三、值班工作的要求

（一）认真负责,要有强烈的责任感

值班期间,由于领导和其他同志不在身边,秘书应意识到自己的重要位置和重大责任,必须本着高度的自觉性和责任感认真细致地处理值班期间发生的各种事件,妥善解决各种问题。严禁秘书在值班期间擅离职守或处理私人事务。

（二）提高警惕,做好保卫工作

值班人员在值班期间要提高警惕,做好火灾、偷盗、事故等的预防工作；禁止将亲戚、朋友带到值班室；不能把领导的家庭地址、电话号码随意告诉外人；收到的机密文件、他人信函不得擅自拆阅。

（三）掌握各方面的情况

值班期间秘书必须应付各种临时发生的事务,因此应该充分掌握本单位及往来单位的有关情况,对领导班子成员的日程安排及外出情况应了如指掌,尤其应将当班领导的联系方式标明在值班表上,一旦出现紧急情况可以及时联络。

（四）遵守值班制度

1. 岗位责任制

无论是固定值班人员还是轮流值班人员，都要明确岗位职责，坚守岗位，不得擅离职守，这是值班工作最基本的制度。

2. 请示报告制度

值班期间，遇到重要事项或者没有把握答复处理的事项，秘书必须请示领导；重要信息应当及时向领导报告；紧急情况可以边处理边报告。

3. 交接班制度

值班人员交接班时一定要办理交接班手续，应检查《值班登记表》的填写是否完整，做到文电交接清楚、值班记录交接清楚、未办事项交接清楚。实行全天值班的，应当面交接班。实行白天值班或夜间值班的，可采取电话交接或书面交接（即把需要交接的事项写在交接书或值班日志上，由下一班值班人员处理）。

4. 保密制度

值班人员应加强保密意识，值班期间不要让私人访客进入值班室。值班人员接到需要保密的来文来电来函，不能随意乱放，要严格按规定办理，要绝对保证国家和本组织秘密的安全，对值班期间接触的信息内容不能到处传播。

5. 安全防范制度

值班中，值班人员要特别注意防盗、防火、防诈骗；对要害部位要定时检查巡视；对陌生的来访者既要热情礼貌，又要保持警惕，谨防上当受骗。

（五）认真做好值班记录

值班记录是保存值班信息的重要载体，其作用：一是用于交接班，保证值班工作的连续性；二是以备将来查考。

（1）做好值班电话记录，主要包括来电时间、来电单位、来电人员姓名、来电内容、来电号码、是否需要回电等（参见表3-4）。

表3-4 电话记录表

时间： 年 月 日 时 分至 时 分			
来电单位		来电人姓名	
来电单位电话号码		值班人姓名	
通话内容摘要			
经理意见			
处理结果			值班人签字：

（2）做好值班接待记录，主要记录来访人员的姓名、单位、来访事由、联系方法、来访时间等内容（参见表3-5）。

表 3-5 来访登记表

来访人姓名		来访人单位	
来访时间			
来访目的			
拟办意见			
经理意见			
处理结果		值班人签字	

（3）做好值班日记，就是对当天值班过程中接收的信息和办理的事项进行全面记录，主要对外来的信函、电报、传真、电话及来客和员工反映的情况、值班巡视情况进行认真登记，使接班人员保持工作的连续性（参见表 3-6）。

表 3-6 值班日志

时间		值班人	
承办事项		处理结果	
待办事项		接班人签字	

（六）履行交接班手续

为了值班工作前后衔接，避免情况不通，值班人员彼此要做好交接工作，特别是对一些重要事项或正在进行的工作务必要交代清楚。交接工作可以是口头交接，也可以通过《值班日志》书面交接。

值班人员必须当面交接，不能委托他人。值班人员应交清值班记录，说明值班期间出现的问题及处理方法。值班人在值班记录上签名，确认记录内容。

四、值班人员安排

平时常设性值班室有专门固定的人员值班。一般单位的休假日值班基本上采取各部门工作人员轮流值班的办法。轮流值班人员的名单可由各部门提出，经秘书部门初步安排并由各有关部门协商后报领导审定。经领导审定的名单及时间安排应绘制成表格印发有关部门，通知有关人员，并张贴在值班室内醒目处。

五、编制值班表

值班表是将某一时间段中已经确定的值班人员姓名清晰地记载和标明的表格，是提醒有关人员按照值班表的要求值班，以保证组织整体工作的连续和完整的表格。值班表一般由秘书部门具体编写，与有关部门协商并报领导审定后执行。

编制值班表通常包括：具体值班时间和值班期限；值班人的姓名；值班的地点；负责人或带班人的姓名；值班的工作内容和相关要求；替班人的姓名和交接方法。

值班工作

1. 情景描述

天地公司是一家生产防盗门的专业公司，共有员工 50 多名，设销售部、技术部、会计部等部门,钟苗任王总经理的秘书。今天是星期六,按照值班表,轮到秘书钟苗值班,从早上 8:00 到下午 17:00。值班当天,1 个电话打入,1 名私人访客到来,3 封信件送到。

2. 实训要求

根据上述内容,完成以下 5 个场景演示。

场景一:钟秘书 7:20 到达办公室,办公室环境如下:桌椅、电脑、电话、花卉、纸篓、报刊、茶杯、日历、水瓶等。请演示钟秘书的上班过程。

场景二:收发室老李送来了 3 封信件,一封是紧急信件,一封是普通信件,还有一封是宣传信件,请演示钟秘书的处理方式。

场景三:一位老同学找到了钟苗,说是路过顺便过来看看。请演示钟秘书的接待。

场景四:电话铃响了,一位自称姓陈的中年男子找公司王总,听说王总不在后又问钟秘书要王总的电话号码,请演示钟秘书怎样应对值班电话。

场景五:还有半个小时就可以下班了。钟秘书按照公司的值班制度要填写值班日志,将今天的值班情况整理一下。请完成当天的值班日志。

3. 实训提示

学生每 5 人为一个组,教师为 5 名学生编上号数,即 1—5 号。实训在模拟公司办公室进行。学生按场景顺序进行演示,5 个场景演示总过程不能超过 40 分钟。

场景一:由 1 号学生扮演钟秘书。

场景二:由 1 号学生扮演老李,2 号学生扮演钟秘书,3 号学生扮演总经理。

场景三:由 3 号学生扮演钟秘书,4 号学生扮演老同学。

场景四:由 4 号学生扮演钟秘书,5 号学生扮演陈先生。

场景五:由 5 号学生扮演钟秘书。

每组在实训过程中还必须模拟填写值班日志。

4. 实训考核

(1) 办公环境整理,占 20%。

(2) 正确处理 3 封信件,占 30%。

(3) 老同学来访的恰当处理,占 15%。

(4) 值班电话的处理,值班日志的填写,占 20%。

(5) 职业素养与团队合作,占 15%。

任务四 突发事件处理

里根总统的女撰稿人

20 世纪 80 年代,美国电视台直播的"挑战者"号航天飞机的起飞曾吸引了众多的美国观众,其中包括数以万计的中学生。因为这是航天飞机首次载着女宇航员飞入太空,而且这位女宇航员是位中学教师,她将在太空为学生们做一系列物理实验。然而,航天飞机起飞仅仅数分钟便起火坠毁了,全美国顿时陷入一片悲哀之中。

当"挑战者"号航天飞机坠毁的消息传入白宫的时候,当时的美国总统里根正在国会发表国情咨文。白宫办公厅的领导并未授权总统的撰稿人起草里根的讲话,但是那位女撰稿人却主动地坐到了电脑前,尽管已是泪流满面,但她仍然一边收听电台的消息一边拨动键盘。很快地,里根中断了国会的讲话,到电视台接受记者对"挑战者"号的采访。一路上里根总统双眉紧锁,正在苦苦地思忖着如何发表这次演讲,因为这个消息太突然,他和美国人民一样感到意外和震惊。这时女撰稿人适时地将讲演稿送了上来。大家都知道,里根总统是演员出身,面对着电视镜头定了定神,当即声情并茂地念了起来……美国人民被感动了,雪片一样的信和接连不断的电话打到了白宫。后经美国有关部门的民意调查显示,里根总统的支持率在这次重大事件后不降反升,总统的女撰稿人功不可没。①

突发事件通常指发生的事情是不可预见的或突然发生的,并具有一定破坏力,需要立即采取应对措施并尽力控制。任何组织都有可能发生突发事件,在秘书工作中,也极有可能会遇到一些突发事件,能否处理好这些突发事件,对秘书的综合素质是一个极大的考验。

一、突发事件的种类

(一) 自然灾害

自然灾害如地震、洪水、海啸、风暴、自然火灾等。

(二) 人为灾难

人为灾难包括交通事故(如车祸、空难、海难)、人身伤害(如凶杀、投毒)、公共卫生事件(如传染病、食物中毒)、生产事故(如工伤事故、黑客侵害)、经济事件(如盗窃、诈骗)、政治事件(如罢工)等。

二、突发事件的预防

(1) 秘书应协助领导全面了解各方面的信息,对来自内外环境的因素和组织可能发生的事故、事件做好预测工作,分析事件的性质、规模、后果以及可能产生的影响等。

(2) 根据情况同有关部门共同制定基本的应对方法、措施、步骤,并以书面形式写下突发事件的处理程序。

(3) 把应急措施用通俗易懂的语言对组织成员进行宣传、教育,并用上述紧急情况处理程序培训所有的工作人员,如健康培训、安全培训、急救培训、保安人员的特殊培训等。

(4) 实行紧急情况模拟演练,如定期进行消防演习或疏散演习来测试编写的程序是否合适,并指导员工的应对行动。

(5) 保证配备相关的设备和资源,并定期进行检查、维护和更新,如报警装置、灭火器、急救包等。

---

① 孙荣,杨蓓蕾:《秘书工作案例》,上海:复旦大学出版社,2005年版,第156页,有改动。

(6)对处理突发事件的各种预案和措施,秘书应了然于胸,尤其应熟悉各种通信方式和通信手段,如各级领导、公安局、医疗机构、交通部门等的电话、地址,这样才可能在最短的时间内联系到各有关方面。

(7)明确各级管理人员在突发情况下所负的任务和职责。

三、突发事件的处理原则

(一)快速反应,及早控制事态发展

及早发现、及早应对是处理突发事件的第一要务。按照危机管理的理论,随着危机事件的发生和发展,处理危机的成本将成几何级数增加。因此,及早发现问题并采取有效措施控制事态的发展,不仅能减少事件所造成的消极影响,也会降低处理危机的成本。

(二)以保护公众利益为首要目的

危机事件发生后,保护人的生命安全是首要目的和最重要的原则。当自然灾害发生时,要第一时间组织人员迅速撤离危险地带。当人为事件发生时,要最大限度地维护公众的利益,努力减少公众的损失,以取得公众的理解和信任,维护良好的组织形象。

(三)真诚面对,公开透明

一旦发生突发事件,无论什么性质,无论多么严重,企图封锁消息、隐瞒事实真相的行为都是最愚蠢的做法。因为这不仅掩盖不住真相,还会造成舆论上的混乱,延误救援的最佳时机,损害组织的形象。这种情况下正确的态度是及时与新闻媒体联系,并及时披露事实的真相和组织所采取的态度及应对措施,以争取公众的理解和支持。

(四)沉着冷静,转"危"为"机"

组织在经营与发展的过程中遇到挫折和危机是正常和难免的,危机是组织生存和发展中的一种普遍现象。世界上许多优秀的大企业也都曾遭遇过危机,但由于它们平时的精细管理和危机来临时采取的良好措施,都能化险为夷,使危机变成转机。

四、处理突发事件的工作流程

(一)沉着冷静,及时报告,保护现场

如何应对突发事件的发生是衡量秘书心理素质和综合能力的重要方面。如遇突发事件,秘书应遇事不慌、处变不惊、沉着冷静地加以处理。突发事件发生后,秘书要问明有关情况,如火灾应问清火灾的地点、火情、扑救情况等,食物中毒应问明中毒地点、人数、病情等。对突发事件,秘书应在第一时间向领导汇报、请示,并要及时采取正确的应急措施,如发生大的火灾,应及时通知消防部门,并且在报告领导的同时通知公安部门派人到现场。

(二)查找问题原因,及时处理

秘书在向领导汇报情况后,应根据领导的指示及时处理,如就近组织人员抢救抢险;立即组织救护力量或专业防治队伍迅速赶赴现场进行救护和疾病防治;组织专家尽快到现场查明原因,并提出报告;或依靠邻近单位、部队,保护事故现场,紧急转移机要文件和贵重物资等,并根据领导的指示进一步做好善后工作。如果遇到刑事案件,秘书必须及时拨打"110",并把事件移交给司法、公安部门处理。

(三)召开新闻发布会,坦诚向公众说明情况

危机发生后,组织要设立新闻发言人,统一口径,向公众坦诚地说明情况,注意保持与媒体的紧密联系,随时通报事件的进展情况,避免公众因不了解情况而听信传言。如果确实是组织自身的问题,除了诚恳道歉外还要公布补救措施,以获得公众的谅解和支持。

五、事故情况记录表

所有的事故、火灾和其他的突发事件都应该报告和记录。即使事故没有导致伤害或破坏,也应该报告和记录。这样做不仅能保证采取措施消除事故隐患,还可以提供事故准确的记录,便于应对有关赔偿的法律案件。

发生事故秘书应及时报告给上司或安全主管,并按具体要求填写《事故情况记录表》和《工伤情况报告表》。

(一)事故情况记录表

《事故情况记录表》通常记录:事故发生的日期与具体时间;事故发生的地点;事故涉及的人员;事故的证人;事故过程的概述;填写事故记录簿的人员签名。此表一般由秘书督促相关人员(如车间安全员)填写,有时也可由秘书填写。

(二)工伤情况报告表

如果事故中有人受伤,涉及的每一个人都要填写一张《工伤情况报告表》,准确地记录受伤人的信息、伤情和处理情况。《工伤情况报告表》记录的信息主要有:完成表格人员的姓名、身份;事故涉及人员的姓名、出生日期、住址、职务;发生事故的日期、地点;事故的细节及对事故的看法;进行的急救行动和医疗处理情况;事故证人的姓名和职务;填写表格的人员签名和日期。此表一般由秘书人填写。

钟苗处理突发事故

1. 情景描述

这天上午,天地公司总经理秘书钟苗正和王总经理一起陪着公司的重要合作伙伴(超凡公司的李总经理一行)在公司的厂区参观。行走中,天地公司的销售部经理赵女士踩到没有盖好又没有安全标志的井口内,当即小腿部表皮划伤出血并有膝盖疼痛感。钟秘书急忙上前,一面向赵女士道歉,一面将赵女士扶起,接着,她采取了一系列的措施。

2. 实训要求

根据上述内容,完成以下2个场景演示。

场景一:钟秘书赶紧通知工作区急救员,利用公司的急救箱进行紧急抢救;在急救员不在的情况下,及时呼叫急救中心,抓紧时间进行伤员抢救。

场景二:当伤员得到抢救后,填写了公司的《事故情况记录表》,并立即填写公司的《工伤情况报告表》,写出处理该受伤人的细节。

3. 实训提示

学生每2人为一个组,教师为2名学生编上号数,即1—2号。实训在模拟公司办公室

进行。学生按场景顺序进行演示,2个场景演示总过程不能超过30分钟。

场景一:由1号学生扮演钟秘书,2号学生扮演赵女士。

场景二:由2号学生扮演钟秘书。

每组在实训过程中还必须模拟填写公司的《事故情况记录表》和《工伤情况报告表》。

4．实训考核

(1)沉着冷静,采取恰当的措施及时对伤员进行抢救,占40%。

(2)正确填写《事务情况记录表》和《工伤情况报告表》,占30%。

(3)职业素养与团队合作,占20%。

(4)创新设计,占10%。

(一)办公用品管理相关表格

表3-7 办公用品申购表

申购部门		申购人		申购日期		编号		
物品清单	用品名称	库存数量	可用时间	申购数量	规格型号	单价	备注	
申购理由								
部门意见						主管签字:(盖章) 　　年　月　日		
财务部门意见						主管签字:(盖章) 　　年　月　日		
领导意见			签字:(盖章)　　　　　　　　　　年　月　日					

表3-8 办公用品领用表

领用单位		领用人		领用时间	
用途					
部门负责人签字		管理部门负责人签字			
品种	数量	单价	总价	发放人签字	

表3-9 库存控制卡

代码:25　　　　　　　　　　　　　　　　　　项目:A4白文件纸								
存放位置:B5　　　　　　　　　　　　　　　最大库存量:100令								
单位数量:令　　　　　　　　　　　　　　　最小库存量:15令								
(1令=500页)　　　　　　　　　　　　　　再订货量:25令								
日期	接收			发放				余额
	数量	发票号	供应商	数量	申请号	领用者		

表 3-10　订货单

订单号：									
供方：					需方：				
联系人：					联系人：				
邮政编码：					邮政编码：				
电话：					电话：				
传真：					传真：				
地址：					地址：				
序号	品名	规格、型号	单位	数量	单价	总价	备注		
合计	人民币小写：				人民币大写：				
付款日期				付款方式		支、现、电汇、其他			
交货单位				收货地址					
交货时间	年　　月　　日			提货方式		自提（　）		送货上门（　）	
收货人				电话					
需方：　　（盖章）　　日期：　年　月　日				供方：　　（盖章）　　日期：　年　月　日					

表 3-11　交货单

送货单位名称：＿＿＿＿＿＿＿＿＿＿＿＿＿＿＿＿＿＿
客户名称：＿＿＿＿＿＿＿＿＿＿＿＿＿＿＿＿＿＿
送货日期：＿＿＿＿＿＿＿＿＿＿　　收货日期：＿＿＿＿＿＿＿＿＿

序号	品名/规格	订单号	交货数量	实收数量	备注

送货人：　　　　　　　　　　　　　　　签收人：
随货发票：　　有（　）　无（　）　　　　发票号码：

表 3-12　入库单

编号：　　　　　　　　　库别：　　　　　　　　　年　月　日

进货单位	供应商	品名	规格、型号	数量	单位	单价	金额

采购员：　　　　　　　　　　　　　　　库管员：

注：本单一式两联，第一联为仓库记账联，第二联交采购员办理付款并作为财务记账联。

项目三　事务管理（二）

（二）值班工作相关表格

表3-13　××集团国庆期间值班表(20××年10月1日—10月7日)

日　期	10月1日	10月2日	10月3日	10月4日	10月5日	10月6日	10月7日
姓　名	×××	×××	×××	×××	×××	×××	×××

值班时间：上午8:00——下午18:00
值班地点：公司值班室（综合楼1005室）
值班要求：
1. 按规定时间值班，当班时不能随意离岗；
2. 有事需向办公室请假，不得擅自调换值班时间；
3. 阅读处理来信来函，急件须及时转当班领导处理；
4. 认真做好电话记录、接待记录和值班日志；
5. 值班领导联系电话：××××××××××　××××××××××；
6. 报警电话：火警119；盗抢警110。

××集团办公室
20××年9月28日

（三）突发事件处理案例

"大白兔"成功突围"甲醛门"①

2007年7月16日，菲律宾宣布，包括中国知名糖果品牌——上海冠生园（集团）有限公司生产的"大白兔"牛奶糖在内的四款中国食品含甲醛等有害物质。此消息引起海内外强烈关注，"大白兔"奶糖的食品安全受到广泛质疑，以致连香港、广州部分超市也将"大白兔"奶糖撤柜。

"甲醛门"曝出后，冠生园（集团）有限公司主动停止了"大白兔"产品的出口，连夜对"大白兔"奶糖实施标准检测，并将产品送上海市权威检测机构SGS（国际公认的）进行测试；7月20日，国家质检总局局长李长江在新闻发布会上表示，中国上海冠生园（集团）有限公司的"大白兔"奶糖在生产过程中没有添加甲醛，质量是安全有保证的。此后，来自中国香港、新加坡等地的消息均证实，当地检测的"大白兔"均符合食品安全标准。

在经过几天滞留后，10个货柜的"大白兔"奶糖被迅即解冻，"大白兔"重新"活蹦乱跳"地赶往新加坡、哥斯达黎加、马来西亚、印度、尼泊尔、美国等国家。

"大白兔"奶糖遭遇"甲醛门"事件后，冠生园（集团）有限公司立即积极应对，在4天时间内便成功"突围"可谓企业危机处理方面一个教科书式的生动案例。在突然遭遇"甲醛门"事件后，冠生园（集团）有限公司反应迅速，在发生危机第一时间内采取了积极主动的应对策略。冠生园（集团）有限公司方面能意识到权威认证在此类产品质量危机处理中的必要性，在得到菲律宾检验结果的当日，冠生园（集团）有限公司连夜将产品送到国际公认的权威检测机构SGS进行权威检测认定；并在19日上午10点得到了SGS关于"'大白兔'不含甲醛"的权威认证结果。这无疑给此次危机事件的应对提供了权威的证据。

另外，在"大白兔"这起意外风波的始终，冠生园（集团）有限公司都牢牢把握主了媒体主动权。在16日，冠生园（集团）有限公司连夜对"大白兔"奶糖进行内部检测之后，即在冠生园（集团）有限公司网站上公告检测结果。18日，"大白兔"奶糖的生产企业上海冠生园（集

---

① http://www.brandcn.com/corp/ShowArticle.asp?ArticleID=95670，有删改。

团)有限公司也已刊登了有关声明。这无疑在事件初期传达了冠生园的基本立场,防止了有关媒体对这起风波的盲目猜疑,从而避免了事件的恶化。

而在19日,得到国际权威认证机构——SGS关于"'大白兔'不含甲醛"的权威认证结果1个小时之后,冠生园(集团)有限公司立即召开新闻发布会,向海内外数十家媒体发布了这个检测结果。这样一来,冠生园(集团)有限公司就在第一时间内将国际权威认证机构对"'大白兔'不含甲醛"的消息,通过国内外媒体向全球消费者及各地代理商进行了及时的传达,及时诉说了"大白兔"的"冤情",直接否定了菲律宾方面有关"'大白兔'含有甲醛"的检测结果。

冠生园在处理这起危机事件时候,抓住了这三个关键并迅速行动,最终在短短的时间内化解了这次国际风波,维护了其品牌形象,保障了产品的正常销售。

项目四 接待工作

> **▶ 学习目标**
>
> **知识目标** 通过学习,了解接待的类型以及接待工作的原则,掌握不同情况下接待工作的程序和方法,尤其注意内宾接待与外宾接待的区别,掌握确定接待规格的依据。
>
> **能力目标** 通过学习,学会制订接待方案,能够遵照接待礼仪完成各种接待工作任务。

任务一 接待工作认知

斯坦福大学的由来

　　一对老夫妇,妻子穿着一套褪色的条纹棉衣服,丈夫穿着粗布制的便宜西装,也没有事先预约,就直接去拜访哈佛的校长。

　　校长的秘书在片刻间就断定这两个乡下土老冒根本不可能与哈佛有业务来往。

　　先生轻声地说:"我们要见校长。"

　　秘书很有礼貌地说:"他整天都很忙!"

　　女士回答说:"没关系,我们可以等。"

　　过了几个钟头,秘书一直不理他们,希望他们知难而退,然而他们却一直等在那里。

　　秘书终于决定通知校长:"也许他们跟您讲几句话就会走开。"

　　校长不耐烦地同意了。

　　校长很有尊严而且心不甘情不愿地会见了这对夫妇。

　　女士告诉他:"我们有一个儿子曾经在哈佛读过一年,他很喜欢哈佛,他在哈佛的生活很快乐。但是去年,他出了意外,我的丈夫和我想在校园里为他留一个纪念物。"

　　校长并没有被感动,反而觉得很可笑,粗声说道:"夫人,我们不能为每一位曾就读过哈佛而后去世的人建立雕像。如果我们这样做,校园就会变成墓园。"

　　女士说:"不是,我们不是要竖立一座雕像,我们想要捐一栋大楼给哈佛。"

　　校长仔细看了一下条纹棉布衣及粗布便宜西装,然后吐一口气说:"你们知不知道建一栋大楼要花多少钱?我们学校的建筑物可是超过了750万美元。"

　　这时,女士沉默不语了。校长很高兴,以为总算可以把他们打发走了。

　　这位女士转向丈夫说:"只要750万就可以建一座大楼?那我们为什么不建一座大学

来纪念我们的儿子?"

就这样,斯坦福夫妇离开了哈佛,到了加州,成立了斯坦福大学来纪念他们的儿子。

秘书是代表组织和上司来完成接待任务的。秘书的接待符合要求,就能使组织和上司的形象增辉;反之,则可能破坏组织和上司的形象。

一、接待的类型

按照不同的标准,接待工作可分为以下不同的类型。

(1) 按接待对象,接待工作可分为内宾接待和外宾接待。

(2) 按与来访者的关系,接待工作可分为上级来访接待、下级来访接待和平行单位来访接待。

(3) 按接待的内容,接待工作可分为工作接待、生活接待和事务接待。

(4) 按是否预约,接待工作可分为随机性接待、预定性接待或计划接待等。

此外,按来客的人数,接待工作还可分为个别接待和团体接待等。

二、接待工作的环境要求

做好接待工作必须有一定的环境准备,一般可以分为硬环境和软环境。

(一) 硬环境

硬环境包括前台、会客室、会议室和办公室的空气、光线、颜色、办公设备以及室内的布置等外在客观条件。

1. 绿化环境

会客室、会议室和办公室内应适当摆放一些花卉和绿色盆景,这样会显得生机勃勃;室外的环境应力求做到芳草铺地、花木繁茂,给人以美的感受。

2. 空气环境

空气环境包括空气的温度、湿度、流通与清洁四个因素,它的好坏对人的心理和行为有相当大的影响。因此,应该在室内安装通风设备和空调,做好空气调节;提倡不在室内吸烟,以保持空气清新。

3. 光线环境

室内要有适当的照明,以自然光源为主、人造光源为辅。切勿使光线过强,以免刺激眼睛;也不可使光线过弱、过暗,以免使人心情压抑。

4. 声音环境

室内要保持肃静、安宁,这样才能使秘书集中精力做好接待工作,提高工作效率。反之,若办公室的声音嘈杂,会使人心烦意乱。

5. 办公室和会客室的布置

办公室中写字台、文件柜和其他办公用品应放置合理、整齐;书报、文件要归类放齐;

墙上可挂日历、组织会徽,也可挂些风景画等,以显得美观大方。会客室应准备好桌椅、沙发、书报架,报纸杂志应排列整齐,把日期最新的放在最外边;茶具、茶叶和饮料等要准备齐全;此外,还要放置衣帽架、废纸篓,以供需要时使用。

(二) 软环境

软环境,是指工作气氛、工作人员的个人素养等在接待的过程中体现出来的人文环境,主要包括组织文化环境和接待礼仪环境。组织内应保持轻松、和谐的工作氛围和人际环境,人员之间应同心同德、关系融洽,这样才会给来访者带来亲切、温馨的感觉。

三、接待规格

接待规格,是指接待者向来访者提供的各种待遇的总称。对企业来说,接待规格得高低主要取决于来访者的来访事由、与本企业的关系以及职位、知名度、年龄、性别等因素。对党政机关、企事业单位来说,双方的地位、关系是确定接待规格的决定因素。

1. 对等接待

对等接待是最常用的接待规格,是指主方的主要陪同人员与客方主要人员的职务、级别等同。如来访的带队人是总裁,则主方也应由总裁或董事长出面接待。如果主方的总裁或董事长因病或出差不能来,由副职出面接待时,则必须向客方致歉,以表示尊重。

2. 高规格接待

高规格接待,是指主方主要陪同人员的职务、级别高于客方主要人员的接待。高规格接待用以表示对本次接待工作的重视以及对对方的特别尊重,如上级领导派工作人员来了解情况、迎接某重要的外国代表团等时的接待。

3. 低规格接待

低规格接待,是指主方主要陪同人员的职务、级别低于客方主要人员的接待,它适用于上级领导亲自来访等的接待。

四、接待工作的原则

(一) 一视同仁

秘书面对不同的来访者,不论是上级机关还是下属单位,不论是外宾还是内宾,不论其职位、年龄、职业、资历、来意如何,在接待的程序、规格上可以有所不同,但接待态度应一视同仁,都应热情相待。同时,接待工作本身是琐碎而具体的,它涉及许多的部门和人员,牵涉食、住、行和人、财、物等方方面面,这就需要秘书周密组织、精心安排,把工作做得细致入微、面面俱到、有条不紊并能够善始善终。

(二) 礼仪规范

接待工作是一项典型的社交活动,在工作中以礼待人、讲究礼仪,既体现了秘书较高的素养,又提升了社会组织本身的外在形象。接待工作中要提倡"微笑服务"。现代心理学家总结出一个公式:感情的表达=7%的言语+38%的声调+55%的表情,可见人脸部微笑的表情在传递"友好"这一信息过程中起着重要的作用。

(三) 勤俭节约

接待工作是一项消费型的事务活动。在计划性接待和团体接待中,接待一方不仅要投入人力,还需要投入财力和物力。因此,秘书在接待工作中必须遵守各种规章制度,贯彻勤俭方针,精打细算,节约为本,抵制讲排场、摆阔气、大吃大喝、铺张浪费的陈规陋习,抵制各种不正之风的侵袭。

(四) 严守纪律

接待工作中秘书外出的机会多,自由度也比较大,尤其应自觉遵守纪律,如安全、保密纪律等。无论是哪种规格的接待,都要注意安全工作,尤其是重要来宾的来访,保证安全和保守秘密就显得更加重要。安全包括重要来宾的驻地安全、交通安全、饮食安全和工作事宜的安全;保密包括会谈保密、文件保密和活动安排保密,同时也包括在接待各种各样的来访者时,注意内外有别,严守单位的秘密。此外,秘书不得利用职权之便谋取私利,如不私受礼品,不饮酒过量,不用公车办私事,不与外宾私下做交易等。

如何接待不速之客

钟秘书正在办公室忙着,有一位西装革履的男士来访,自称与李总经理约好的。但钟秘书一查李经理的日程安排,却并没有发现有约会。但既然说与李总经理有约,也可能是经理亲自约定的,接过名片一看,是某家杂志社广告业务部的严经理。凭直觉钟秘书觉得对方是一个推销员,但仍然很热情地请坐、端茶,然后问道:"您是否和李总约在上午见面?"

对方回答:"如果方便,我希望很快见到李总。"

钟秘书明白了,肯定没有约会。即使是李总亲自约定的,也会有具体准确的约见时间。"您看,很不凑巧,今天上午李总刚好有个临时会谈。我马上设法和他取得联系,告诉他您在这等候。或者另约时间,可以吗?"

严经理马上表示同意。钟秘书接着说:"您看我怎么向李总汇报您的情况?"

经交谈,钟秘书很快清楚了,来访者是为杂志社编撰本市最新工商名录做广告、拉客户的。这类事不是第一次遇到,钟秘书知道接待不可草率生硬,来访者中不乏"无冕之王",还须"恭敬送神"好。

经与李总联系,从他那里得到的答复是"不见",钟秘书当然不能"直言相告"。

"严先生,真对不起,李总正在与一家重要客户谈判,我不方便进去打断。您看已近中午,怕要耽误您太多的时间了。您看是否这样,我公司虽在本市,但大多数的业务还是在与外省市和外商之间,全国工商名录上我公司已在册,本市工商名录上再登当然对本公司也有益,具体事项我一定请示李总,并尽快电话与您联系,您看,我可以打名片上您的联络电话吧!"

"好,好。"嘴上这么说,严先生已显不悦。

"另外,刚才看您送来的资料,我想起我的同行马小姐曾和我谈起过她供职的公司正要做公共关系形象广告和业务宣传,您看我是否可以介绍他们公司与您合作……她的联系电话是67559……,这是我的名片,您可以直接与马小姐联系。"

"好,好!"严先生的口气变得和缓了。

"严先生,这资料您是否可以多留几份给我:尽管我们公司的业务范围不太适合,但周末的同行联谊会上,我可以帮您向其他合适的公司宣传,同行介绍,恐怕更方便些,您看是否可以?"

严先生告退时的微笑是真诚的谢意,因为他受到的热情的接待弥补了没有完成任务的缺憾。钟秘书热情地送他到电梯口。

【讨论分析】

(1)钟秘书是怎样了解未预约来访者的相关信息的?

(2)钟秘书为什么不可直言相告李总经理不能接待严经理?这是否违背秘书的职业道德原则?

(3)秘书对来到公司的每一个人都应该视如贵客,都应该有求必应引见给领导吗?

(4)钟秘书是怎样让客人微笑离开的?

任务二　　内宾接待

销售计划为何泄露

一天上午,初秘书正在用电脑打印公司的销售计划,这时,来了一位不速之客。

"李总在吗?"客人问。

"预约了吗?"小初随口问道,姿势没有任何改变,双眼仍盯着电脑的显示屏。

"约什么约?我要找你们老总谈谈!"

小初朝客人瞟了一眼,觉得有点眼熟,但想不起是谁,说:"你等一下。"说完起身走向斜对面会客室找李总,将客人一人留下。在会客室里,小初告诉李总,有人找他,李总问是谁,小初说:"有一点眼熟,好像是来讨债的。"李总不愿见。小初顺便请示了如何处理销售计划中几个敏感数据的问题。

几分钟后,小初回到办公室对客人说:"李总不在,你回去吧。"客人表示不信,接着双方发生了激烈的争吵。

半个月后,销售部向李总反映,本公司销售计划泄露,部分客户的业务被别的公司抢走。

内宾即国内来访的宾客,包括来自上级机关、下属单位和其他有关组织的代表团、参观团或个别来访人员等。它往往又分为团体接待和个别接待。

一、团体接待的一般程序和方法

（一）接受任务,做好准备

1. 了解来宾的基本情况

正常情况下,来宾在到来之前会与接待方取得联系。秘书在接到任务后,首先要了解来宾的基本情况,包括所在地区、具体单位、此行目的、来访天数、同行人数、到达的日期和地点以及每个成员的姓名、性别、年龄、职务、级别、民族、宗教信仰、生活习惯、健康状况等。

2. 制订接待计划

在掌握基本情况的基础上,秘书应分析采访意图,然后提出接待意见和接待计划。接待工作计划：一要有针对性,即应针对来访团体的具体目的和任务；二要切实可行,即应符合当时当地具体的主客观条件。一般而言,接待计划应包括以下五个方面的内容。

（1）接待方针

接待方针即接待的指导思想,它属于接待计划的前言部分。

（2）接待规格

前面已有论述,这在接待计划中应预先确定。

（3）接待日程安排

一是要求接待活动的重要内容不能疏漏,如安排接站、拜会、会谈、宴请、订餐、游览、送行等事宜,每个环节都要考虑到；二是要求注意时间、地点上的紧凑,上一项活动与下一项活动之间不能间隔太长,地理位置也不宜相距太远；三是要求每项活动的安排应科学合理,不能有冲突和重复。

（4）接待形式

接待形式,是指具体的接待方式、方法,如是否前去机场、车站、码头迎接,要不要举行一定的仪式,是否准备鲜花,宴请是选择中餐还是西餐等具体问题的确定。

（5）接待经费开支

接待经费开支,是指接待经费的预算。秘书应本着"少花钱,多办事"的节俭原则安排各项接待工作,反对"讲排场"的铺张浪费作风。有时候接待经费也可以由主客双方协商共同承担。

接待计划报请领导批准后,秘书可以开始着手接待的具体准备工作。比如,整理好来宾的资料,做好接站的车辆预定,预约好宾馆的房间,安排好接待地点等。

（二）热情迎接,安排周到

1. 安排好接站及返程票的预订、预购

根据来宾的身份及来去日期、地点,安排有关领导和工作人员到车站、机场、码头迎接。迎客时应提前15分钟到达,可事先准备好"接站牌"等。预订、预购返程车票、机票、船票时,应事先征询来宾的意见。

2. 安排好来宾住宿

根据来宾的身份和具体要求,协助具体接待部门安排好住宿。要特别注意来宾住地防灾、防盗和安全保障。

3. 安排好餐饮

根据国家规定的标准及来宾的饮食习惯安排好来宾的饮食,可说明特殊要求和指定的菜谱;要特别注意不同民族、不同宗教的饮食禁忌,并确保食品卫生和饮食安全。一般会至少安排一次正式的宴请活动。

4. 安排好工作用车

根据实际工作需要和来宾需要安排好整个接待期间的工作用车,外出要认真检查车况、路况,确保交通安全。

5. 安排领导拜访来宾

选择合适的时机,按照大体对等的礼仪原则,安排有关领导到来宾下榻的宾馆、饭店去看望客人,作礼节性的拜访。注意拜访时间不宜过长,控制在 20～45 分钟左右,不宜过多占用来宾的休息时间,但时间也不宜过短,以免产生"走形式"之嫌,让人感觉缺乏诚意。

6. 安排活动日程

来宾到达后,双方商定具体的日程安排,活动日程一般为会谈、参观、游览、举行相关仪式等,在确定之后,应尽快将详细的日程安排发给所有的来宾,让每个人都做到心中有数。落实具体活动是接待中的重头工作,期间要安排的合适的人员陪同,积极负责地做好各项工作。

在条件许可的情况下,秘书可以为来宾安排一些文化娱乐和体育活动,如电影、地方戏、歌舞剧、舞会、卡拉 OK、书画活动之类。体育活动一般可选择保龄球、室内游泳、乒乓球、高尔夫球等活动项目。同时,应注意活动内容既要丰富多彩,有吸引力,又要健康向上,能够陶冶情操。

7. 安排新闻报道工作

如果来宾的身份重要或活动具有重要意义,应该通知有关新闻媒体派人进行采访、报道。秘书负责介绍情况、安排采访对象讲话等,并受领导的委托对稿件进行审核、把关。

8. 互赠纪念品或合影留念

根据工作需要可以与来宾互赠礼品或纪念品,也可以合影留念。秘书应根据来宾的风俗习惯选择礼品或纪念品,特别要注意避开不同民族、不同宗教的忌讳。

(三)热烈欢送,及时总结

1. 及时做好接待经费结算

在客人临走前,应按规定做好接待经费的结算工作,做到账目清楚、手续齐备,该双方签字的都应及时签字,以免日后处理产生矛盾。

2. 安排好送行事宜

来宾离去时,应安排有关领导或工作人员为客人送行。秘书可以提前去客人下榻的宾

馆、饭店送行,也可以去车站、机场、码头为客人送行。送客与迎客同等重要,应善始善终。

3. 写好接待小结

重要的接待一结束,秘书及经办人员应认真进行小结并向领导汇报,接待小结还应存档备查。

以上所说程序和方法是较完整的,一般多用于比较重要宾客或团体宾客的接待,秘书可以根据接待对象的不同进行调整。

二、个别接待的程序和方法

(一)预约来访者的接待

预约接待和无约接待主要区别在准备的时间和内容不一样。秘书接待依照约定而来的客人称为预约来访者的接待。这种接待可以事先做好充分的准备,使接待有礼有序进行。

1. 迎接

要给客人留下最好的第一印象,为下一步接触打下基础。客人一进门,秘书应该起立、微笑、注视对方说:"您好"。如果是正在等待的客人,秘书要迎上前去,并伸出手:"我正在等您,这边请。"握手力度要适中,时间长短要合适。在客人较多的时候,秘书应坚持先来后到的接待原则,避免厚此薄彼。

2. 引见

已预约来访者抵达后,秘书一般会先请来访者稍候,然后通过电话告知上司,或走到领导的办公室告知,但在秘书离开办公桌前应注意桌上文件、电脑中资料的保密。得到上司的允许后,一般情况下,秘书会引领来访的客人进入领导的办公室或会客室,请客人入座,必要的时候还要为领导与客人双方作介绍。

3. 奉茶

奉茶时秘书应先征求客人的意愿(如茶、咖啡及其他的饮料),也应尽力了解客人的喜好,从客人中的上座起按顺序奉茶,其次再为本单位内的员工奉茶。秘书送完茶退出会客室时要轻轻把门带上。

4. 送别

领导会客结束,秘书根据领导的要求,送别来访者。一般客人应送到电梯前或楼梯口,由秘书按电梯按钮,在等客人上电梯后微笑挥手告别,电梯门关后离开;若送到楼梯口,要等客人转过楼梯看不到了再回身。重要客人送到轿车边,要为客人打开车门,根据尊卑次序安排座位。关好车门后,秘书要恭敬站立,与客人挥手告别,等客人离开自己的视线后,再转身返回。

(二)未预约来访者的接待

秘书接待事先没有约定的临时来访者称为未预约来访者的接待。秘书应学会甄别、过滤不速之客,恰当为领导挡驾,节约领导的宝贵时间。

1. 询问

秘书首先应问清来访者的身份和来访事由。一般情况下,来访者会作自我介绍(包括出

示名片和介绍信),并说出来访事由。如果不能得到以上信息,秘书可以说:"对不起,请问我怎么向总经理禀报呢?"或者说:"总经理只能按事先的约定接见客人,我是安排所有约会的人,我需要知道您想跟他谈什么。"

2. 请示

如果领导授权,秘书可根据此来访者的事由是否符合本单位的利益、领导是否欢迎此来访者等标准来决定是否接受来访。如果不能确定,秘书应对来访者的要求作有回旋余地的答复:"请您等一下,我去看看总经理在不在。"随后,秘书去领导的办公室请示。

3. 分流

秘书应根据请示结果对来访者进行引见或为领导挡驾。

(1) 引见

若得到领导肯定的答复,秘书即可安排会见,将来访者引见给领导,并作介绍,为来访者送上饮料。

(2) 挡驾

如果领导不愿或不能见来访者,秘书可以视情况进行如下处理:可以以领导不在或领导很忙为由委婉拒绝来访者提出的要求;可以联系相关部门的人员出面接待客人;也可以请对方留下通信方式,告知其会尽可能在最快的时间内安排与领导的见面。

4. 送别

即使来访者是不速之客或不受欢迎的人,最终来访者离开时,秘书都应礼貌地与其道别。迎三送七,迎接客人快走近三步,送客多送七步,这样既能平息来访者的情绪,又能显示组织的风度和良好形象。

三、接待工作中一些特殊情况的处理

(一) 会晤的暂停和终止

领导在会晤的过程中,秘书如果接到找领导的电话,应根据事情的轻重缓急程度来处理。一般来电,不要马上通知领导。如果来电涉及重要、紧急的事情,秘书应请来电者稍候,然后立即把来电者的姓名、身份和事由写在纸上通知领导,或打内线电话通知领导。领导走出办公室或会客室,秘书应进入陪同来访者。

有时领导不愿与来访者交谈下去或领导下次活动的时间已到,秘书可以出面帮助领导使会晤终止。方法是打内线电话或给领导送张纸条,还可以直接走到领导的面前,提醒领导其他活动的时间到了。只要电话铃声一响或纸条一到,上司即可顺水推舟建议结束会晤。

(二) 有问题来访者的接待

1. 固执任性的来访者

有些来访者不听任何解释,胡搅蛮缠非见领导不可,甚至出言不逊。秘书应该毫不妥协地反复进行解释并提出建议,坚持说自己没有权利更改规章制度,但是可以让其留下联系电话和便条并为其转达。

2. 进行威胁的来访者

如果来访者对秘书进行威胁,秘书可以悄悄地告诉领导或打电话给保安部门,而不要与蛮横无理、可能带来危险的来访者直接冲突。

3. 情绪激动的来访者

有时来访者不一定蛮横无理或进行威胁,但由于刚丢了工作或其他的原因情绪激动。必要的时候,秘书可以找相应的男性同事或年龄稍长的、经验丰富的女同事来帮忙,使来访者尽快平静下来。

两次接待任务

1. 情景描述

维维集团公司是一家具有30多年历史的大型食品生产企业,主要生产乳制品、糖果、糕点等。由于技术先进,质量过硬,风格独特,食品符合大众品味,市场销路很好,因此公司连年被评为"消费者信得过单位"。2012年5月,其生产的"维维"牌系列产品被国家工商行政管理总局批准认定为"中国驰名商标"。2013年8月,又被国家质量监督检验检疫总局批准评定为"中国名牌产品"。面对产销两旺的喜人形势,为了满足与日俱增的市场需求,公司迅速启动了"扩张计划",向全国铺开。经过几年的发展,截至2013年,公司便由一个名不见经传的小作坊式的食品加工厂发展成一家总资产达20亿元的大型现代化食品生产、研发企业,并在华北、华东等地区建立起生产基地,成立了三大分公司,总部设在南京,在业界顿时声名鹊起,参观、考察、洽谈业务者纷至沓来。

2013年10月,徐州一国有中型食品加工厂由于经营管理不善,处于连年亏损状态,准备实施破产重组。通过徐州市政府和南京市政府牵线搭桥,该厂厂长徐明一行将于10月20日来维维公司商谈合作事宜。

由于时间紧,原定于10月20日在南京总部召开的集团第三季度营销工作总结会议(会期两天)只得推迟至21日,公司领导要求办公室立即通知三大分公司会议时间的变动情况,并认真做好接待工作。

2. 实训要求

请你按照接待对象和来访事由的不同,确定10月20日和10月21日接待的规格。

请你分别制订出10月20—22日的接待工作计划,内容包括接待规格、日程安排和接待经费列支等,要求详细具体,责任明确。

3. 实训提示

实训任务中一次是内部会议接待,一次是外部来访的接待,均为团体接待,注意两次接待任务的区别,从而确定不同的接待规格与接待安排。

4. 实训考核

(1) 能根据接待对象与来访事由的不同,确定两次接待的接待规格,占20%。

(2) 能分析两次接待任务的不同,从而制订不同的接待计划,占60%。

(3) 职业素养与团队合作,占20%。

任务三　外宾接待

如何接待沙特阿拉伯客人

大华公司陈总经理要设宴招待来访的沙特阿拉伯某公司总经理穆罕默德一行,秘书钟苗在一家以狗肉闻名的菜馆定了包间,并按照总经理的意思选购了礼物。礼物是:送给穆罕默德的国画熊猫图;送给其夫人的真丝长袍;送给其孩子的洋娃娃。小钟还特地选了红色的包装纸包装起来。宴请当天,总经理发现预订的饭店有问题,赶紧派人另找了一家饭店,并且把改变的地点尽快通知了客人。为此,他严厉批评了小钟。当客人应邀前来赴宴时,陈总经理拿出礼物说:"这是鄙公司送给总经理、夫人及小孩的一点小礼物,实在拿不出手,望笑纳。"说完就发现对方的神情不对,难道是什么地方又出了问题吗?

外宾,是指国外来访的宾客。在我国,港澳台同胞有时候也适用外宾接待的程序和方法。我国目前从事外事接待任务的,除了一些较大单位有专管外事工作的外事办公室、外事处外,大多数单位都由秘书部门承担这一工作,负责传达外事部门的方针、政策和工作部署,协助领导和上司完成本单位所承担的外事接待任务。

一、外宾接待的基本原则

(1) 必须按照国家有关规定统一行动或部署,统一对外表态。在地方政府外事部门的统一管理下,办理有关外事业务,并配合外事部门完成各项外事工作。

(2) 在开展对外交往活动中,对应该报告、请示和没有把握的事都应该及时向外事部门请示,不能自行其是。

(3) 根据我国的社会经济特点和外事工作的需要,进行礼宾活动安排,使礼宾工作与我国对外开放政策相适应。

(4) 在外事接待中,应体现我国在国际交往中大小国家一律平等的原则,尊重各国的风俗习惯,不强加于人。

(5) 要讲求实际,做到接待活动安排有针对性,重礼仪,重实效,不讲排场,不事铺张,生活照料应尽量周到。

总之,在对外交流和友好往来以及其他的涉外活动中,既要做到热情友好、平等相待、文明礼貌、不卑不亢,又要坚持内外有别的原则,在外事活动中强化保密意识。

二、外宾接待的一般程序和方法

外宾接待比之内宾接待,应该更注重程序和礼貌礼节,一般的接待程序如下:

(一) 准备工作

(1) 由秘书接受接待任务,或准备工作由外事部门主办、秘书协办。

(2) 对来宾的了解除人数、身份、性别、来意、要求等外,还应注意国籍、民族、生活及风俗习惯等。

(3) 制订接待计划。接待计划应该更周详细致,政府机关的外宾接待计划需报上一级领导批准,重要外宾还需通报交通部门和安全部门配合。

(4) 按计划规格在宾馆预订标准客房或套间,预订中式或西式餐饮,并说明特殊要求或指定菜谱。

(二) 迎接工作

迎接工作一般按计划由部门领导亲自迎接或由秘书代劳,必要时组织一定的欢迎仪式。

(三) 安排会见、会谈和宴请

(1) 主方负责人去客方下榻处进行礼节性拜访,秘书随同。

(2) 秘书到客方下榻处和客方商定日程。

(3) 主方宴请客方,一般用固定席位的正宴、晚宴,不用酒会、自助餐等。

(4) 双方的主管进行正式会见或会谈,秘书应做好资料和物质准备,默契配合。

(5) 如双方达成协议并签订协议书,秘书应事先拟写协议书并翻译好文本,安排好签约仪式。

(四) 新闻报道

如果来宾的身份重要或活动具有重要意义,应该通知有关新闻媒体派人进行采访、报道。新闻稿件除需领导审核外,还必须经外事部门审查。

(五) 参观游览

秘书陪同外宾参观、游览,以弘扬民族文化,介绍大好河山,宣传建设新貌。

(六) 赠送礼品

秘书准备礼品要选有纪念意义但经济价值不过高的,并将其登记在册,宾客再度来访时应作变更。同时,应注意礼品不要冒犯不同宗教、不同民族的禁忌。

(七) 送别

即以与欢迎来宾相应的规格及仪式欢送宾客。

(八) 总结

最后应作书面小结,立卷存档备查。

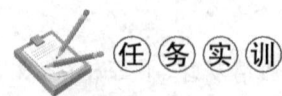

外事接待方案的制订

1. 情景描述

天地公司经有关部门牵线,与外商达成初步合作意向,欲共同投资、合作经营,于是邀请

外商来沪考察并具体洽谈。领导将任务交给办公室全权负责,办公室主任将3天的接待任务作了如下安排。

第一天上午,派钟秘书驾车去机场接回2位外宾,安排到市内一个五星级宾馆住宿。中午,全体党政领导出席欢迎宴会。下午参观市容,重点参观浦东新区。晚上,再次举行盛宴。

第二天,安排客人去苏州游览,共有5人陪同。

第三天上午,由党政领导和翻译组成的5人小组与外商洽谈,因时间有限,没有涉及具体事项,只达成初步协议。领导表示将择日再邀请外商前来洽谈。中午,全体领导出席欢送宴会。下午,钟秘书负责送客人去机场。

2. 实训要求

(1) 讨论并分析此次外事活动的安排是否达到了预期目的,为什么?

(2) 如果你是办公室主任,请你重新安排这次活动。

3. 实训提示

(1) 选择适当的接待规格。

(2) 注意接待活动的预期目的,合理安排接待工作的重点。

(3) 明确旅游活动安排应注意的问题。

4. 实训考核

(1) 能具体分析本次外事接待的失误之处,20%。

(2) 能重新合理安排本次接待活动,重点突出,达到预期目的,占60%。

(3) 接待规格恰当,旅游活动安排视实际情况而定,占20%。

任务四 接待礼仪规范

焦秘书接待外宾

某集团公司汪总经理的日程表上清晰地写着:"12月23日接待英国的威廉姆斯先生。"22日下午,汪总经理在着手安排具体接待工作时,案头的电话铃响了,打电话的正是威廉姆斯先生。他说因在某市的业务遇到了麻烦,要推迟到25日才能抵达该公司,问汪总经理是否可以,并再三因改期而致歉。尽管汪总经理25日需到省城参加一个会议,时间已经作了安排,但他还是很干脆地答复对方,25日一定安排专人接待,26日同威廉姆斯会面。因为汪总经理知道,威廉姆斯先生拥有众多的国外客户,同他合作有望使本公司的商品打入更多的国外市场。于是汪总经理把接待威廉姆斯的任务交给了秘书焦小姐。接受任务后,焦小姐立即着手收集有关资料,并制订了详尽的接待方案。25日下午16:00,威廉姆斯乘坐的班机准时降落。当威廉姆斯走出出口后,焦小姐便热情地迎了上去,并用一口纯熟的英语作了自我介绍,使正在茫然四顾的威廉姆斯先生立即有了一种踏实的感觉。焦小姐陪同威廉姆斯先生乘轿车离开机场向城市中心的宾馆驶去。一路上焦小姐不时向威廉姆斯介绍沿途的风光及特色建筑,威廉姆斯对焦小姐的介绍很感兴趣。

天色渐暗华灯初上,望着窗外的景色,威廉姆斯富有感情地说:"在我们国家,今天是个非常快乐的日子。亲人团聚,尽情享受生活的乐趣。"话语中透着几分自傲,又似乎有几分遗憾。焦小姐认真地倾听并不断地点头。车子抵达宾馆后,服务人员将威廉姆斯先生引入房间。焦小姐请威廉姆斯先生稍事整理,半个小时后下来同进晚餐。威廉姆斯先生一走入餐厅,就被眼前的景色惊呆了:圣诞树被五彩缤纷的灯饰装饰得格外绚丽,圣诞老人在异国慈祥地注视着远方的游子。餐桌上布满了丰盛的圣诞食品。威廉姆斯先生非常兴奋。进餐中,服务人员手捧鲜花和生日贺卡走进来呈献给他,威廉姆斯先生更是激动不已。原来,这天正是威廉姆斯先生55周岁生日。焦小姐举起手中酒杯,对他说:"威廉姆斯先生,请允许我代表我们公司及汪总经理祝您圣诞节快乐!生日快乐!"威廉姆斯兴奋地说道:"谢谢你们为我举行这么隆重的圣诞晚宴及生日宴会。你们珍贵的友情和良好的祝愿,我将终生难忘。"26日汪总经理由省城返回,双方有关合作业务洽谈得非常顺利。威廉姆斯回国时再三向焦小姐及公司对他的接待表示感谢。①

在秘书的接待工作中,许多环节都有较高的礼仪要求。可以说接待的过程,也就是实施和展现礼仪的过程。在接待工作中,常用的礼仪规范包括以下六个方面。

一、迎送礼仪

迎送主要分为办公室内的迎送和办公室外的迎送两种。

(一)办公室内的迎送

秘书在办公室内,面对的不论是已经预约的来访者,还是未经预约的来访者,在迎接或送别时都应该做到:停下手边的工作和谈话,抬头起立,行注目礼,微笑示意。如果正在打电话,秘书可用手势示意,请来访者稍候,与此同时,脸上应报以真诚的微笑,并迅速辨认来访者是谁,给以适当的称呼,随后是说迎接词:"您好,请问您找谁"或送别词:"再见,请走好"等。

依照习惯,秘书一般不主动伸出手去与客人相握,如果客人先伸手了,那么不管他是谁,秘书都必须与其握手。

(二)办公室外的迎送

秘书在办公室外的迎送,可能是在办公楼或单位的大门口迎送,也可能是到来宾的工作单位或下榻的宾馆等地迎送。这时应注意,到机场、车站、码头等地迎送要考虑可能的交通堵塞等因素,在时间上留有余地,要做到"六要""四不"。

1. "六要"

即要提前候客或送客,秘书应比约定时间提前到达;要预先准备好姓名牌或送别礼品;要向客人问好或道别;要帮助客人提行李;要预先联系好迎送客人的交通工具和宾馆;要作必要的沟通(在乘车途中可介绍本地情况、宾馆位置、活动安排、注意事项等)。

---

① 余平:《秘书礼仪》,武汉:华中科技大学出版社,2012年版,第107页,有修改。

2. "四不"

即不要久留或久送,不要对客人提出要求,不要漠不关心,不要掉头就走。

二、引导礼仪

在单位内迎接客人后带路,秘书应用手示意方向,一般自己走在来访者左前方的两三步,并以侧转130°向着来访者的角度,再配合来访者走路的速度向前引导。

(一) 上下楼梯的引导

秘书陪同来访者到转弯处或楼梯口,停下来说:"往这边走",并手掌朝上指示方向,目光注视着来访者引路。上楼梯时,秘书可让客人走在前面,自己紧跟在后;下楼梯时,要自己走在前面,并将身体侧转向客人,以方便引路。楼梯中间的位置是上位,但若有栏杆,让客人扶着栏杆走比较好;如果是螺旋梯,则让客人走在内侧。

(二) 乘坐电梯的引导

秘书应预先告诉来访者在几楼下电梯,再按照来访者的人数多少来引路,如果来访者是2位客人,应一手按着电梯门,一手做"请进"的手势。来访者进入电梯后,秘书站在电梯的按钮边,等到下电梯时说一声:"就是这里,请……",并用手按着电梯门让来访者先出去,自己随后出去。如果来访者有3位以上,则秘书应先致意:"对不起,我先进去。"进了电梯,站在按钮位置,按着"开"钮,让来访者陆续进入电梯内;走出电梯时,也同样按着"开"钮,待来访者都已出去后,自己再出去。

(三) 进入会客室的引导

引导来访者到达会客室门前的1米处,秘书要停下来,招呼道:"就是这里",接着先在门上轻敲数下,再打开门让来访者入内。

开门的方法如下:

如果门是向走廊方向拉开的,则要面向来访者,身体微侧着,转动门把手开门,招呼来访者"请进",并用手势带领来访者入内;来访者进入会客室后,秘书立即换手握住室内的门把手,以轻盈的步伐进入室内,轻轻关上门(如图4-1所示)。

如果门是向室内方向推开的,秘书应先进去后,在室内用一只手握住门把手,站立门侧。用手势招呼来访者"请进",等来访者进入后,再轻轻关上门(如图4-2所示)。

图 4-1 开门的方法一

图 4-2 开门的方法二

三、介绍礼仪

（一）自我介绍

作自我介绍时，秘书应主动走到来访者的面前，点头致意；然后自己报出姓名、单位和职务，递上名片。等对方也作自我介绍后，便可进行交谈。

（二）为他人作介绍

为他人作介绍时，秘书必须遵守"尊者优先"的规则：把年轻者介绍给年长者，把职务低者介绍给职务高者；如果双方的年龄、职务相当，则把男士介绍给女士；把家人介绍给同事、朋友；把未婚者介绍给已婚者；把后来者介绍给先到者。

四、握手礼仪

（一）握手姿势要正确

行握手礼时，通常距离对方约一步，伸出右手，四指并齐，拇指张开与对方相握，时间以3秒钟为宜。握手时，上身略向前倾，头要微低一些。

（二）伸手次序要讲究

有身份、年龄差别时，应该由身份高、年长的人先伸手。男女之间，应该由女士先伸手。宾主之间，应该由主人先伸手。

（三）不礼貌的握手应避免

（1）男士戴着手套握手。
（2）长时间地握着异性的手不放。
（3）用左手、不干净的手、湿手同他人握手。
（4）交叉握手。
（5）握手时左顾右盼。
（6）握手时用力过猛或毫不用力。

五、交换名片的礼仪

（一）交换次序要讲究

来访者、男性、身份低者应先向被访者、女性、身份高者递名片，而后者在接到名片后应回赠对方自己的名片。

（二）交换名片的姿势要正确

要用双手的食指和拇指执名片的两角，以文字正向对方，一边自我介绍，一边递过名片。对方递过来的名片，应该用双手去接，以示尊重。收到名片不要立即放进包里，应认真阅读一下，很郑重地放在包里或放在自己面前的桌上。名片放在桌上时，不能随手乱丢或在上面压上杯子、文件夹等东西。

六、赠送和接受礼品的礼仪

（一）赠送礼品

1. 礼品的选择

除非上司有特殊要求,一般不必送太昂贵的礼品。秘书在选择礼品时,应综合考虑与赠礼对象的关系,送礼的原因,单位的财务制度的规定,赠礼对象的身份、性别、爱好、文化背景、性格习惯等,尤其要注意不同的礼俗禁忌等。

2. 送礼时机

送礼时机应视具体情况而定。

（1）在会见或会谈时,如果准备赠送礼品,一般应当选择在即将结束会谈时。

（2）向交往对象道贺、道喜时,一般在双方见面之初赠送礼物。

（3）出席宴会时,向主人赠送礼物,可选择在见面之初时,也可以选择餐后吃水果之时。

（4）一般的商务活动在业务洽谈结束后赠送礼品,可以避免行贿的嫌疑。

3. 送礼时需注意的细节

（1）赠送礼物应去掉包装上的标价,并应请商店用精美的包装纸包装一下。

（2）礼物最好是当面送上,并双手递上。如果不是亲自送礼,应该在礼物的外包装上写上赠送者的姓名或附上名片、贺卡等。

（3）给外宾送礼时不能太谦虚,应这样说:"这是我们特意为你们挑选的礼物,希望你们能喜欢。"

（二）接受礼品

（1）要注意区分哪些礼品可以接受,哪些礼品不能接受。一些低值的、带有企业标志的、纪念性的小礼品,秘书可以接受。对于一些贵重物品或者带有一些条件的礼品,秘书不能收受。如果实在无法退回,应把礼品交给上司或单位处理。

（2）注意中外宾客的区别。收到中国人赠送的礼品时,秘书可以不立即打开包装;但收到西方人送的礼品时,秘书应当面打开包装,并说:"太漂亮了,我很喜欢"之类的赞美之词。

（3）不论中外,收到礼物秘书都要道谢,并在适当的时机回礼。

接待礼仪问题

1. 情景描述

某贸易有限公司实习秘书初萌在机场顺利接到公司的客户,客户一男一女,男的是其单位主管,女的为一般员工。初萌首先作自我介绍并主动热情地伸出右手和他们握手,表示对他们的欢迎;同时,在礼貌地征得客人们的同意后帮助客人提大件行李并靠右引导客人乘车。初萌打开车前门,以手示意,请戴眼镜的男宾坐在副驾驶座位上,并说:"请您坐在这个位置上吧,这儿视野开阔些,光线也好。"之后,又打开车左后门,向女宾说道:"请您和我一道坐在后排的座位上好吗？来,请您先进。"女宾服从其安排。之后,司机驾车载主客4人回公司,一路无话。下车后,初萌引导客人到会客室,并向本公司王经理介绍客人,宾主互换名片。客人入座,初萌退出会客室。

2. 实训要求

（1）讨论分析按照礼仪标准实习秘书初萌在接待客人的过程中有哪些失礼之处。

（2）分组模拟演示按照规范的接待礼仪接待客人的经过。

3. 实训提示

注意接待活动中的奉茶、迎接、介绍、握手、交换名片、陪车等规范。

4. 实训考核

（1）能具体分析实习秘书初萌接待客人的失误之处,占20%。

（2）能按照规范的接待礼仪接待客人,其中,迎接、陪车、引导、介绍、握手、交换名片、奉茶等礼仪规范正确,占60%。

（3）职业素养与团队合作,占20%。

拓展提高

拓展案例一　乘小轿车的礼仪

驾驶者的身份不同,决定了车上座位的高低,然后再根据乘车者的身份安排座次。

一、驾驶者是主人

双排五人座轿车的最上座应该是司机旁边的那个,即副驾驶座。其他依次为后排右座,后排左座,后排中座。主宾应该坐在前排副驾驶座上,与身份相当的主人并排而坐,也表示了对于主人的尊重[如图4-3(a)]所示。

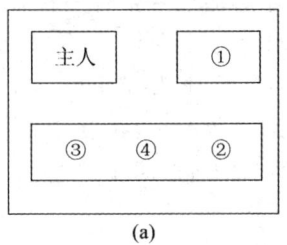
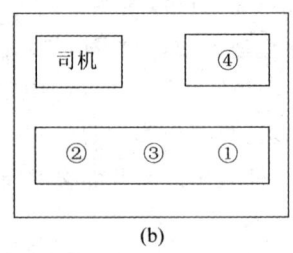

图 4-3　双排五人座轿车座次顺序

三排七人座轿车上的其余6个座位中,上座也是副驾驶座,其他依次为后排右座、后排左座、后排中座、中排右座、中排左座[如图4-4(a)]所示。

二、驾驶者是专职司机

在这种情况下,最好的位置就不是副驾驶座了。实际上这个座位安全系数最低,一般为秘书、翻译、警卫等人的座位,所以此座又称随员座。

（1）双排五人座轿车上的座次依次为：后排右座、后排左座、后排中座、前排副驾驶座[如图4-3(b)所示]。

（2）三排七人座轿车上的座次依次为：后排右座、后排左座、后排中座、中排右座、中排左座、前排副驾驶座[如图 4-4(b)所示]。①

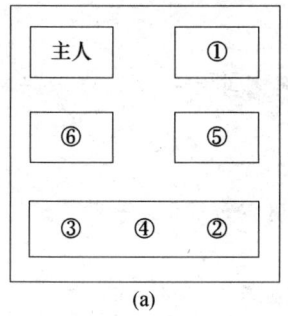
(a)

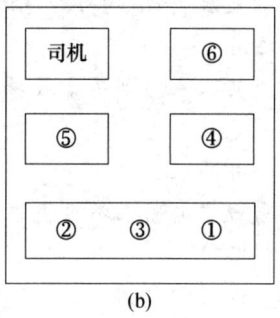
(b)

图 4-4　三排七人座轿车的座次顺序

吉普车和多排座轿车的座次顺序如图 4-5 和图 4-6 所示。

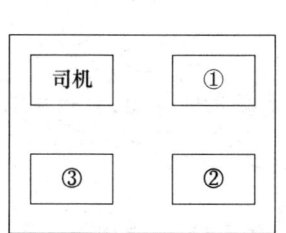

图 4-5　吉普车的座次顺序

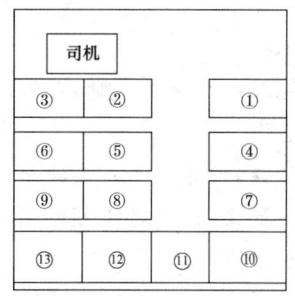

图 4-6　多排座轿车的座次顺序

拓展案例二　接待工作中的奉献鲜花礼仪②

在接待工作中，奉献鲜花早已成为一种国际惯例。接待人员要掌握有关奉献鲜花的礼仪，主要应当对有关送花时机、送花形式、花卉寓意等三个方面的具体规范详加了解。

一、送花时机

1. 例行的送花时机

在人际交往中，人们通常会在以下场合以花赠人。

（1）喜礼之用

碰上与自己相熟的朋友结婚、生子、做寿、乔迁、升学、晋职等诸般喜事，均可以赠送鲜花作为喜礼，以恭喜对方。

（2）贺礼之用

参与某些应表示祝贺之意的活动，如企业开张、展览开幕、大厦奠基、新船下水、周年庆典、演出成功等，均可赠送鲜花作为贺礼。

---

① 中央就业培训指导中心：《秘书国家职业资格培训教程——四级秘书》，北京：中央广播电视大学出版社，2006 年版，第 97 页，有改动。

② http://www.gzjdb.cn/Article/lyzs/200611/350.html，有删改。

(3) 节庆之用

逢年过节,诸如国庆节、老人节、母亲节、父亲节、教师节、青年节、妇女节、情人节以及其他民族节日之类的良辰吉日,均可赠送鲜花。

(4) 慰问礼之用

当交往对象或其家人遇到不幸或挫折时,或是遇到其他一些天灾人祸时,应前去慰问,并赠以鲜花。

(5) 丧葬礼之用

当关系亲密者或者其家人举办丧事、葬仪时,可送以鲜花,以寄哀思。

(6) 祭奠礼之用

当祭祖、扫墓时,可以花为礼,追思、缅怀故人或表示自己的哀思。

2. 巧用的送花时机

(1) 迎送

当来访者到达时,向其赠送一束鲜花,可以巧妙、委婉地向对方表达自己的热情、友谊。

(2) 做客

前往他人的居所做客时,如能以鲜花为礼,则较为恰当。

(3) 致歉

有些时候,因为自己的差错而与其他人产生了矛盾、误解甚至隔阂,可以通过向其赠送鲜花来表示歉意,必要时还可附以道歉卡。

二、送花形式

以人来区分送花的形式,通常可将其区分为本人亲送、代表转送、雇人代送等三种形式。它们分别适用于不同的情况和场合。

1. 本人亲送

本人亲送是送花的最基本的形式,不但可以与受赠者一同分享当时的喜悦,而且还可以现场亲自解说自己送花的缘由,充分表达送花者的情意。

2. 代表转送

由代表转送鲜花一般是赠送人因故不能到场时所作的一种选择。尽管是不得已而为之,但有时这种赠送方式也可以起到由代表表达赠送者难言之隐的独特作用。

3. 雇人代送

有时,由于自己难以分身或是为了刻意制造一种气氛,可以委托鲜花店的"花仙子"或是邮政局的"礼仪小姐"等代替自己上门送花。

三、花卉寓意

1. 通用寓意

在世界上,有一些鲜花的寓意是相传已久、人所共知、广为沿用的,这就是所谓鲜花的通用寓意,即花语。准确地说,所谓花语,乃指借用花卉来表达人类的某种情感、愿望或象征的语言。接待人员要基本精通的常用花语主要有以下三类。

(1) 表示情感

在全部花语之中,有相当数量是被用来表达人之常情的。例如,在国外,人们通常用玫瑰表示爱情,用丁香表示初恋,用柠檬表示挚爱,用橄榄表示和平,用桂花表示光荣,用白桑表示智慧,用水仙表示尊敬,用百合表示纯洁,用茶花表示美好,用紫藤表示欢迎,用豆蔻表示别离,用杏花表示疑惑,用垂柳表示悲哀,用石竹表示拒绝等。

有时,还可以将几种花语相近的鲜花搭配在一起送人。那些搭配、组合相对比较固定的鲜花,往往又共同形成了新的花语。例如,用表示勤勉的红丁香、表示谨慎的鸟不宿和表示战胜困难的菟丝子组合而成的花束赠与友人,可表示"君如奋斗,必将成功";用表示成婚的常春藤,表示结合的麦藁和表示羁绊的五爪龙组合而成的花束赠与新婚者,可表示"同心相爱,永不分离。"

（2）表示国家

一些国家拥有各自的国花。所谓国花,是指以某种鲜花来表示国家,作为国家的一种标志和象征。世界上一些国家的国花有：美国—山楂；日本—樱花；德国—矢车菊；法国—鸢尾花；英国—玫瑰；意大利—紫罗兰；加拿大—枫叶；澳大利亚—金合欢；瑞士—火绒草；荷兰—郁金香；瑞典—白菊；丹麦—冬青；波兰—三色堇；南斯拉夫—铃兰；希腊—橄榄；西班牙—石榴；泰国—睡莲；新加坡—卓锦·万代兰；印度—荷花；巴基斯坦—素馨花；菲律宾—茉莉；马来西亚—扶桑；缅甸—东亚兰；尼泊尔—杜鹃；韩国—无穷花；巴西—兰花；阿根廷—赛波花。

（3）表示城市

与许多的国家拥有国花一样,世界上的许多城市也拥有自己的市花。所谓市花,是指用来代表本市,作为本城市标志或象征的某一种鲜花。我国的许多城市都有自己的市花。例如,北京市的市花是月季和菊花,上海市的市花是白玉兰,天津市的市花是月季等,另外,我国香港特别行政区和澳门特别行政区的区旗分别以紫荆花和荷花作为其主要图案。

2. 民俗寓意

同一品种的鲜花,在不同的国家和地区,往往会被赋予大不相同的寓意。这在多数情况下是民俗不同之故,所以可称之为鲜花的民俗寓意。

（1）品种

由于风俗习惯不同,同一品种的鲜花往往在民俗寓意上大为不同。例如,中国人喜爱的黄菊,在西方却代表死亡,仅能供丧葬活动使用。中国人赞赏的荷花,在日本则表示死亡。在我国的广东、海南、港澳地区,送人金橘、桃花,会令对方笑逐颜开。而以梅花、茉莉、牡丹花送人,则必定会招人反感。原来,在那里人们爱"讨口彩",金橘寓意"吉",桃花寓意"红火"。而梅花、茉莉、牡丹则音同"霉""没利""失业",故人们往往避之唯恐不及。

（2）色彩

由于习俗不同,人们对于鲜花的色彩也有着不同的理解。在国内,人们最喜爱红色的鲜花,因为在中国的民俗里,红色象征大吉大利、兴旺发达。新人成亲时,赠以红色鲜花方为得当。但在西方人的眼里,白色的鲜花象征着纯洁无瑕,将其送与新娘,将是对她的至高赞赏。再如,在很多国家,人们送花时多以多色鲜花相组合,很少会送人清一色的红花或黄花。原来,在那里以纯红色的鲜花送人意味着向对方求爱,以纯黄色的鲜花送人则暗示决定与对方分道扬镳。

（3）数量

在不同国家、地区的民俗中,送花的具体数量是各不相同的。在中国,喜庆活动中送花要送双数,意即"好事成双",在丧葬仪式上送花则要送单数,以免"祸不单行"。在西方国家,

送人的鲜花则讲究单数。例如,送1枝鲜花表示"一见钟情",送11枝鲜花则表示"一心一意",只有作为凶兆的"13"才是例外。

有些数字,由于读音或其他原因,在送花时也是忌讳出现的。例如,在欧美国家,送人的鲜花不能是"13"枝。而在日本、韩国、朝鲜,以及中国的广东、海南、香港、澳门、台湾地区,送"4"枝花给人,也会招人白眼,因为其发音与"死"相近。

项目五　商务活动安排

> **学习目标**
>
> **知识目标**　通过学习,掌握并学会安排各种商务活动的基本要求、工作程序和礼仪规范。
>
> **能力目标**　通过学习,能够组织或安排各种商务活动,养成良好的、规范的职业习惯。

任务一　安排商务会谈

领带的作用

1988年,美国流行一种式样的领带,一些政治家和经济学家都系这种领带。9月份,日本首相竹下登访问美国时,有人送他一条这样的领带。后来,竹下登在美国总统经济顾问举行会谈时就戴上这条领带,颇得美国方面的好感。美国总统的经济顾问对竹下登说:"现在里根政府内的很多人也系这种领带,看来你是自由经济的奉行者。"这使本来很麻烦的谈判出现转机,变得异乎寻常得顺利。事后,日本人总结说,与美国人交朋友,领带是一种重要的工具。

一、会谈的含义

（一）会谈的含义和种类

会谈,是指双方或多方共同商谈,即两个(或两个以上)国家、民族、政党或企事业单位之间就某些重大问题或共同关心的问题,如贸易项目,政治、经济、文化等领域问题的磋商和谈判。会谈的目的是会谈各方能在求同存异的前提下取得谅解和共识,或达成某些协议,作出某项决定。会谈一般均为实质性的,双方或多方都是以实现自身的一定利益为目标。会谈形成的条件是：会谈诸方有共同关心的问题；会谈诸方既有共同利益,又有各自的独立意志；参与会谈的人员都应是某一国家、某一单位或个人利益的代表。

按内容性质,会谈可分为政治会谈、边界会谈、经济会谈、军事会谈、科技会谈和文化会谈等；按参加会谈代表的多少,会谈可分为双边会谈和多边会谈；按会谈的开放程度,会谈可

分为公开会谈和秘密会谈。

（二）会谈与会见的区别与联系

会见即与别人会面、相见，多指外交场合，也称会晤，通常指主人会见客人。由于双方身份高低的不同，会见有不同的称呼，习惯上尊者、长者和身份、级别、地位高者会见卑者、小者和身份、级别、地位低者，叫接见或召见；反之，则称为晋见；外交上，会见也称拜见或拜会。君主制国家，拜见君主又称谒见、觐见。凡会见后原主人的回访称回拜，以示礼尚往来。

会见可分为礼节性会见、政治性会见和事务性会见，或者兼而有之。礼节性会见的时间较短，话题较为广泛，气氛也较轻松活泼，一般不涉及实质性问题。政治性会见是国家或国际组织的领导人或特使之间就双边关系、国际局势等重大问题交换意见。事务性会见则涉及比较具体的业务问题或技术性问题。

会谈与会见的共同点在于：两者都是双方或多方进行意见交换；虽然会谈和会见的各方各自要达到的目的不尽相同，但都是要争取各自更多的利益的最大化。会谈与会见的区别在于：会谈涉及实质性问题，而会见的礼仪性更强一些；会谈的目标比较具体，而会见的目标比较宏观，一般为互通情况，沟通立场，消除分歧，确定原则。

二、会谈的前期准备工作

（一）确定议题并明确目标

秘书应协助领导确定会谈的中心议题和准备达到的目标。会谈的目标一般比较具体，往往是为了达成某个协议。通常应当根据双方的实际情况确定会谈的具体目标，包括最高目标和最低目标。在商务会谈中，最低目标就是价格底线。

（二）收集信息并分析双方的材料

在会谈之前，秘书应通过各种渠道了解并分析对方的各种信息，包括现实资料、历史资料、对方的意图和背景、人员组成、谈判底线和可能提出的条件等。这些信息可以帮助领导制定己方的策略。秘书还应收集与会谈议题及目标有关的信息，如商务会谈中应了解货物的品名、规格、保险、检验、价格、付款方式及市场、技术、金融等方面的信息。掌握了这些资料，在会谈中就掌握了主动权。

（三）确定参加人员

会谈人员的组成应该包括主谈人、专业人员、翻译和秘书（兼记录员）。主谈人的级别应当与对方大致相等，并有权代表一级政府或组织。

（四）双方协商时间、地点

会谈的时间通常由双方共同协商后确定，地点可选择在客人所住的宾馆会议室。若任何一方在时间、地点上需要变更，必须征得另一方的同意。

（五）布置座位

双边会谈通常将谈判桌排成长方形，双方各坐一边，主方位于背门侧，客人面向正门。如果会谈长桌一端面向正门，则以入门的方向为准，右为客方，左为主方。双方主谈人坐于中央，其他人员的座位按照右高左低的规则排列（国际惯例）；翻译的位置在主谈人的右边，

记录员的位置在两端或后排。多边会谈的座位可设置成圆形、多边形等。

三、会谈时的管理及服务

（一）迎送

会谈时，主方应提前到达，并在门口迎接宾客。接待人员和工作人员应在大门口迎候客人，并将其引入接见厅、会谈室。活动结束后，主人应视情况将客人送至门口或车前，并与其握手道别，目送他们离去。

（二）合影

合影前应安排好合影图。人数较多时，要准备合影架，使位于后排的人高于前排的人。按照国际惯例，主宾应在主人的右边，两者处在中心位置，其余人员按身份高低先右后左依次排列，主宾双方尽量交叉排列，两端一般应安排主方人员。

（三）翻译和记录

翻译和记录是会谈时的两项重要任务，应力求做到全面、准确、清楚和快速。会谈时招待的饮料各国不一，我国一般只备茶水，夏天加冷饮，如果会谈时间过长则可适当加上咖啡、红茶和点心。

（四）记者采访管理

会谈是否允许记者采访，何时安排，以何种方式接受采访或发布消息，应该在准备阶段就制订出计划，并报领导批准。在会谈前，可安排几分钟的采访和摄影，在活动开始后，除特别安排的电视采访外，一般不安排其他的采访。

四、会谈结束后的工作

会谈结束后的主要工作就是整理文件并归档。会谈结束后可能产生合同、协议书、议定书、条约、意向书、备忘录、会谈纪要、宣言等文件。这些文件是秘书在会谈记录的基础上起草的，应提交双方进行讨论和磋商，直至达成一致。最后，双方在履行签字程序后，文件才能生效。签字后的文件以及原始记录应当一起整理后归档。

成功的商务会谈

1. 情景描述

宏远电器股份有限公司和天地电器集团有限公司拟订于 2014 年 6 月 28 日就 6 月上旬初步商谈的关键零部件委托加工事宜举行会谈，地点定在宏远电器股份有限公司。负责会谈准备工作的宏远电器股份有限公司秘书钟苗通过加班加点，总算把会谈所需的资料准备齐了。会上，双方就委托加工关键零部件事宜展开了充分的讨论与研究，天地电器集团有限公司人员对会谈表示非常满意，从而促成了此次合作，宏远电器股份有限公司赢得了又一次机会。

2. 实训要求

(1) 秘书钟苗应该准备哪些资料,安排会谈活动时应该注意哪些问题?

(2) 请同学分组(6~8人一组)模拟宏远电器股份有限公司与天地电器集团有限公司会谈的过程。

3. 实训提示

在模拟前请同学们分配好角色并做好相应的准备,会谈过程的演示可以让学生进行合理地想象,自己组织语言。情景模拟要从天地电器有限公司人员进入宏远电器股份有限公司大门时开始。

4. 实训考核

(1) 能根据会谈的具体内容与要求收集相关信息,准备好各种资料与文件,占20%。

(2) 合理确定双方会谈人员,并有记录员进行现场记录,占15%。

(3) 能选择合适的会谈场地,会谈双方座次符合礼仪规范,占15%。

(4) 会谈过程模拟清晰,分寸得当,礼仪规范,占30%。

(5) 职业素养与团队合作,占20%。

任务二　组织筹办仪典活动

国基城邦开盘庆典

2009年12月26日,国基置业有限责任公司开发的楼盘国基城邦开盘庆典在该楼盘销售中心举行。国基置业有限责任公司和参与项目建设的有关单位领导、业主代表、新闻媒体记者以及公司全体员工参加了开盘典礼。

开盘当天,销售中心前的广场上人山人海,前来看房、购房者络绎不绝。公司热情接待了来自本市和周边地区的多批客人。借此开盘典礼之际,国基置业有限责任公司推出了一系列的促销方案,受到了社会各界的广泛关注与一致好评。当天楼盘一起推出的一百多套房源在短短一天时间内便基本售完,从而让此次庆典活动取得了较好的经济效益和社会效益。

现实生活中的仪典活动有很多,常见的有节日庆典,开幕庆典,奠基、竣工典礼等。策划和组织公务仪典是秘书部门非常重要的一项工作。

一、一般性庆典的筹划与组织

在组织值得纪念的日子(如成立纪念日、开放日、新办公楼落成日等),或者在组织的经营活动取得重大成就时都可以举行庆典。在组织筹划一般性庆典活动时,秘书人员应注意做好以下工作。

（一）协助领导确定邀请对象

秘书人员应根据庆典的具体内容以及要实现的目标提出邀请范围、邀请对象的初步方案,供领导审查后确定。

（二）印制分发请柬

根据确定的邀请对象,印制分发请柬。一份普通的请柬一般包括庆典名称、日期、地点、受邀人、邀请单位以及特别说明等内容。印制精美的横式、竖式请柬还有封套,可以在任何文具、礼品柜台买到。秘书人员可以按需要买回来,填上相关内容即可发送。如果有特殊需要,也可以自己印制。请柬印制好后,秘书人员可提前分送（或邮寄）给邀请对象。对一些重要的客人,必要时秘书人员要亲自上门邀请,以表示对对方的尊重。

（三）选择庆典会场

庆典会场一般比较固定,大多选择组织的大厦前坪、办公地点门前的空地或会堂场馆等作为仪式的主会场。

（四）准备庆典设施

庆祝仪典的设施一般包括音响设备、会场装饰物（如花篮、彩球、横幅、充气装饰等）,还包括剪彩用的红绸布、剪刀及托盘、礼品、纪念品等。

（五）准备相关资料

庆典上所需的资料包括领导的发言稿、单位准备对外宣传的资料、图片、实物等。如有必要在新闻媒体上公开发布消息,秘书人员还应与记者一同商议并拟好稿件,准备发表。所有相关资料秘书人员必须先送领导审查批准后确定。

（六）邀请司仪、礼仪小姐并交代议程

必要时秘书人员可以从礼仪公司请专业司仪主持庆典,并请礼仪小姐担任礼仪服务工作。秘书人员要事先向他们交代庆典的程序和他们所要负责的工作。

（七）安排来宾接待工作

庆典举行日秘书人员要安排专人负责来宾的接待工作,并且安排好来宾的宴请、住宿等事宜。如果嘉宾在庆典结束后不当日返回,还需安排住宿或其他的活动等。

（八）收集反馈意见并及时做好总结工作

庆典完毕后,秘书人员要认真收集并听取各方面的反馈意见,包括来宾的反应,新闻报道、公众的反响等,以便及时评估庆典的效果,做好全面总结工作。

（九）做好财务结算工作

对于任何庆典活动,秘书人员都应在筹划之初做好经费预算并报请领导批准。在整个活动中,一切支出应严格按审批的标准执行。所有的费用情况应由专人负责,最后统一列出明细账目,同时与财务部门做好费用结算,并如实向领导汇报费用支出或使用情况。

二、开幕典礼

开幕典礼是为第一次与公众见面的、具有纪念意义的事件举行的活动形式,如各种博览会、展览会、主要工程的开幕典礼、企业的开张等,一般较为隆重和热烈。秘书人员在组织开幕典礼时需要做好以下工作。

（一）准备工作

1. 拟写嘉宾名单,发出邀请

秘书人员拟写参加开幕式的人员名单,经领导审定后,填写好精美漂亮的请柬或设计有企业统一标志的精美邀请函,并将它们提前送到各位嘉宾的手中。主要客人（如上级领导、影响广泛的媒体记者）应该派专人送去请柬或邀请函,并确认其是否出席。

一般情况下,一个组织的开幕典礼主要的邀请对象有企业所在地区的各级党政部门领导、上级主管机构和有关方面的领导、知名人士、企业同行、其他行业的代表、新闻记者、员工代表以及公众代表等。

2. 拟定开幕庆典的程序

典礼的一般程序是：宣布典礼开始；宣读重要来宾名单；致贺词（致答谢词）；领导讲话；最后是剪彩。

3. 做好文件的准备工作

秘书人员应事先拟好开幕词、致贺词或答谢词,其言辞应言简意赅,起到沟通感情、增进友谊的作用。在开业庆典中,组织还要免费赠送一些宣传小册子。如有剪彩仪式,要确定好人选,可以安排嘉宾中地位、名望较高的人剪彩。此外,还应拟订好开幕典礼的程序,并印制好程序表,在开幕式前发到各位来宾的手中。

4. 精心布置好开幕式场地、会场

会场中可以设主席台,按礼仪次序放置好席卡。如果是站立式的,应在主宾站立处铺设红地毯,周围放置盆花或鲜花,室外则可悬挂彩色气球和各色彩带、条幅等。剪彩仪式要准备好红绸带及大而锋利的剪刀。

5. 搞好开幕典礼的报道工作

邀请并通知摄影、录音和摄像等媒体记者,同时落实好场地等。

6. 安排好迎宾礼仪小姐

礼仪小姐的着装应精制典雅,同时应面带微笑,动作优美。对重要嘉宾应安排礼仪小组引路、导座、陪同参观、讲解等。

7. 设计必要的助兴节目

为烘托喜庆的气氛,在典礼中可以安排一些热烈欢快的节目。典礼结束后,还可组织嘉宾参观本组织的店堂装潢摆饰及有关设施。由于开幕庆典活动场面大,邀请的来宾多,一般来说,时间安排要紧凑,项目安排应少而精。

（二）开幕仪式

（1）由专人接待宾客,并做好签到工作。嘉宾签到后,由迎宾小组引入休息室。

(2) 引导领导和来宾到主席台或开幕式场地上,由主持人宣布仪式开始,让领导致辞。

(3) 按照开幕式程序进行剪彩或其他仪式。

(4) 在典礼进行的过程中,公关人员应积极配合新闻记者做好新闻采访工作。

(三) 结束工作

(1) 仪式结束后秘书人员可组织客人参观、座谈、宴请招待、观看文艺演出或参加娱乐活动。

(2) 开幕典礼结束后,秘书人员应对嘉宾表示衷心的感谢,并做好嘉宾的送别工作等。

三、节庆活动

节庆活动,是指为节日或喜事举行的表示欢乐或纪念的庆祝活动。秘书人员组织节庆活动要注意以下事项。

1. 要抓住时机搞好节庆活动

我国的国庆日可安排宴会招待各国来宾。在民族传统节日里,应开展一些反映各国民族习俗的节目和娱乐活动,以树立良好的组织形象和表达友好情谊。

2. 要有民族特色和传统特色

例如,在我国传统的春节可以安排宾客吃"年夜饭";中秋节里,请宾客赏月、品尝月饼;在"圣诞节""复活节"和"开斋节"等节日里,对相关的宾客要按宗教的特殊要求予以庆贺。

3. 要精心组织,防止意外

节庆活动的形式应灵活、新颖、欢快,同时要提倡节省开支,防止铺张浪费。必要时,可安排一定的警力以防止挤压伤人和不法分子的破坏。

比较大型的活动(如庙会、灯会、烟火晚会等),要妥善组织,并做好细致的准备工作。例如,要对参加人数做科学的预测;出入口的位置选择、数量应当与参加的人数相匹配,并留有一定的余地;对活动场所的自然条件、周围环境要详细察看,对附近的深坑、陷阱、裸露低架电线、施工现场、障碍物等要采取有效的防护措施;对活动中可能发生的意外要有充分的估计,并制定出相应的应急预案;对集中活动场所以外的重要部门(如库房、财贸、金融等),要做好防范工作,以防被人乘机破坏。另外,对医疗救护、防盗等都要作具体安排。

钟秘书拟写庆典活动方案

枫林平价药品超市为庆祝成立10周年,特举办庆典活动。钟秘书承担了活动方案的策划工作,她策划的活动方案如下:

一、活动目的

1. 抢占更多的市场份额,提升门店交易量。

2. 树立第二品牌形象(平价药品超市),进一步提高其知名度。

3. 形成先入为主的态度,占领更多的市场份额。

4. 有效地进行部门与部门之间、部门与门店之间的沟通,进一步提高团队作战能力。

二、活动主题

价越低越开心,我过生日你收礼!

三、活动时间

1. 准备时间:4月15—26日。

2. 开展时间:5月1—15日。

四、活动地点

枫林平价药品超市(全市各个连锁店)。

五、活动方式

1. 再掀降价风暴。

2. 周年庆典,进店送礼。

3. 合理用药宣传。

4. 购物有礼,倾情回报。

5. 周年征文。

6. 枫林宝宝大寻觅。

六、宣传方式

枫林新视野(5万份),传单10万份(分5批),厂家报纸、条幅(20条),喷绘(6张),自行车队(100名学生),店内广播及口碑宣传,社区宣传。

七、活动组织机构

1. 活动总指挥:孙××(营业总监)。

2. 活动全程监督:田×(督导部部长)。

3. 活动总策划:何××(企划部部长)。

4. 活动领导小组成员:李×、董××。

八、活动具体内容

1. 4月23日—5月1日　周年征文活动:我与枫林大药房

枫林大药房各连锁店奖项设置:金奖1名;银奖2名;铜奖3名;纪念奖10名。

2. 5月1—3日　"枫林宝宝大寻觅"

要求:2014年5月1日出生的宝宝(凭出生证明),于活动期间到枫林平价药品超市进行登记,限前10名宝宝。

·礼品:价值100元的精美礼品,周年特别会员卡1张,10周年纪念雨伞1把。

3. 5月1—15日　购物有礼

凡在此期间一次性购物满38元的顾客均可获得周年纪念香皂1块;凡在此期间一次性购物满48元的顾客均可获得周年纪念毛巾1条;凡在此期间购物满58元以上的顾客均可获得周年纪念雨伞1把。

看了钟秘书的策划方案,总经理点了点头,又摇了摇头。

【讨论分析】

(1) 为什么总经理对钟秘书的庆典策划方案"点了点头,又摇了摇头"?

(2) 试着帮助钟秘书修改一下她的庆典策划方案,争取让总经理满意。

项目五 商务活动安排

德国丰收汽车集团(徐州)公司开业庆典

1. 情景描述

全国最大的汽车生产商——德国丰收汽车集团公司,为实现在中国市场的战略性拓展,在徐州投资建立了第一家全资的本地化的新工厂。

场景一:2014年6月3日刚一上班,德国丰收汽车集团(徐州)公司孙总经理将秘书高叶叫到办公室,向她布置了筹备开业庆典的相关事宜。孙总说,开业庆典已定于6月26日正式举行,总部和徐州市政府对此事都非常重视。德国丰收汽车集团公司的行政总裁马克先生等集团高管届时将专程从德国飞往徐州参加开业典礼。徐州市政府对德国丰收汽车集团公司在徐州投资建厂给予了高度关注和大力支持。德方公司领导和当地政府领导将为新工厂的启用剪彩。

场景二:秘书高叶经过认真筛选后,最终选择了宏远公关公司为此次公司的开业庆典提供全程服务,包括负责实施新工厂开业典礼的各项会务活动及会务所需礼仪、物品等事宜。6月8日上午9:00,按照事先的约定,宏远公关公司此项目负责人徐亮来与德国丰收汽车集团(徐州)公司沟通开业庆典方案情况。高叶与徐亮就开业庆典中的来宾接待、会场布置、典礼流程等问题进行了比较详细的沟通,提出了一些要求。

场景三:经过认真的筹备,6月26日上午9:00,开业典礼如期举行。庆典仪式上,赵副市长代表徐州市政府致欢迎词,向德国丰收汽车集团公司远道而来在徐州投资发展表示极大的欢迎,并详细介绍了徐州支持外商投资的各种政策以及徐州良好的投资环境,同时向来访的德国丰收汽车集团公司的客人赠送了礼品。南京、徐州等各大媒体对开业典礼活动给予了广泛的报道。

2. 实训要求

学生每5人一组,教师再为5名学生分别进行编号,实训最好在实训室进行。学生须先结合本情境的实际完成一份开业庆典方案,并将此份开业庆典方案制作成PPT形式,便于进行沟通和汇报展示。

文稿完成后,再按场景顺序进行演示。

场景一:由1号学生扮演高秘书,由2号学生扮演孙总。

场景二:由3号学生扮演孙总,由4号学生扮演高秘书,由5号学生扮演徐亮。

场景三:将每两组进行合并,每10人分组模拟开业庆典的过程,尽可能将会场布置得符合现实。

3. 实训提示

在进行分组模拟训练时,请同学做好角色分配。在条件允许的情况下,可以进行现场布置。例如,座次、发言席、横幅的安排与布置,剪彩用具(如红绸花、剪刀、托盘等)的准备。

4. 实训考核

(1) 提前拟好开业庆典方案与相关的讲话稿,占30%。

(2) 场景模拟过程清晰,重点突出,占30%。

(3) 庆典现场布置细致周到,座次、站位符合礼仪规范,占20%。
(4) 职业素养、团队合作及创新设计,占20%。

任务三　组织安排签字仪式

人文学院与金鹰国际集团校企合作签字仪式

10月26日上午,人文学院在会议室举行该院与金鹰国际集团有限公司校企合作签字仪式。出席签字仪式的主要人员有:金鹰国际集团有限公司的总经理李军、人力资源部主任张丽;人文学院党委书记吴磊、院长孙健、副院长赵同等。出席签字仪式的还有招生就业处、教务处、办公室的相关领导以及教师和学生代表。双方就开展科研合作、企业为学校提供学生实践基地等事宜达成共识,并签订了实习生就业合作协议。李经理与孙院长代表双方在合作书上签字。

人文学院这次与金鹰国际集团有限公司合作办学的是物业管理与酒店管理专业。协议中明确了上述两个专业从2010年新生开始,每年每个专业组建一个"金鹰班",校企双方共同制订"金鹰班"的教学计划,共同教学。今后,该学院物业管理、文秘、酒店管理等相关学科专业的学生在学校学习的同时,将有机会到金鹰国际集团有限公司实习,直接参与到公司的具体工作中,金鹰国际集团有限公司直接挑选优秀毕业生到该公司就业。

通常,国家与国家之间、组织与组织之间在会谈和谈判取得成果,达成协议,缔结条约、协定或公约时,一般都要举行签字仪式。一国领导人访问他国,经双方商定发表联合公报(或联合声明),有时也举行签字仪式。商务贸易组织之间在重要的合作和贸易活动取得进展时也举行必要的签字仪式。秘书人员在筹划和组织签字仪式时要做好以下工作。

一、签字仪式的准备

(一) 签字人员的确定

1. 主签人

就签字仪式而言,主签人的安排是很关键的,原则上是根据文件的性质由双方各自确认,有由国家领导人、政府有关部门负责人签字的,也有由董事长、总经理签字的。但双方签字人的工作性质应基本一致,身份亦应大体对等。

2. 助签人

双方应商定助签人员,并安排双方助签人员洽谈签字仪式的相关细节。

3. 陪签人

工作人员还应确定参加签字仪式的双方观礼人员。一般而言,参加签字仪式的观礼人员基本上是参加双方会谈的全体人员,如一方要求某些未参加会谈的人员出席,另一方应予同意。但双方出席人数最好大体相等。不少国家或社会组织为了表示对签订协议的重视,往往由更高或更多的领导人出席签字仪式,但他们不是主签人,在此情况下,就不应机械地坚持"对等""相当"的要求。

（二）待签文本的准备

负责为签字仪式提供待签文本的主方应会同有关各方指定专人,共同负责合同的定稿、校对、印刷与装订。待签的正式文本应该以精美的白纸印制而成,按大八开的规格装订成册,并以稍高档一点的质料做封面。

（三）签字厅的布置

签字仪式一般安排在较有影响的、适于签字的、宽敞明亮的大厅内,亦可安排在谈判室内。签字桌可选择设在签字厅内的大方桌,桌上覆盖深颜色的台布。台布颜色的选择应视双方的喜好而定,并且不犯任何一方的忌讳。在选定的长方形谈判桌的一侧摆放两把椅子,作为双方主签人的座位,一般主左客右。谈判桌上应摆放各方保存的文本和签字用的文具。文具的前端中央摆一旗架,悬挂签字双方的旗帜。

（四）签字仪式的位次排列

签字时各方代表的座次是由主方代为先期排定的。一般而言,在举行签字仪式时,座次排列共有以下三种基本形式,它们分别适用于不同的情况。

1. 并列式

并列式排座是举行双边签字仪式时最常见的形式。它的基本做法是:签字桌在室内居中面门横放;双方出席仪式的全体人员在签字桌之后并排排列,双方主签人居中面门而坐,客方居右,主方居左。

2. 相对式

相对式排座与并列式签字仪式的排座基本相同,只是相对式排座将双方的随员席移至签字人的对面。即双方观礼人员在签字桌之前并排排列。

3. 主席式

主席式排座主要适用于多边签字仪式,其特点是:签字桌仍须在室内横放,签字席仍须设在桌后面对正门的位置,但只设一个,并且不固定其就座者。在举行仪式时,所有的各方人员(包括签字人在内)皆应面向签字席就座。签字时,各方签字人应按规定的先后顺序依次走上签字席就座并签字,然后退回原处就座。

二、签字仪式的程序

签字仪式的时间不应太长,但其程序必须十分规范、庄重而又热烈。

（一）宣布开始

签字仪式的第一项是宣布签字仪式正式开始。此时,有关各方人员应先后步入签字厅,在各自既定的位置上就位。主签人入座,助签人分别站在己方主签人的外侧,双方观礼人员按身份、地位依次站在己方主签人之后。

（二）签署文件

签字仪式的第二项是签字人正式签署合同、协议或条约的文本。通常的做法是由双方助签人员协助主签人翻揭文本，指明签字处，主签人在己方所要保存的文本上签字，并由助签人员将此文本交换后，再由双方主签人分别在对方保存的文本上签字。

依照礼仪规范，每一位签字人在己方所保留的文本上签字时应当名列首位。因此，每一位签字人均须首先签署将由己方所保存的文本，然后再交由对方签字人签署。此种做法通常称为"轮换制"，它的含义是在文本签名的具体排列顺序上应轮流使有关各方均有机会居于首位一次，以显示机会均等，各方完全平等。

（三）交换文本

签字仪式的第三项是签字人正式交换已经由各方正式签署的合同、协议或条约文本。此时，各方签字人应该起立并诚挚地握手，互相祝贺，可以相互交换方才用过的签字笔作为纪念。

（四）饮酒庆贺

签字仪式的最后一项是饮酒互相道贺。在双方主签人握手庆贺后，由主办方开启香槟，礼仪小姐端上香槟酒，双方共同举杯以示祝贺。这是国际上通行的一种增加签字仪式喜庆色彩的做法。

高叶组织策划签字仪式

1. 情景描述

随着国内市场用户结构中的私人用户比例不断提高，年轻的消费群体对轿车提出了时尚化和个性化的要求。为此中国宏远汽车有限公司（以下简称宏远公司）决定在"满足用户的一切需要"和"不断创新"这一工作理念下，开发新一代的时尚型轿车。公司准备与成都新安汽车有限公司合作，同时拓展西部市场。公司决定于2013年12月5日在上海希尔顿大酒店与新安汽车有限公司举行签字仪式。新安汽车有限公司赵总经理和秘书林小姐一行6人在上海出席签字仪式。

签字仪式的组织工作分5个场景。

场景一：2013年11月15日，宏远公司总经理秘书高叶走进了韦总经理的办公室，告诉他签字仪式安排在12月5日，并向他请示有关工作。韦总说董事长李某很重视这次两家公司的合作，他让高秘书认真拟定这次签字仪式程序，要求整个仪式务必尽善尽美。请制定一份签字仪式程序。

场景二：11月17日，高秘书将签字仪式程序给韦总看过后，就着手准备签字仪式的文件。高秘书从技术执行经理周某那里拿到了已经起草好并经双方同意的《技术合作协议》，高秘书将协议书进行严格的校对，确认无误后，将其印制、装订成待签文本。文本包括正本两份、副本两份。请演示高秘书准备待签文本的过程，并制定一份《技术合作协议》样本。

场景三：11月20日，高秘书到希尔顿大酒店与酒店大堂经理许先生共同布置签字仪式

项目五 商务活动安排

会场。高秘书告诉许先生,此次签字仪式双方共有12人参加,其中双方主签人各1名、助签人各1名、陪签人各4名,设长方桌,桌上放双方的国旗、席卡、文具,会标用红底金字,还要准备香槟酒和酒杯,四周要有鲜花装点。请演示布置签字仪式会场的过程。

场景四:11月22日,签字仪式已准备就绪,为扩大宣传,高秘书特地给苏州有线电视台打电话并找到林记者,请他来采访报道这次签字仪式。林记者一口答应,并说要约《苏州日报》的记者朋友一起参与。高秘书表示十分感谢,并告知签字仪式的具体时间及安排。请演示高秘书打电话的过程。

场景五:12月5日上午9:00签字仪式正式开始,出席人有:主方主签人董事长李某,助签人高秘书,陪签人总经理韦某、商务执行经理顾某、人事行政执行经理何某、技术执行经理周某;客方主签人新安汽车有限公司总经理赵某,助签人林秘书,陪签人新安汽车有限公司副总经理王某、技术部主任沈某、开发部主任钱某、销售部主任孙某。签字仪式由韦总经理主持,双方按预定位置入席,双方签字完毕,高秘书推出已经斟好的香槟酒,双方共同举杯庆贺。电视台林记者和报社杜记者在旁拍摄。请模拟签字仪式过程。

2. 实训要求

学生每14人为一组,教师为14名学生编上号数,即1—14号。实训在模拟公司——宏远公司进行。

学生必须先制作文稿并准备签字仪式程序和《技术合作协议》样本。其中,《技术合作协议》样本只要有协议的结构样式即可,不必写具体内容。两份文稿均需打印,完成时间不超过40分钟。

文稿完成后,再按场景顺序进行演示。5个场景演示总过程不能超过80分钟。

场景一:由1号学生扮演高秘书,3号学生扮演韦总。

场景二:由2号学生扮演高秘书,3号学生扮演韦总,6号学生扮演周某。

场景三:由3号学生扮演高秘书,14号学生扮演许先生。

场景四:由4号学生扮演高秘书,13号学生扮演林记者。

场景五:由5号学生扮演高秘书,1号学生扮演李董事长,3号学生扮演韦总,2号学生、4号学生、6号学生分别扮演顾某、何某、周某,7—12号学生分别扮演赵某、林秘书、王某、沈某、钱某、孙某,13号学生扮演林记者,14号学生扮演杜记者。

每组在实训过程中必须制作完成4份材料:签妥的文本正本2份、副本2份。

3. 实训提示

签字仪式的程序主要包括:引导双方签字人员就座;介绍主要来宾并宣布签字仪式开始;

助签人为签字人员翻揭文本、指明签字处,双方在各自保存文本上签字后,由助签人员互换文本,签字人员再在对方保存文本上逐一签字;签字毕,双方签字人员起立,交换文本,相互握手致意;还可以根据需要,举行小型酒会庆贺。

签字仪式文本主客方一式两份。签字笔、签字文具均应准备完备。

4. 实训考核

(1) 提前准备好签字仪式程序和《技术合作协议》样本,占20%。

(2) 场景模拟过程清晰,重点突出,特别是签字程序规范,占30%。

(3) 签字仪式现场布置细致周到,横幅、签字桌和签字文具布置合理,座次和站位的安排符合礼仪规范,占30%。

(4) 职业素养、团队合作及创新设计,占20%。

任务四　组织策划新闻发布会

2014行车记录仪新品发布会策划方案

一、会议流程安排

12:00　接待厅接待来宾、经销商、记者签到
14:00　引导嘉宾、经销商、记者入场
14:10　开场表演:热舞吸引并聚集人气
14:20　播放企业宣传片
14:25　主持人请来宾就座
14:30　主持人宣布新品发布会开始并介绍公司领导与媒体
14:35　公司领导致辞并与嘉宾共同拉开新品幔布
15:00　新产品模特走秀展示,并同时播放产品车内功能真人演示短片
15:10　产品工程师在播放产品短片的同时讲述产品的作用
15:20　记者、来宾提问,产品工程师作答
15:30　从现场选择几名汽车使用者进行产品提问
15:40　领导抽取来宾奖品活动
15:50　节目安排:轻摇滚演奏配合产品小短片播放,进行现场产品促销活动
16:40　发布会结束,公司领导与媒体详细交流意向
17:00　与媒体交流结束,散场

二、场地布置

1. 市中心广场彩虹门,彩旗,巨型条幅。
2. 彩虹门前,接待礼仪佩戴单位绶带,要摆有标明会场、礼品等地点明显的指示牌。
3. 来宾接待台:设2名接待礼仪登记来宾和发放会议资料与参会企业名册,并配一名礼仪作为来宾向导。
4. 广场各摆放X展架多个,写真贴多张。
5. 主会场背景墙巨型喷绘,舞台两旁各做一堆物展架,上面放置新品并遮盖幔布,演讲台正面贴××单位Logo写真,上面摆放笔记本电脑、麦克风、鲜花。
6. 会场演讲台摆放花篮2个,走廊前台两旁摆放X展架。
7. 主席台和各座位贴带有公司Logo的编号,桌上放纯净水,文件夹DM封尾页,贵宾名签。
8. 配备礼花、专用整场音乐配音、抽奖。

9. 配备企业宣传片和新品讲解短片播放等视听材料。
10. 调试好音响设备,指定好录像人员。

三、参会应邀人员

1. 邀请总公司领导、市政府领导代表、公司代表。
2. 邀请经销商代表。
3. 邀请部分意向客户代表。
4. 邀请媒体:××日报、××电视台、××广播电视局等。

四、新品发布会提供给媒体的资料

会议时间项目安排流程,新闻通稿,演讲发言稿,发言人的背景资料介绍,公司宣传册,新产品说明资料,有关图片,纪念品礼品领用券,企业新闻负责人名片(便于新闻发布会后进一步采访、新闻发表后寄达联络)、信笺、笔(方便记者记录)。

五、发布会组织

1. 组委会组长(负责整个活动与广场负责人协调)。
2. 协调员(协调员由××单位领导组成,负责各小组的协调)。
3. 接待小组细分:
(1) 会场接待(6人负责来宾登记、礼品发送、资料袋的发放以及各种接待工作);
(2) 与媒体联系(媒体发稿、媒体接洽、礼品费用支付)。
4. 场务维护(负责现场、设备能够正常使用,排除外界干扰)。
5. 广告宣传(由策划公司与公司宣传部、市场部、产品部共同组成):
(1) 主题背景墙设计制作及安装;
(2) 宣传DM、X展架、海报、礼品赠送手提袋、企业新品画册的设计制作;
(3) 领导、来宾演讲稿和新品阐述资料的撰写。
6. 主持人(主要负责各个环节串词以及开场主持)。
7. 外联(主要负责与模特、演员联络以及现场产品展示安排)。

六、发布会资料袋内容

1. 会议手册。
2. 新品文字资料(招商)。
3. 相关图片、信笺和笔。
4. 礼品券。

七、发布会筹备

1. 4月13日前,发布会策划方案定稿。
2. 4月18日前,企业宣传片、宣传单、宣传册、台卡、邀请函、横幅、海报、新品展示资料和图片、风格设计方案确定。
3. 4月23日前,上述材料印刷品交货,其中,宣传片在25日前出样片。

……………

八、新闻发布会所需人员、物料

1. 礼仪(6人:会场)。
2. 新品展示模特(4人:会场)。
3. 主持人(1人:主席台)。

4. 摄像师以及摄像设备(一人一套；场内)。

5. 数码相机(3人3部；场内)。

6. 横幅(2条；会场)。

7. 彩虹门(一个；会场)。

……

九、产品发布会邀请人员清单(略)

十、发布会费用预算(另附)

一、新闻发布会的含义

新闻发布会又称记者招待会,是一个社会组织直接向新闻界发布有关组织信息,解释组织重大事件而举办的活动,它是组织传播各类信息的最好形式之一。一般而言,当本组织发生某项重大事件,或有新产品开发、上市,或遇到公关危机事件等情况时,为了解析事件、扩大宣传或澄清事实,有关组织就需要召集各媒体记者,召开新闻发布会。在我国,新闻发布会是有严格的申报、审批程序的,对企业而言,如果想避免程序的烦琐,可以把发布会的名称改为信息发布会或媒体沟通会等。

二、召开新闻发布会的步骤和要求

(一)确定主题

新闻发布会应该有明确的主题,或是解释一件重大事件的细节,公布事实真相;或是介绍一件新产品等。有时,可以为发布会选择一个具有象征意义的标题,也可以采取主标题加副标题的方式,如"海阔天空——五星电器收购青岛雅泰信息发布会"。

(二)确定邀请对象

记者是新闻发布会的主宾,秘书人员应根据新闻发布会的主题,有选择地邀请有关报社或电视台记者来参加。记者可以来自于综合性、专业性或是全国性、地方性的媒体。除了记者外,秘书人员还可以邀请一些其他单位、部门或公众群体参加。

(三)确定新闻发布会的主持人和发言人

新闻发布会的主持人大都由主办单位的办公室主任或公关部部长担任。主持人的基本条件是仪表堂堂、年富力强、见多识广、反应敏捷、语言流畅、幽默风趣,善于把握大局,长于引导提问,具有丰富的会议主持经验。

新闻发布会的发言人是会议的主角,通常由本单位的领导人担任,其基本条件是:第一,新闻发言人应该在组织身居要职,有权代表组织讲话;第二,有良好的形象和表达能力,知识面丰富,有清晰明确的语言表达能力、倾听能力及反应能力;第三,有执行原订计划并加以灵活调整的能力;第四,有现场调控能力,可以充分控制和调动新闻发布会现场的气氛。

(四)其他准备工作

新闻发布会召开前应做好其他各项准备工作,包括印发请柬,布置场地,准备录音或录像的辅助工具,准备参观现场或展览实物、图片,编印文字材料等。会议地点应选在交通便利又比较热闹的场所,既方便记者们参加,又能引起社会各界的注意。会议通知用请柬的形式发放,以示尊重。会议通知应及早发送,并附宣传提纲,以便记者准备提问。秘书人员对重要的记者应提前预约。秘书人员应事先做些调查访问,了解或估计记者们可能提出的问题,帮助新闻发布会的主持人、发言人做好充分准备。

(五)收集反馈信息

新闻发布会召开过程中或结束后,秘书人员或公关人员应注意会场的气氛动态,及时了解与会者对会议的态度和意见,了解会议的效果,以便策划下一步的公关活动。此外,秘书人员还应主动与新闻媒体搞好关系,更好地利用新闻媒介这一传播工具,为本组织与公众的沟通服务。

(六)注意事项

(1)新闻发布会的邀请函必须发给同主题有关的记者和编辑。

(2)新闻发布会的场地选择十分重要,会场背景应同所要发布的新闻性质相融合。

(3)新闻发布会的时间安排不要同其他重要的新闻事件相冲突。

(4)如果新闻发布会上有拍照的机会,应事先通知摄影记者,同时应让本组织的摄影人员在场拍摄照片,以便提供给未能在现场拍照的新闻单位。

(5)新闻发布会开始时,务必使每一位来宾在入口处登记,并安排专人引导到来的新闻界人士就座,同时回答初步的问询。

(6)记者到会后,应发给每人一份事先准备好的新闻资料袋,其中包括新闻发布稿、技术性说明(必要时发放)、主持会议者的材料和照片以及会上要展示的产品或设施模型的照片等材料。

(7)新闻发布会的时间应该控制好,会议应有正式的结尾,必要时应设法请记者做深入采访。

(8)现场应为广播电视记者提供方便,对于前来参加新闻发布会的记者要一视同仁。

欧亚商品城 CI 识别系统新闻发布会

1. 情景描述

欧亚商品城坐落在经济强市 A 市的繁华商业街上,是一个集物流、小商品批发、生活娱乐、电子商务等各项功能为一体的大型批发市场,现已成为 A 市的采购中心、物流中心和商贸中心。为了进一步打响欧亚商品城的品牌,商城邀请宏远策划公司进行策划设计。宏远策划公司为其设计了"热情、豪放、超越"的企业理念,并形成了系统的规划体系。

2012 年 12 月 25 日,欧亚商品城在花园大酒店举办新闻发布会,向社会隆重推出 CI 识别系统。参会人员包括市、局级主管商业的领导,社会知名人士,业主代表。在新闻发布会上,欧亚商品城的徐总经理介绍了商城的情况及今后的经营规划,公关部经理王君小姐向与会人员宣读了 CI 宣言,并展示了部分设计。A 市曹副市长莅临会场祝贺,他对欧亚商品城所取得的成就充分地予以肯定。宏远策划公司首席设计师高叶对设计意图进行了说明。新闻发布会上,记者提问十分活跃,他们就商城领导人和前景发展进行了采访。本次新闻发布会由欧亚商品城行政部经理孙斌主持。

2. 实训要求

将全班学生进行分组,每组15人,分别扮演主持人、曹副市长、徐总经理、王君经理、高叶设计师及记者,模拟召开企业新闻发布会。请各组模拟结束后提交如下资料:

（1）新闻发布会的筹划方案,内容包括新闻发布会的程序、会场布置、邀请对象、礼仪要求等;

（2）模拟新闻发布会的照片、视频、PPT等。

3. 实训提示

（1）本项目最好选择在模拟会议室等场所进行,并应对环境做适当的布置。

（2）要求每位发言人都准备相对应角色的发言,每位记者都应提问,学生可以进行合理地想象。

（3）新闻媒体的名称由同学自拟,采访用的话筒、身份牌由学生在实训室准备。

（4）发言材料及提问应根据情景材料设计,允许在此基础上做适当的延伸和扩展。

（5）小组之间进行互评,在条件允许的情况下,可以将模拟过程进行录像,然后回放并请同学们进行点评。

4. 实训考核

（1）新闻发布会筹划方案及相关发言稿,占25%。

（2）发布会模拟过程清晰,重点突出,占20%。

（3）新闻发布会现场布置合理,座次安排符合礼仪规范,占20%。

（4）新闻发布会的照片、视频、PPT等,占15%。

（5）职业素养、团队合作及创新设计,占20%。

任务五　组织策划展会活动

永不落幕的第111届广交会

作为检验我国外贸形势的"晴雨表",第113届广交会于2013年4月15日正式拉开序幕,预计整个展会期间将迎来全球约20万采购商进场。日前,海关总署发布的一季度中国外贸数据"飘红",进出口总额实现13.4%的同比高速增长,使本届广交会更加引人注目。参展商表示,尽管受成本上涨压力,产品报价有所提高,但预计本届广交会成交较上届将有明显好转。

打造永不落幕的广交会,是多年来广交会电子商务平台的口号。昨天,这一愿望终于变成了现实,中国进出口商品交易会电子商务平台正式上线,将每年两届现场看样成交的广交

会,"升级"为全年365天为供采双方提供全面服务的电商平台。

昨天上午9点,位于琶洲的广交会展馆内外就已经人潮涌动,境外采购商办证处外排起了数百米的"长龙"。而在展馆内,一扫上届广交会的颓势,熙熙攘攘的客商将家电品牌区的摊位挤得水泄不通,有多年广交会采访经验的媒体记者表示,这是近几届少见的情景。

"我们是提心吊胆来的,现在全球经济形势如此复杂,不知这一届广交会是什么情况。但今天开幕首日的情况大大超出预期,人气是上来了。"昨日,来自深圳的某机电企业销售经理对记者说。据其介绍,该企业一共来了5个业务员,一上午每人至少接待了15个客商。"我们没想到今天上午有这么多的客人,危机当前,我们会把握住每一个客人。"

进口展区一直是广交会"新奇特"产品的集中地,本届继续在第一期、第三期设立进口展区,展览面积2万平方米,展位总数900个,比上届增加6个,设7个产品区。共有来自38个国家和地区的562家企业参展。

装修过程中的刷漆工作繁重而精细,一般都需要聘请专业人士才能完成。而使用来自英国的Earlex喷涂机,传统的刷漆工序也可以自己完成。记者了解到,这一拥有国际专利的产品能够在低压的条件下产生大量的空气将油漆喷出,不仅消耗的油漆量远远少于用刷子或是用滚筒消耗的油漆量,而且每次喷涂都能达到光滑平整的专业效果。

在荷兰电子公司BURG的展位上,一只集电话、健康、时钟为一体的手表吸引了不少采购商的眼球。这种手表不仅可以将电话转接到手表上接听,还可以测心率血压,测跑步距离,通过手表随时掌握自己的运动量。据该公司的负责人介绍,手表市场竞争很激烈,但他们的手表已经超越了一般的手表,在欧美市场相当受欢迎。他们的生产环节已经开始转向中国,主要抓设计、创意。

随着经济快速增长,中国内地已成为全球发展最快的展览市场之一。展会不仅能带来巨大的经济效益,更重要的是还能带来巨大的社会效益。因此,会展产业受到很多地区和城市的重视。展会是为了展示产品和技术、拓展渠道、促进销售、传播品牌而进行的一种宣传活动。在实际应用中,展会的名称主要有博览会、展览会、展销会、看样订货会、展览交流会、交易会、贸易洽谈会、展示会等。展会具有强大的经济功能,包括联系和交易功能、整合营销功能、调节供需功能、促进经济一体化等。

按照不同的标准进行分类,展会可以分为不同的类型:按项目的性质分,展会可分为贸易类展会和消费类展会;按照项目的内容分,展会可分为综合类展会和专业类展会;按照展览的规模分,展会可分为国际展览会、全国展览会和地方展览会。

一、举办展会的主要程序

展会的举办一般都包括开幕式、现场展示和闭幕式三个阶段。

(一)开幕式

开幕式宣告展会的正式开幕。通过开幕式,展会的主办方可以向公众展示本展会的规模、实力和会展的品牌形象,一般都比较隆重正式,需要进行认真的策划和组织。

（二）现场展示

现场展示是展会举行期间的主要阶段，主要由参展方完成。办展方主要为参展商提供信息发布、产品推介等工作的思路和渠道，以及相关的各项服务，为参展商和经销商的更好沟通与交易提供便利。

（三）闭幕式

闭幕式一般以轻松的方式来宣布展会的圆满结束。在具体活动的安排上，闭幕式一般比开幕式更注重娱乐性。一些小型的展会也可以不安排闭幕式。

二、办展方的主要工作

展会的办展方包括展会的主办机构和承办机构，一般多为政府部门、专业协会、行业协会、商会或专业性展览公司，也有些大型企业自己会主办展览。成功举办一个展会，需要为卖家和买家提供合适的环境和场所，促使交易最终达成，实现参展双方的基本目标。

（一）展会立项

在进行了认真的市场调研，对市场进行了全面审视和多角度分析后，提出展会立项的基本内容，包括展会的名称、举办地点、机构组成、展品范围、办展时间安排、展会定位、预算方案等。办展地点最好选择在展品所在行业生产或销售比较集中的地方。办展时间包括三种：一是指具体办展时间；二是指展期，要展示多长时间；三是指展会举办的周期，一般依据市场需求来确定；在展会立项时，还要规划好筹展和撤展时间，以及对不同观众开放的时间。展会的成本费用一般有场地费用、宣传推广费、招展和招商的费用、展会期间举行相关活动的费用（如讲座、研讨会、交流会、酒会、开幕式、闭幕式等）、办公费用和人员费用等。展会的收入一般有展位费、门票、广告费、企业赞助等。

一般来说，比较正式和专业的展会主办机构会对展会的立项开展可行性分析，也就是对展会立项是否可行作出系统的评估和说明，并为最终完善展会项目提供改进依据和建议。

（二）展会筹备

展会项目经过批准以后，就进入了具体筹备阶段。展会营销是筹备阶段的关键，具体地说就是运用各种宣传推广手段，向参展商招展，向观众招商，尽量争取使前来参展和观展的单位和个人名气大、数量多。

1. 收集参展商信息

即办展方要通过各种渠道收集目标参展商的信息。

2. 划分展区和展位

一般要根据展品的特点、展位的搭配效果和观众的参观感受等来划分和布置展区和展位。根据展区和展位的不同制定相应的价格。招展的价格可以按照一个展位单价来计算，也可以按每平方米单价来计算。

3. 编制招展函

招展函又叫参展手册，是办展方用来详细介绍展会的有关情况并招揽目标参展商的邀请函。拓展函的主要内容包括：展会的背景和目标、办展机构、展会的举办时间和地点；本届展会的招商计划和服务项目；参展办法和参展回执等。

4. 向参展商发出招展信息

办展方可以通过网络、电视、报纸等媒体宣传的形式广泛发出招展信息;也可以通过电话营销、寄送招展邀请函、上门拜访等形式直接向目标参展商发出邀请,征询其参展意见;还可以通过行业协会、政府支持等来帮助邀请参展对象。

5. 向观众发出邀请

办展方可以通过大众媒体宣传的形式向普通观众发出邀请,可以采用到举办城市的重要地段发观众邀请函和宣传资料的形式向普通观众发出邀请,也可以采用邮寄观众邀请函的形式对专业观众发出邀请。

(三) 展会现场服务

展会现场服务,是指从开幕、展览期间到最后闭幕的过程中对展会所有事务的管理与服务工作。

1. 对参展商的接待和服务

为参展商设置接待站,做好报到登记、派发参展证和参会指南、确认展位和展品进入场地、协助参展商做好参展前的布展工作,提供各种咨询服务等。展会期间,尽可能为企业提供洽谈室,及时将参观者信息反馈给企业,保持与各参展商的沟通。

2. 对观众的登记和服务

展会期间,要做好观众的引导参观工作,接受观众的信息咨询,为观众提供好休息场地、贸易谈判区等便利服务。

3. 对媒体的接待与安排

展会期间,会有受邀的媒体或主动前来的媒体进行参观采访,办展方要热情接待,周到安排。

4. 做好会场现场的安全保卫、秩序维护、清洁卫生等工作

展会期间,办展方要防止可疑人员进入展会,防止展品丢失或被破坏,注意展会的消防安全,协助参展方维护秩序,做好展馆内的清洁卫生工作,为展会提供一个安全整洁的贸易环境。

(四) 展会撤展

撤展工作一般在展会的最后一天提前一个小时左右进行,参展商应该按规定的程序安全撤除展台,清理并保管好自己的展品。参展商需要将临时租用的展具及时归还展柜服务部门或承建商。办展方要及时清理展览场所,并进行场馆的复原工作,与展馆、展位承建商等办理工作与费用结清手续。

正式的办展机构在展会结束后还会进行总结评估工作。展会评估,是指对展会的运营状态、实际效果和各方反馈等情况进行充分的调查分析后进行系统评价,是为了更好地了解展会的效率和效益,及时发现问题,不断总结提高。

三、参展方的主要工作

参加各种展会是企业最重要的营销方式之一。一般来说,企业都是借助展会形式推出

新产品、新品牌,了解行业最新资讯,树立企业形象。

（一）选择合适的展览会

企业要通过互联网、专业和行业杂志、行业协会活动等多方面收集展会信息,全面分析各种展会的资料,选择出能满足展出者营销战略需要、质量好、效益好的展览会。如果企业收到了招展邀请函,一定要核实展会主办方信息的真伪,以免遇到"骗展"而上当受骗。

（二）参展前筹备工作

在确定好拟参加的展会后,参展方要及时与主办方取得联系,了解清楚展会的基本情况,尽快填好参展回执后,及时寄给展会的主办方,必要时可以提前预付一部分展位的定金,以期得到一个较好的展区或展位。

制订参展策划方案是筹备工作的核心。参加展会前需要准备充足的宣传资料,包括企业介绍、企业产品介绍、价格清单等。展位、展台和展品的设计是参展的关键。结合产品的特点,选择合适新颖的展示方式,达到具有吸引力的宣传效果是参加展会的目的。展会期间,参展方还应该广泛地使用各种宣传媒介,以吸引更多的观众,达到更好的促销效果。除了宣传策划外,参展策划书还应包括参展人员的配置和培训、参展费用的预算等内容。

（三）参展期间主要工作

参展时参展方务必提前到达会场,必要时要提前几天进行布展。展会期间,参展方要详细记录每一位到访客户的情况及要求,将潜在商机及顾客资料及时送回企业总部,以便企业及时进行处理和回应,调查了解现场同行参展商的情况,获取本行业最新资讯,并及时整理汇报。对展会现场过于冷清的情况参展方应做好预案的准备,如备好主动邀请的客户名单,临时增加一些宣传项目和营销方法等。

（四）撤展后主要工作

撤展后,参展方要及时整理展会期间的资料,进一步挖掘可能的商机;做好参展的总结工作,对参观流量、有效客户数量、客户对本次展览的印象等进行分析;对收集到的产品发展动态、竞争对手信息、行业信息等进行归纳,对企业、办展方及本次参展工作提出改进意见等。

义博会参展方案策划

1. 情景描述

中国义乌国际小商品博览会(以下简称义博会)创办于1995年,是经国务院批准的日用消费品类国际性展会,由商务部、浙江省人民政府等联合主办,已连续举办19届,每年10月21—25日在浙江义乌举行。义博会已成为目前国内最具规模、最具影响、最有成效的日用消费品展会,是商务部举办的三大出口商品展之一,先后被评为中国管理水平最佳展会、中国(参展效果)最佳展览会、最受关注的十大展会、最佳政府主导型展会和中国十大最具影响力品牌展会等,并获得了国际展览联盟(UFI)的认证。

（1）义博会"红色邀请函"开辟绿色通道

常驻义乌采购小商品的中东客商哈肯来到位于义乌国际博览中心的义博会展览公司,

帮远在中东的贸易伙伴领取了3张红色的"义博会专用邀请函"。哈肯称,有了"义博会专用邀请函",在本国的贸易伙伴可以更加便捷地办理来华签证,及时来义乌市场采购商品,参加第18届义博会。

据悉,第18届义博会秉承"面向世界,服务全国"的办展宗旨,不仅广邀国内客商共赴盛会,同时也向各国境外采购商发出诚挚邀请。为此,第18届义博会提前制作了近3万份外商邀请函及相关资料,向334处中国驻外使领馆、经商处、商会直邮发送,同时也通过部分驻义外商机构、外贸公司、商会等直接邀请外商参加义博会,便于境外客商办理相关入境签证手续。

据义博会执委会相关负责人介绍,第18届的义博会招商更有针对性。有关部门已筛选出历届义博会采购商及驻义外商有效数据2万余条,采用分批电话邀请或寄发邀请函的方式,已得到许多外商的参会意向,现已开通客商电话预登记和网上预登记,一些外商已通过网上进行了预登记报名。

此外,近期义博会招商部门还向东南亚、欧美等地区专业采购商直邮义博会英文专刊5万份,在义乌市场、酒店(宾馆)等窗口的45个点摆放中英文资料约6万份,广泛宣传推广义博会。

(2)第19届义博会经贸特性鲜明

据义博会组委会统计,第19届义博会境内外客商参会踊跃,第19届义博会实现成交额166.15亿元,同比增长1.68%。其中,外贸成交额16.96亿美元,占总成交额的62.1%,同比增长7.16%。值得关注的是,第19届义博会共吸引了来自203个国家和地区的196 957名客商参会,同比增长1.76%,其中境外客商22 201人,同比增长6.3%。

从开展5天的成交情况看,第19届义博会展会内容更丰富,经贸特性更鲜明。展会共设国际标准展位4 500个,有来自59个国家和地区的2 747家企业参展。为了义博会更专业、更方便洽谈、更体现经贸性,第19届义博会的行业布局做了适当调整,在第18届义博会10大行业的基础上整合为7大行业,分别为五金、电子电器、饰品及饰品配件、工艺品、日用品、文体用品、内衣袜子,另设电子商务及贸易服务专区,展区布局更趋专业化,因各专业展区商品集聚而更具规模效应。

2. 实训要求

(1)假如你是第20届义博会组委会的秘书,请思考一下为做好此次博览会应做好哪些准备工作?

(2)假如你是浪莎针织有限公司总经理秘书,拟参加今年的义博会,请试着制订一份参展策划方案。

(3)请试着收集各种展会信息,列举一定数量的展会(至少8条)并附上简短说明,对展会进行基本分类。

(4)义博会可否复制,其他中西部城市能否模仿义博会的模式建设会展品牌?

3. 实训提示

请学生上网收集一些关于展会的资料,也尽可能再多收集一些关于义博会的资料,从而认真分析一下义博会成功的原因,对比一下每一届义博会的不同特点,大胆思考和策划出今年义博会的特色。

4. 实训考核

(1) 明确作为义博会组委会的秘书,应为第20届义博会做好哪些准备工作,占20%。
(2) 浪莎针织有限公司总经理秘书拟制的第20届义博会参展策划方案,占40%。
(3) 收集整理各种展会信息,占20%。
(5) 职业素养、创新设计,占20%。

任务六 安排宴请活动

钟秘书安排商务晚宴

维维集团有限公司是国内一家知名乳品生产企业,2013年年底公司决定召开一次商务大会,邀请各地的经销商参加,共谋发展大计。会后,公司安排了晚宴,全体经销商代表在中山宾馆共进晚餐。按照公司的相关商务招待制度和领导的要求,办公室秘书钟苗认真筹划了这次宴会。钟苗本以为自己安排得挺好,不料,第二天上班,她听到总经理对办公室主任大发脾气:"怎么搞的嘛?这么正式的场合,连个座位名签都要搞错!你看,让人家多难堪!"原来,钟秘书在安排晚宴时,为便于来宾对号入座,特意制作了座位名签,但其中有一个名字打错了,将"汪"字打成了"王"字,弄得汪姓经销商找不着自己的座位,而当时又没有人察觉,以致出现了十分尴尬的场面。无独有偶,在发请柬时,钟秘书还由于粗心大意,漏掉了广西地区的一名经销商,此事直到两天后才发现,对公司造成了很不好的影响。

秘书在日常商务活动中经常会遇到宴请活动,因此必须掌握宴请的基本特点和礼仪要求。一般而言,中式宴请比较重视菜肴的质和量、主客方的身份地位;西式宴请则更强调进餐时的气氛、环境、衣着以及人际交往等,更注重精神享受。

一、宴请的类型

国际上通用的宴请形式主要有以下四种,每种形式都有特定的规格和要求。

(一) 宴会

宴会是盛情邀请贵宾餐饮的聚会,按其隆重程度、出席规格可分为国宴、正式宴会和便宴等;按举行时间,又有早宴、午宴和晚宴之分。一般来说,晚宴较之早宴和午宴更为正式、隆重。宴会对着装、时间的要求比较高,往往同时邀请配偶。

1. 国宴

国宴是国家元首或政府首脑举行的国家庆典,或为外国元首、政府首脑来访而举行的正式宴会,因而规格最高。国宴需要根据礼宾次序安排座次,同时在宴会厅内悬挂国旗。宾主入席后,乐队奏国歌,主人和主宾先后发表讲话或致祝酒词。

2. 正式宴会

正式宴会除了不挂国旗、不奏国歌以及出席人员级别不同外,其余的安排大体与国宴相同,也需要排席位。许多国家对正式宴会十分讲究,所以往往在请柬上注明服饰要求。

3. 便宴

便宴即非正式宴会,常见的有午宴和晚宴,有时也举行早宴。便宴简便、灵活,可以不排席位,不作正式讲话,菜肴可丰可俭。便宴的气氛轻松、亲切,便于交往和交谈。

4. 家宴

家宴是生活中很常见的宴请类型,即在家中设宴招待客人,以示亲切友好,西方人也是如此。家宴往往由家中烹饪技术擅长者下厨,家人共同招待。

(二)招待会

招待会,是指各种不配备正餐的宴请类型,一般备有食品和酒水,通常不排固定的席位,可以自由活动。招待会对着装无特别要求,有些在时间上也比较随意。招待会常见的有冷餐会和酒会。

1. 冷餐会

这种宴请形式的特点是不排席位,菜肴以冷食为主,故称冷餐会,但也可辅之以热菜,连同餐具陈设在菜桌上,供客人自取。客人可自由走动,也可以多次取食。酒水可由服务员端送,也可陈放在桌上。地点可选择在室内,也可在院内和花园里。我国举行的大型冷餐招待会往往用大圆桌,设坐椅,主宾席排座位,其余各席不固定,食品与饮料事先摆放在桌上,招待会开始后,自行进餐,所以又称自助餐。

2. 酒会

酒会又称鸡尾酒会。这种招待会的形式较为活泼,便于客人广泛接触或交谈。招待品以酒水为主,略备小吃、菜点,不设坐椅,仅供出席者走动。酒会的举行时间在中午、下午和晚上均可。

(三)茶会

茶会,顾名思义就是请客人品茶,所以对茶叶、茶具的选择比较讲究。茶具一般用陶瓷器皿,不用玻璃杯,更不能用热水瓶代替茶壶。国外一般用红茶,略备点心和地方风味小吃。茶会也有不用茶而用咖啡的,但仍以茶会命名,其内容安排与茶会基本相同。茶会是一种简便的招待形式,一般在下午16时左右举行,也有的在上午10时左右举行。茶会的地点通常设在客厅,厅内摆茶几、坐椅,不排席位。但若是为贵宾举行的茶会,在入座时,主人要有意识地和主宾坐在一起,其他的出席者可随意。

(四)工作餐

这是国际交往中常用的非正式宴请形式,工作餐上主宾双方可以利用共同的进餐时间边吃边谈。工作餐按用餐时间可分为工作早餐、工作午餐和工作晚餐。这种宴请形式既简便又符合卫生标准。特别是在日程活动紧张时,工作餐的作用尤为明显。

这类活动一般只请与工作有关的人员,不请宴请对象的配偶。双方工作餐通常使用长桌,其座位安排与会谈桌座位安排相仿,以方便主宾双方在进餐的过程中进行交谈。费用可

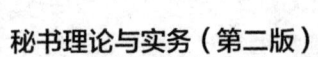

以是邀请方支付,也可执行AA制,即主宾双方各付各的。

二、宴请的准备

(一) 确定宴请的目的和名义

首先应该明确宴请的目的,根据目的选择相应的宴请形式。宴请时的名义可以是个人,也可以是集体的。大型活动一般以集体名义邀请;日常交往小型宴请则可以根据具体情况以个人的名义或夫妇的名义发出邀请。

(二) 确定宴请对象、宴请规格和宴请范围

宴请对象、宴请规格和宴请范围的依据主要是宴请的性质、目的、主宾的身份、国际惯例及经费等。宴请时最好是主方单独宴请特定的一方,使对方感到受重视、受尊重。宴请时应权衡已方与对方之间、对方相互之间的关系状况。因此,在确定人选时,应列出名单,根据名单对出席者的资料认真进行分析,并将其作为最后确定人选的依据。邀请范围的确定应考虑政治因素、文化因素、民族习惯和国际惯例等,这些需要秘书花工夫认真对待,如果漏列,则会产生严重的后果。

秘书应向各部门经办人收集客人的名单,再请领导核定。正式的客人因各种原因无法出席的,应有候补的人选。候补宾客名单也要经领导的批准。在宴请前两三天,秘书应将完整的名单交给领导过目。

(三) 确定宴请的时间、地点

宴请的时间应对主、客双方都合适,不要选择对方的重大节日或有重要活动及禁忌的日子和时间。一般按照民俗惯例坚持主随客便的原则。

宴请的地点可分为两种情况:如果是政府部门正式的、很隆重的活动,一般安排在政府、议会大厦或宾馆内举行;其他单位的宴请可按活动性质、规模大小、形式等实际情况而定,一般应考虑环境幽雅、卫生良好、设施完备、交通方便的地方。

(四) 发出邀请

宴会邀请一般都发请柬,内容包括聚会的名义、形式、时间、地点、主办单位或主办人的姓名,以及着装、回函要求及其他说明等。请柬的信封上要工整地写上被邀者的姓名、职务及敬称。国际上习惯对夫妇两人发一张请柬。请柬通常提前1～2周发出,便于被邀请者早做准备。已经口头约定的通常还要补发请柬。

宴请时发出的请柬通常在左下角标明"需回函",并印有回函的姓名和电话号码,或者印好回函卡并搭配信封,将其与请柬一起装入信封邮寄。西方宴会有时在请柬上说明"本请柬仅供阁下本人使用""提供接送服务"(喝醉酒的客人由在场的工作人员开车送回)、"打黑领带"(要求客人穿晚礼服)等。

(五) 确定菜单

宴请的菜谱可根据宴请规格在规定的预算标准内安排。选菜不应以主人的喜好为标准,主要考虑主宾的口味喜好与禁忌。菜的荤素、营养、时令与传统菜,以及菜点与酒品饮料的搭配应力求适当、合理。地方上宜以地方有特色的食品招待,用本地的名酒。有四类菜肴应优先考虑:有中餐特色的菜肴;有本地特色的菜肴;本餐馆的看家菜;主人的拿手菜。安

排菜单应顾及宗教禁忌、地方禁忌、职业禁忌、个人禁忌。菜单经主管或领导审查后即可确定。菜单一般一桌备 2 或 3 份，至少 1 份。

（六）安排席位

较为正式的宴会需要安排好席次和位次,这样不仅使邀请活动井然有序,也是对来宾的重视和尊敬。总的原则就是既要按礼宾次序原则作安排,又要有灵活性,使席位安排有利于增进友谊并方便席间的交谈。正式宴会在请柬上应注明席次号。

安排宴请先要排定桌次,然后再排定位次。桌次的主桌为基准,位次以主人座位为中心,可遵循以下原则安排：右高左低；近高远低；居中为尊；面门为上；观景为佳；临墙为好。桌数较多时,还要摆放席次牌。

同一桌上,席位高低以离主人的座位远近而定。西方习惯男女掺插安排,以女主人为准,主宾在女主人右上方,主宾的夫人在男主人的右上方。我国习惯按个人本身的职务排列,以便于谈话。如宾客携带夫人出席,通常把女方排在一起,即主宾坐男主人的右上方,其夫人坐女主人的右上方。桌次排列、中餐位次和西餐位次如图 5-1、图 5-2 和图 5-3 所示。

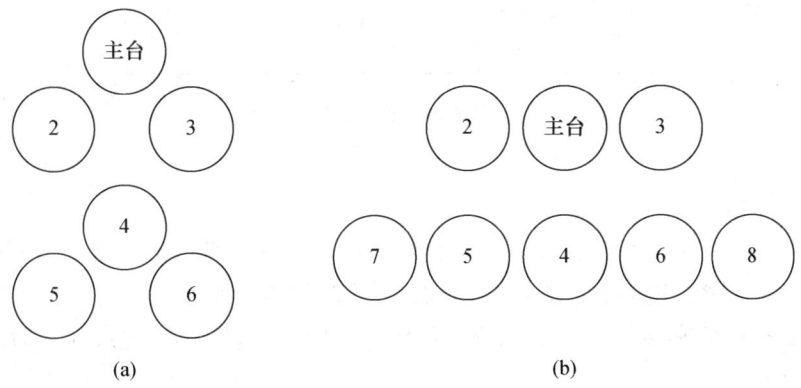

图 5-1　桌次排列

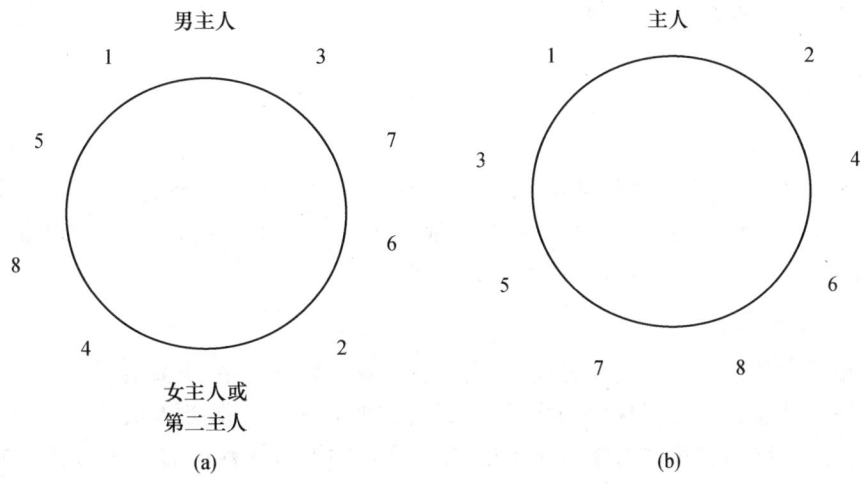

图 5-2　中餐位次

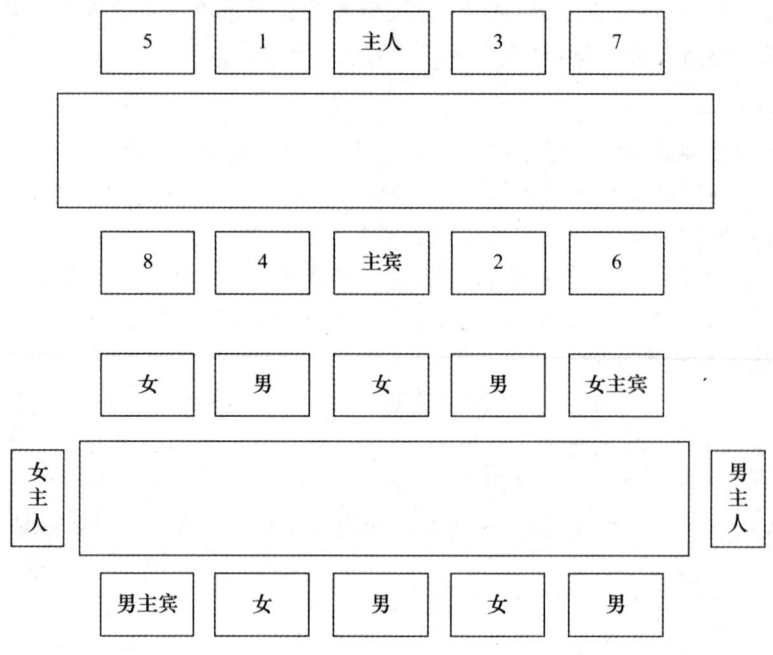

图 5-3 西餐位次

（七）布置现场

宴会厅和休息厅的布置取决于活动的性质和形式。政府部门正式活动场所的布置应该严肃、庄重、大方，不宜用霓虹灯作装饰，可以用少量的鲜花（以短茎为佳）、盆景、插花作点缀。如果配有乐队演奏席间乐，乐队不要离得太近，乐声宜轻，最好能安排几曲主宾的家乡乐曲或其喜欢的曲子。

一般来说，宴会可用圆桌，也可用长桌或方桌；一桌以上的宴会，桌子之间的距离要适当，各个座位之间也要距离相等。冷餐会的菜台用长方桌，酒会一般摆设小圆桌或茶几。宴会休息厅通常摆放小茶几或小圆桌。

三、宴请的程序

（一）迎接宾客

在宾客到达时，主人应热情迎接，主动招呼问好。秘书要提前到达宴会场所，检查相关设备和准备工作。秘书还时常会代替本单位领导站在大厅门口迎接客人。在大部分客人到齐后，秘书仍要留在大厅门口等候迟到的其他客人。

（二）引宾入席

主方招待人员按照先女宾后男宾、先主宾后一般来宾的顺序，引宾客进入休息厅或直接进入宴会厅。休息厅内应有身份相应的人员陪同、照顾客人。服务人员在客人到达时及时递送饮料。主人陪同主宾进入宴会厅主桌，接待人员随即引导其他的宾客相继入厅就座，宴会即可开始。

(三) 致辞

正式宴会一般都有致辞,但安排的时间各国不尽相同,有的一入席双方即致辞。我国一般习惯于在正式宴会开始时就由主人致辞,接着由客人致答谢词。致辞时,服务人员要停止一切活动,参加宴会的人员都应专心聆听,以示尊重。冷餐会和酒会的讲话时间则更显灵活,致辞完毕则祝酒。因此,服务人员在致辞将结束时应迅速把酒斟足,供主人和主宾等祝酒用。

(四) 祝酒(敬酒)

中式宴会从开始上冷盘即开始饮酒。西餐酒随奶酪或甜食一起上桌,酒瓶放在男主人的面前,酒杯可与酒同时上桌,或在布置餐具时预先摆好。

一般情况下,敬酒应该以年龄大小、职位高低、宾主身份为先后顺序,一定要充分考虑好敬酒的顺序,分清主次。端起酒杯,右手执杯,左手托杯底,记着自己的杯子永远低于别人的杯子。

敬酒前,有时需要帮助对方倒酒。倒酒时,应一手执瓶身,一手扶瓶侧,面带微笑、全神贯注地将酒慢慢地倒入对方的杯中。斟啤酒时,应让泡沫溢至杯口;白兰地酒只需倒至1/3杯或更少些;红葡萄酒倒至大半杯即可;白酒或烈性酒宜倒至杯的2/3左右。

(五) 送别

宴会在主人与主宾吃完水果并起立时即告结束。主宾告辞时,本单位领导一般需要送主宾至门口。秘书一般要将所有的客人送别后方可离开。

四、赴宴者的礼仪

宴请成功与否,除了主人招待周到、热情外,客人的密切配合也是重要因素。在接到邀请后,秘书对能否出席应尽早答复。接受邀请后不宜随意改动,如果因故不能应邀出席,必须尽早通知对方并致歉意。秘书参加宴请时应遵守的礼仪规范如下。

(一) 选择合适的赴宴服饰

女性应穿礼服赴宴,一般为连衣裙,佩戴的饰物应注意合理搭配。鞋应选择高跟鞋,皮包与鞋应是同样质感,最好配套。白天赴宴应选用香味较淡的香水,夜晚则应选用香味优雅的香水。男性应考虑宴会的地点、时间、形式而定,穿无尾的半正式礼服或成套西服。

(二) 掌握出席时间准时抵达

作为宾客,应准时到达宴请地点,过早或过迟都是不礼貌的。如果主人在门口恭候,赴宴者应走过去与主人握手、问好、致意。如果赴宴者是单独到达,则应先到主人的迎宾处向主人问好。如果是节庆活动应表示祝贺,赴宴者也可按照宴请的性质和当地的习惯,赠送花束和花篮。

(三) 入座的礼节

一般由主人(女主人)或服务人员引导客人入席。客人应按座位的姓名卡入座,不可随意乱坐。见到熟悉的客人应落落大方地打招呼,对生人则应礼貌地微笑致意。等主人或领导入座后,秘书才能从椅子的左方入座,坐姿要端正、自然。秘书入座后不要东张西望,应姿态优雅地和邻座的领导或客人轻谈几句,或者神态安详地倾听别人的谈话。

(四)进餐的礼节

入座后,不可玩桌上的酒杯、盘碗、刀叉等餐具。当主人示意用餐时,可将餐巾拉开平铺在自己的双腿上。如果在中途需要暂时离开座位,可将餐巾搭在椅背上;如果用餐完毕,则可将餐巾随意地放在桌子上。餐巾可擦拭嘴唇和嘴角,也可擦干手指,但不可用来擦刀叉或碗碟。

应先用公筷或汤匙将所需菜肴取到自己的餐盘中,然后用自己的筷子慢慢食用。在使用筷子时,不可一次夹菜太多;不可夹菜至自己的餐盘时滴汁不断;不可用筷子在桌上笃齐;不可用筷子在菜盘中挑拣或在汤中洗刷;不可用筷子敲打餐具或指点别人,也不可用汤匙时手里还同时拿着筷子。应该用筷子将骨头之类的东西从嘴唇间接送至自己的碟盘中,而不可直接吐在碟盘中或桌上。用毕汤匙,应放在自己的碟盘中,不能直接放在桌布上。不能站起身来在餐桌的另一边夹取自己喜欢的食物时,只能要求服务人员或主人代劳。

当别人夹给自己不喜欢吃的食物时,一般不能拒绝,而应取少量放在自己的盘内,说声:"谢谢"。不想再添酒时只要稍稍做个挡住酒杯的手势表示一下,不可用手盖住杯口或将酒杯倒扣在桌上。用餐时狼吞虎咽或发出声音以及口内含有食物和人说话都是极不雅观的行为。席间如遇到意外情况,如将汤汁溅在邻座的身上了,应保持沉着,一边表示道歉,一边帮助其擦干。如果他人弄脏了自己的衣裙,不应责怪别人,而应说:"没关系",随即去洗手间擦洗一下。

(五)交谈和祝酒的礼节

参加任何宴会时都少不了与同桌人交谈。如互相不认识,可先作自我介绍。祝酒需要了解宴会的性质,还要了解对方的祝酒习惯,以便做必要的准备,使祝酒词不失高雅而又具有针对性。碰杯时,主人和主宾先碰。碰杯时应目视对方以示敬意,人多时可同时举杯示意,不一定每杯必碰。

公司庆典宴请接待安排

1. 情景描述

2014年5月18日是宏远调味品有限责任公司成立100周年。为迎接公司成立100周年,董事会年初就组建了一个庆典活动筹备小组,具体负责筹划企业百年纪念活动,包括编印公司史志和画册,布置企业发展陈列室,举办中国调味品发展论坛、召开纪念大会、新闻发布会、产品订货会、联欢晚会等。这期间,有一项重要的任务由今年刚分配到企业担任见习秘书的初萌负责,那就是活动期间所有的宴请接待安排。

初萌是个勤快的女孩,她首先向庆典活动筹备小组要了一份庆典活动安排,然后根据活动的内容挑出那些需要宴请的项目,打印出一份清单,并提出了相关建议,同时将其提交给了担任庆典活动筹备小组组长的张经理。

根据邀请回执,初萌安排好了宴会席次、桌次,考虑有少数民族代表出席,还专门审查了菜单,并到国际大酒店查看了宴会大厅的面积、音响设备、贵宾休息室……

2. 实训要求

(1) 撰写一份正式宴会的准备方案。

(2) 请对正式宴会主桌(圆桌、方桌)座次进行安排(在空格内填入主人、第二主人,并依重要程度或顺序填写出 1~8 个座位号)。

(3) 分组模拟演示秘书初萌陪同总经理在国际大酒店的门口迎接客人直至散席送客的情景。

(4) 根据情景的内容,拟写酒会、茶会邀请卡和餐会请柬或邀请卡的内容。

(5) 分组模拟演示在宴请的过程中,出现下列情况时的处理情景:

① 宴会开始前,身份高于主人的来宾到来,需重新调整席座;

② 宴会开始时,临时增加了客人;

③ 宴会进行过程中,气氛比较沉闷;

④ 就餐过程中,客人不慎打翻了酒水等;

⑤ 宴会上,领导或客人醉酒。

3. 实训提示

(1) 在条件允许的情况下,本实训可选择在模拟餐厅或模拟会议室进行。

(2) 在条件允许的情况下,餐桌上可放置桌次卡、座位卡、酒具、餐巾等物品。

(3) 模拟演示必须严格按照宴请接待的要求和程序进行。

4. 实训考核

(1) 提前拟好正式宴会准备方案,占 20%。

(2) 宴会现场布置合理,席次、位次安排符合礼仪规范,占 20%。

(3) 恰当处理宴会过程中出现的各种情形,占 40%。

(4) 职业素养、团队合作及创新设计,占 20%。

商务活动中的常识问题

一、礼宾次序

礼仪或礼宾次序,是指在社会交往和外事活动中对出席活动的国家、团体、各位来宾的位次按照某种规则和国际惯例所排列的次序。礼仪或礼宾次序表示对来宾的礼遇,表示尊重各主权国家的平等。如果安排不当,则可能引起不必要的争执和纠纷,甚至影响国与国之间的关系。礼宾次序一般按照国际惯例的做法如下。

(1) 按照来宾身份与职务的高低排列。在一般的官方活动中,这是最常用的方法,是安排位次的主要依据。

(2) 按姓氏笔画的多少排列。对国内各种大中型会议或活动中的座次、位次排列,这是一种常见的做法。

(3) 按照国名或姓名的字母顺序排列。众多人员或多边活动中的礼仪或礼宾次序有时按照参加国名字母顺序排列,一般按英文字母顺序排列,也有按其他语种的字母顺序排列。在国际会议和国际体育比赛中,一般都采用这种做法。

（4）按照通知代表团组成的日期先后排列。如果各国代表团的身份、规格大致相等,可以采用这种方法。有时按各代表团到达活动地点时间的先后排列,有时按答复时间先后排列。

在实际工作中,礼仪或礼宾次序的排列往往不是按照一种方法排列,而是几种方法交错排列,并同时考虑其他因素。如同时出席招待会的外宾的身份、职务相仿,可以声望、资历和年龄为礼宾次序。

二、国旗悬挂

国旗是一个国家的象征和标志。重大国事活动、正规的迎送场合都应悬挂国旗,这是一种重要的礼宾仪式。悬旗在不同的场合有不同的规范及要求。

（1）在室外或建筑物上悬挂国旗应日出升旗,日落降旗。这时应将国旗置于显著的位置。国旗与其他的旗帜同时升挂时,应将国旗置于中心、较高或者突出的位置。升旗时,护旗者要托起国旗的一角,国旗触地是极不严肃的。不能使用破损和污损的国旗,国旗一定要升到旗杆顶。

（2）如果是悬旗致哀,应该降半旗,即先将国旗升至杆顶,再下降至离杆顶相当于1/3的地方。也有的国家不降半旗,而是在国旗上方挂黑纱致哀。

（3）在升降旗的过程中,参加者应服装整齐,立正、脱帽、行注目礼,军人应行军礼。

（4）悬挂双方国旗,有并挂、竖挂、交叉挂几种。按照国家惯例,以右为上,左为下;客在右,主在左。汽车上挂旗,以汽车行进的方向为准,驾驶员左手为主方,右手为客方。所谓主客,不以举行活动所在国为依据,而以举办活动主人为依据。譬如外宾来访,东道国是主人;来访者举行答谢宴会,则来访者是主人。

（5）国旗不能倒挂。有的国旗因字母和图案原因不能竖挂,有的国旗竖挂时则另外制旗。

三、会谈时需要掌握各国不同的谈判风格

（1）美国人一般态度热忱、外露奔放,重视律师,崇尚合同。在商业谈判中作为卖者时,美国人希望对方按其要求作"一揽子"说明;作为买方时,美国人希望卖方提出"一揽子"条件。美国人还是讨价还价的高手,认为货好不可降价。

（2）英国人一般态度严肃,不喜夸夸其谈,思想比较保守;同时他们对新事物很谨慎,对建设性意见反应积极;遇到纠纷,不会轻易道歉。

（3）法国人一般比较浪漫,但时间观念不是很强,在谈判中比较重视人际关系。通常法国在8月份有4周的假期,不谈生意。法国企业中决策者个人的权力较大,但在签订合同时比较草率,急于出成果,有时不太认真审核细节,从而导致在实施过程中引起误会、争议和改约。

（4）德国人对本国产品极有信心,喜欢明确表示他希望达成的交易,详细规定谈判中的议题。谈判中德国人的概述和报价非常清楚,签订合同前十分重视细节,一经签订,就会严格信守合同。德国人工作起来废寝忘食,但对家庭生活也看得很重,一般不在晚上进行谈判。

（5）日本人的言行举止有严格的礼仪约束,交换名片时,不能遗漏谈判班子的任何成员。他们往往通过中间人谈条件和办事,比较重视附属材料,如翻译资料、样品、工作模式、图解、绘画等。

（6）与阿拉伯人谈判一般节奏比较缓慢,要花很长的时间才能做出最终决策。在阿拉伯国家谈判时,有时会有他们的亲朋好友前来喝茶交谈,使谈判中断,只有在客人走后,谈判才会继续。

项目六　会议管理

> **学习目标**
>
> **知识目标**　通过学习,了解会议的基本知识,了解会务工作的基本内容、具体要求及工作程序。
>
> **能力目标**　通过学习,掌握会前筹备、会中服务、会后落实各项工作的内容与要求;能够做好会前的各项筹备工作、会中的各项服务工作以及会后的各项总结落实工作。

任务一　会务工作认知

宏远公司的欢迎会

一天,市领导一行4人到宏远公司指导工作,总经理连同5个部门主管与市领导中午先碰了面,并在酒店聚餐,聚餐时都喝了点酒。下午14:00一行人回到公司,召开全体员工大会,会议目的是欢迎市领导莅临指导。下午14:30会议正式开始,适逢暮春时节,会议室里只开窗没开空调。会议开始约10分钟,大家都闻到了酒味,加上会议室坐了162人,略显拥挤,底下的员工就开始躁动起来,有的甚至借口上洗手间而离开会议室。台上坐着的总经理见此场景急得满脸通红却又无能为力。最终,这次会议没有给市领导留下好印象。

如果你是宏远公司的秘书,你会如何保证会议达到最佳效果?

在现代社会生活中,会议已成为一种经常的社会活动形式,而且范围大、内容丰富,其形式也在不断变化。小到公司的小组会,大至各国领导者参加的APEC会议,据统计,世界上每天都在进行着数以百万计的会议。会议已成为现代社会开展政务、经济、文化、教育、军事、科技及其他活动的一种重要形式。

会议是一项有组织、有目的、有秩序的活动,也是一种重要的管理手段。会议对领导而言,既是实施领导行为的一种手段,也是领导工作的一个环节。一个有效的会议,无论是隆重热烈的庆祝会,还是企事业单位中必不可少的办公会,无不存在着会议组织服务工作。

一、会议的含义

关于"会议"的含义,《现代汉语词典》中的解释为:"有组织有领导地商议事情的集会。"从字面上看,"会"有会合、集会的意思,"议"是讨论、商议的意思,"会议"的基本意思应包含聚会并商议两层意思。现代社会,会议是有组织、有目的地召集人们商议事情、沟通信息、表达意愿的行为过程。"有组织",是指按照一定的组织原则集会,要遵守相关的法律,要有会议的组织领导机构,重要会议还要制订相关活动的书面方案等。"有目的",是指任何会议都是为了解决一定的实际问题而举行的,如商议事情、协调关系、解决矛盾、联络感情、沟通信息等,它是会议组织者和与会者共同愿望的指向。

会议的组成要素主要包括会议名称、会议目的、会议时间、会议地点、组织者、主持者、与会者、会议主题、议题、日程等。

二、会议的类型

从不同的角度出发,会议可以划分为不同的类型。

(一)大型会议、中型会议和小型会议

按会议规模划分,会议可分为大型会议、中型会议和小型会议。

1. 大型会议

大型会议,是指千人至数千人参加的会议,如人民代表大会、庆祝大会、纪念大会等。

2. 中型会议

中型会议,是指百人左右至数百人参加的会议,如报告会、庆功会、经验交流会等。

3. 小型会议

小型会议,是指少则几人、多则近百人参加的会议,如座谈会、办公会、现场会等。

(二)综合性会议和专题性会议

按会议内容的容量来划分会议类型,也就是根据会议讨论议题的情况来给会议分类。

1. 综合性会议

综合性会议,是指一次会议要讨论和研究多方面的问题。这种会议的内容含量大,涉及面广,会议时间较长。如人民代表大会要讨论政治、经济、文化、科技、卫生等诸多方面工作。

2. 专题性会议

专题性会议,是指集中讨论研究一方面的工作,解决一方面的问题或矛盾,会议议题比较单一,如经验交流会、庆祝会等。

(三)规定性会议、决策性会议和专业性会议

按会议性质划分,会议可分为规定性会议、决策性会议和专业性会议。

1. 规定性会议

规定性会议,是指依法必须召开的、具有法律效力的会议,如各级人民代表大会、股东大会和董事会等。

2. 决策性会议

决策性会议,是指各级政府的常务会议,各级政府领导的办公会议,企业中厂长、经理办公会等。

3. 专业性会议

专业性会议具有极明显的专业性,多以各部门的名义召开,如教育工作会议、金融工作会议、人事工作会议等。

(四) 定期会议和不定期会议

按召开时间划分,会议可分为定期会议和不定期会议。

1. 定期会议

定期会议,是指定期召开的会议,如学会年会、办公例会。

2. 不定期会议

不定期会议,是指根据组织工作需要临时召开的会议,或处理紧急突发事件而临时召开的会议,如关于某项工作的布置会议及抗灾紧急会等。

(五) 集中会议和分散会议

按会议召开形式划分,会议可分为集中会议和分散会议

1. 集中会议

集中会议是把参会人员召集在同一空间里面对面坐在一起开会的形式,大多数会议都属于这类会议。

2. 分散会议

随着现代通信技术的发展,计算机技术、声像技术也被作为辅助手段用来服务于会务工作,从而使信息传递更为迅速,与会人员之间的沟通交流更加便捷有效。

分散会议是相对于集中会议而言的,它是借助于现代通信技术、计算机网络、视听技术等现代化技术手段,使分散在不同会场的与会人员进行远距离沟通和交流的会议。分散会议能免除异地参加会议的差旅劳顿、高昂费用,节约宝贵的时间。

分散会议一般称远程会议,主要形式有如下三种。

(1) 电话会议

电话会议是利用程控电话的"会议电话"功能召集不同地点的人员举行会议。任何电话用户只要申请并开通了"会议电话"的服务功能,就可以随时召开电话会议。电话会议适用于规模不大、办公地点相对集中的企业。电话会议方便灵活、准备时间短、回复迅速、花费较少,与会者的观点很少受其他与会者的直接影响,更能激发创造性思维,也更容易修正自己的观点。但是,电话会议难以进行互动交流,且因缺少文本也难以传递大量的细节信息。

(2) 电视会议

电视会议利用电视设备通过微波线路或卫星线路播送主会场和各个分会场的活动景象,使与会者在不同的地理位置上、在同一时间内参加会议。电视会议实现了文字、声音和图像的同时传送,打破了空间的限制,节省了时间和费用,有利于双向交流。但是,电视会议初始投入成本较高,准备时间较长,难以进行面对面的互动交流。

(3) 网络视频会议

网络视频会议是在计算机网络技术支持下的会议组织和管理的新形式。与会者通过计算机网络,在各自的计算机终端上发送和接收会议信息,从而实现信息交流。通过配合使用大屏幕,虽身处异地,但与会者可面对面地商讨问题、研究图纸或实物等,让每一位与会者都有身临其境之感,如同在一个会议室一样,更有利于双方或多方交流,也使信息交流更加全面而充分。虽然网络视频会议能够实现会议信息共享,但信息的交流不易控制,缺乏面对面的互动和情感交流。

此外,按会议的地域划分,会议可分为国际性会议、全国性会议、地方性会议等;按会议的秘密程度划分,会议又可分为公开会议、内部会议、保密会议等。

三、公司常见会议

(一) 经理办公例会

经理办公例会,是指由本公司部门经理参加,研究经营管理中重大事项的办公会议。它一般是每月或每周一次的例行会议,与会人员和地点都相对固定。经理特别会议是在公司的外部或内部运转机制面临重要问题,急需领导集体研究并立即拿出解决方案时召开的会议。

(二) 部门员工例会

部门员工例会是某一部门定期召开的由本部门全体员工参加的会议,如销售部门员工例会等。它一般起到通报情况、交流信息、解决问题、融洽感情的作用。

(三) 股东大会

股东大会是公司的最高权力机构,由公司全体股东所组成。股东大会分为定期股东常会和临时股东会两种。定期股东常会,是指依照法律或公司章程的规定而定期召开的股东大会,一般每年召开一次年会,所以又称股东年会。临时股东会,是指在两次年会之间因出现法定事由而临时召开的股东大会。股东大会由董事会召集,由董事长主持。

(四) 董事会

董事会依照法律规定必须由公司设置,由股东大会选举的董事组成,是法定的常设经营决策和业务执行机关。董事会是公司的对外代表机关,董事长为公司的法定代表人。

董事会每年度至少召开两次会议,也可视需要而召开临时会议。每次董事会会议应由1/2以上的董事出席方可举行。董事会会议由董事长主持,经理及监事均应列席。

经理,是指受聘于董事会的负责公司日常事务的高级行政管理人员。经理对董事会负责,在公司达到较大规模时,一般要在董事会下设总经理、副总经理及部门经理和副经理若干。

(五) 公司年会

公司年会是公司各部门用于总结报告一年来的工作业绩,确定下一年的工作计划而召开的会议。公司年会一般在年终举行,既可总结表彰,又可开展一系列的庆祝活动。

(六) 客户咨询会

客户咨询会主要是邀请公司的客户代表、合作单位代表参加,听取客户对公司经营管理

方面的意见、建议,同时对客户提出的问题集中给予解答。这类会议的与会者涉及的区域广泛,会议规模比较大,要求比较高。

(七)产品展销订货会

产品展销订货会是用固定或巡回的方式公开展出公司的产品、重要实物、标本、模型、图片等,供群众参观、欣赏的一种临时性会议。这类会议是公司经营中经常使用的一种有效手段,一般由销售部门的负责人操办。

(八)企业新闻发布会

召开企业新闻发布会一般有以下情况:新产品开发;企业周年纪念日;企业经营方针的改变;企业首脑或高级管理人员的变更;新工厂的成立;企业合并;企业产品获奖;与企业相关的重大责任事故的发生等。为了避免申报、审批程序的烦琐,一般将新闻发布会更名为"××信息发布会""××媒体沟通会"等形式。

四、会务工作

会务工作是有关会议的筹划筹备、组织服务和善后落实工作的统称。以单位名义组织的各种会议大都由该单位秘书部门参与筹备和组织,有许多的会议还直接由秘书部门召集。至于大型会议的秘书处,更是专门为组织或筹备会议而设立的机构。

会务工作的质量关系会议能否达到预期目的。做好会务工作是会议如期召开、顺利进行并取得圆满成功的重要保障。会务工作总的要求是准备充分、组织严密、服务周到、确保安全。

按照完成和处理的时间顺序,会务工作可分为会前筹备、会中服务、会后总结三个阶段。

会场里的"生人味"

从四面八方来的负责人差不多到齐了。董事长环视会场,与到会的下属不断点头问好,满脸微笑。

"都到齐了吗?"他问秘书小张。"都到齐了,共20位。"小张说。

突然,董事长脸上的笑容凝住了。他吸了吸鼻子,沉默了一会,一声不响地走出了会议室。

张秘书一下子紧张起来,也跟着走了出来。与会者只得坐在那里等待。

"董事长……"张秘书轻声叫道,等待指示。

"小张,会场上怎么有股生人味?"董事长问。

"生人味?"张秘书不解地问。

"好像有不该参加的人来到了会场。"

"不会吧?"张秘书说,"名单您审定过,这里是您的签字。来的都是各地经销处的负责人。"他拿出经董事长审定的名单,递给董事长。

董事长没有接过名单,问道:"坐在我对面的那个日本人怎么也到会了?"

"他是我们东京的代销商。"

"代销商和经销处长一样吗?"董事长严肃地问,"你难道不知道今天会议的议题?"

"今天是研究海外市场促销对策……"

"这是本公司的核心机密。代销商只是合作伙伴,并不是本企业的成员,更不是研究企业经营决策的核心成员。内外有别啊!"董事长说。

"名单上有李明,这个代销商的中国名字也叫李明……"

"好了!你待会儿认真地再看看那名单吧!"董事长一挥手说:"现在,你说该怎么办?"

"现在,现在能不能由我通知日本人让他退出会场?"张秘书说。

"你说呢?"董事长反问道。

"这样好像不妥,会影响关系的。"张秘书说,"是不是能改变会议议题?"

"现在也只有这样了。"董事长说,"今天上午的议题改为介绍东京代销商野田二郎先生与各经销处长认识,交流经销经验。主要请野田先生讲东京的市场状况和他们的对策,我介绍中国'三十六计'在日本商场的运用。用半天务虚,下午正式研究问题。你通知公关部下午派人陪野田游览市内风景名胜,并通知公关部明天派人陪野田到张家界国家森林公园去游览3天。3天后我抽出时间,再与他单独研究如何拓宽双方的合作。"说罢,董事长快步走进会议室。

小张待董事长离开后打开名单一看,除各销售处长的名单外,董事长亲笔加了"请东京的李明同志到会"一行字。东京的李明同志是指公司派往东京的市场调查员。日本的野田二郎虽也叫"李明",但只是合作者。

小张急忙去公关部联系,然后打国际长途请东京的李明飞回总公司开会。[①]

【讨论分析】

(1) 会场里的"生人味"是由于什么原因造成的?与会代表的资格应如何确定?

(2) 若不及时处理,可能造成什么后果?若采取不让野田二郎开会的处理方法,又会造成什么后果?

(3) 此案例给秘书会务工作以怎样的启示?

任务二　会前筹备工作

钟秘书准备董事会文件

天地石化股份有限公司董事会召开会议讨论从国外引进化工生产设备的问题,秘书钟

---

① 王育:《秘书实务》,北京:高等教育出版社,2003年版,第100页,有改动。

项目六 会议管理

苗负责为与会董事准备会议所需的文件资料。因有多家国外公司竞标,所以材料很多。由于时间仓促,钟苗就为每位董事准备了一个文件夹,将所有的材料放入文件夹中。有3位董事在会前回复说将有事不能参加会议,于是钟苗就未准备他们的资料。不料,正式开会时其中的两位又赶了回来,结果会上有的董事因没有资料可看而无法发表意见,有的董事面对一大摞资料不知如何找到想看的资料,因而影响了会议的进度。

充分做好会前筹备工作是会议取得成功的前提条件。小型的会议,其准备工作比较简单,但也有些关键环节需要认真安排;大中型的会议,其会务组织工作环节较多,准备工作比较复杂,并且越是重要的会议,其准备工作越复杂,越需要精心准备。

一、拟订会议的筹备方案

会议的筹备方案也称会议预案。会议的筹备方案拟订得是否合理与可行直接关系会议能否取得预期成果。

(一) 会议筹备方案的内容

1. 会议名称

会议的筹备方案中应首先明确会议名称。会议名称不同,其性质、规模也不同,如办公会与座谈会不同,汇报会与总结会也有差别。

2. 会议议题

会议议题,是指会议要讨论、解决的问题,它决定与会人员范围和层次的确定、会议地点的选择、会议议程和日程的安排、会议文件的准备等会务工作。

3. 会议时间

会议时间包括会议召开时间和会期长短两项。会议的最佳时间要根据主要领导是否能出席而定,会期的长短应与会议内容联系起来考虑。此外,要注意提高效率,尽量开短会。

4. 会议地点

要结合与会人数和会议效果综合考虑会议地点,其重点在于会场大小适中、环境适合、交通方便、会场附属设施齐全。

5. 与会人员

即确定与会人员的范围、人数,包括主持、出席、列席、嘉宾、辅助人员。

6. 会议议程

会议议程,是指为完成议题而对会议所要讨论、解决的问题作出的顺序安排。

7. 会议文件

即确定会议文件的范围及文件的拟写、印制、分发工作。

8. 会议设备和用品

会议设备和用品要满足会议的需要,秘书要结合会议的日程安排准备会议设备和用品。

9. 会议食宿安排

秘书应本着让与会者吃好、住好的原则安排会议食宿。

10. 会议经费预算

秘书应根据会议规模大小、规格高低做好会议活动经费预算。会议经费预算经领导审批后即可使用。

11. 会议筹备机构

大型会议需要确定筹备机构与人员分工。会议的筹备方案中要明确各部门与工作人员应完成的任务和协作要求，做到既分工明确又互相协作，以便大家共同努力做好会务工作。

（二）会议筹备方案的拟订

拟订会议筹备方案的程序如下：

（1）组建会议筹备领导小组，明确领导分工与成员组成；

（2）划分会务工作小组，明确责任分工，选举或指派筹备方案编写负责人；

（3）与领导沟通，确定会议筹备方案的内容，形成书面的会议筹备方案；

（4）会议筹备方案拟好后要交给领导审核，再行具体安排与部署。

二、安排会议议程与会议日程

（一）会议议程与会议日程的含义

会议议程是对会议所要讨论、解决的问题的概略安排，常标以序号并分条表达出来。它一般须经会议通过，会议主持人要根据它主持会议。通常由秘书拟写会议议程草稿，交领导批准后，印制分发给所有的与会者。

会议日程就是根据会议议程对会议期间的所有活动逐日作出的具体安排，是会议议程的具体体现。它不仅将围绕会议主题的全部活动细化，而且还包括会议过程中的其他活动，如用餐、娱乐、参观、考察等。会议日程一般按上午、下午、晚上三个时间段安排活动，多采用表格形式。会议日程由秘书在会前印发给与会人员。

通过了解会议议程和会议日程，与会者可以更好地了解会议所要讨论的问题，清楚会议的进程，及时获得有效信息。同时，会务人员在会议期间应根据会议议程或会议日程的安排，事先做好各项活动的准备工作，如举行经验交流会，会务人员应提前将发言人安排在台下前排就座，并由专人负责联系，以保证会议高效有序地进行。

会议议程的编制在前，会议日程安排在后。会议议程一旦确定，一般不宜再变；而会议日程在时间、地点、人员等问题上，如遇变化可适当调整。

（二）会议议程、会议日程的安排

大中型会议的会议议程一般安排如下：开幕式；领导和来宾致辞；领导做报告；分组讨论；大会发言；参观或其他活动；会议总结，宣读决议；闭幕式。

安排会议议程和会议日程应注意以下六点。

（1）明确会议目的，了解出席会议的人员。

（2）尽量在最佳时间开会。人们一般在上午 8:30—11:30、下午 15:00—17:00 精力充沛、思维活跃，因而这一时间段是最佳开会时间。上午适合安排全体会议，下午适合安排分组讨论。

(3) 先考虑安排重要、关键人物的时间,保证他们能够出席会议。同时,要根据多数人的意见安排日程,确保尽可能多的人都有时间参加会议。

(4) 按照议题的轻重缓急编排先后次序,可以把最重要的事项安排在开头,这样可以留出足够的时间来处理它们。

(5) 敏感话题或涉密事项安排。如果会议一开始就可能出现重大不一致会使会议难以有效地进行下去,这时可以把敏感的话题保留到会议的最后。涉及秘密事项的议程一般安排在最后。

(6) 确定每一项议程。秘书对议程上的每一项内容应清楚了解其目标和时间安排,如与会者应做的具体准备,谁主持整个会议,发言者的安排,谁负责主持每项议程的讨论等。

三、选择会议场地

(一) 会场选择的要求

一般来说,选择合适的会议地点应综合考虑以下各种因素。

1. 交通便利

交通便利,是指乘车到达会场便利,本地及外地的与会者均方便前往。会场应选择在距多数与会者的工作地点较近的地方,还应考虑前往会场的主要路线是否畅通。

2. 大小合适

会场的大小应与会议规模相符,要结合与会人数与会议效果来综合考虑。如一两百人的会议就不适合在能容纳千余人的大礼堂召开,一则没有会议氛围,达不到预期的会议效果,二则也是资源的浪费。反之,会场过小、人员拥挤,同样也达不到理想效果。

3. 设施良好

在选择会场时,往往先考虑会议服务和设施,再考虑其他的娱乐设施。会议场地的空调设备、音像设备、照明设备、通风设备要齐全,而且要效果良好。会议需要的特殊设备(如演示板、电子白板、投影仪、计算机等)也应该具备。同时还应有窗帘,以保证投影效果。另外,桌椅家具、电源插座及麦克风等要齐全。

4. 环境优良

会场应不受外界的干扰,尽量避开闹市区。同时,还应避免受室外的各种噪声以及打进会场的电话、访客参观等的影响。会场内部也应有良好的隔声设备,以保证会议能在安静的环境中顺利进行。此外,当地治安应良好,附近购物点、观光点、餐饮、休闲条件也应良好。

5. 停车与住宿方便

选择会议地点应考虑有无充足的停车场所。如果与会人员须集中住宿,会场安排还应与住宿的宾馆、酒店一起考虑。秘书应根据会议规格、与会人数等因素选择适当的会议地点。

6. 租借成本合理

选择会议地点还应根据会议规格、会议预算等因素考虑场地租借费用是否合适。

(二) 会场选择的程序

1. 了解会议目的

每一种会议有其特定目的与期望,因此秘书在考虑场地前要先了解清楚。会议的目的多种多样,如教育、学术交流、商业研讨、专业培训、总结表彰等。大部分会议的目的是多重的,少数会议的目的是单一的。如有一定规模的公司每年都要召开几次较大型的会议,如全国经销商会议、新产品展示会、市场推广会等,它们一般具有商业活动结合休闲活动的特点;而社团年会多半集合教育、学术交流及休闲活动为一体。

2. 确定会议场地

在确定会议场地时应根据会场选择的要求列好工作清单,明确在选择场地时需要注意的具体事项,如交通情况、会场环境、会议地点的设施等情况,根据需要正确选择适当的开会场地。

公司会议一般在公司的会议室召开。若需租借场地开会,可选择靠近公司总部、接近公司办公地点、符合公司地位的地点或者是富有吸引力的地点,如奖励性旅游会议可选择风景区、旅游点;培训会议最好选择专业培训中心或旅游胜地的培训点举行;交易会和新产品展示会需要会场为其提供展览的地方,一般把会议厅和展览厅结合起来;表彰会应根据会场布置时热烈庄重等要求来确定会议地点。

3. 对会议地点进行视察确认

确定会议地点后,大会管理人和会议安排的负责人应对会议场地进行视察。核对项目主要包括:检查全部会议室或场地;抽查住宿房间的设备情况;检查会议登记部门、会议管理服务部门以及其他后勤所在地;检查膳食供应;检查电梯服务情况;检查服务项目、营业时间;了解社交与娱乐活动的费用;了解交通及停车设施。

4. 签订书面合同

大型会议几乎每一个方面都可以谈判,房租、宴会费用、会议场地、宣传、邮件以及其他大量细节都可以讨价还价。一旦谈妥一切细节就把口头协议变成书面形式,分别详列每项具体的安排。

四、布置会场

(一) 会场整体布局

1. 会场整体布局的具体要求

会场布置包括主席台设置、座位排列、会场内花卉陈设等方面。为了保证会议的质量,会场的整体布局要做到以下三点。

(1) 庄重、美观、舒适,以体现会议的主题和气氛,同时还要考虑会议的性质、规格、规模等因素。

(2) 中大型会议要保证一个绝对的中心,多采用半圆形、大小方形的形式,以突出主持人和发言人。中大型会场还要注意进退场的方便。

(3) 小型会场要注意集中和方便。

2. 会场整体布局与安排

（1）确定会场形式

目前，国内外常见的会场形式有十几种，如圆形、椭圆形、长方形等。不同的会场形式取决于会场的大小和形状、会议的需要及与会人数的多少等因素。

较大型会场布局一般在礼堂、会堂、体育场馆举行，会场座位布局形式或形状基本固定，可采取大、小方形和扇形的布局（如图 6-1 所示）。大、小方形适合于大型的代表会议、纪念性会议、布置工作会议等。小方形中就座的是领导，大方形中就座的是与会者。

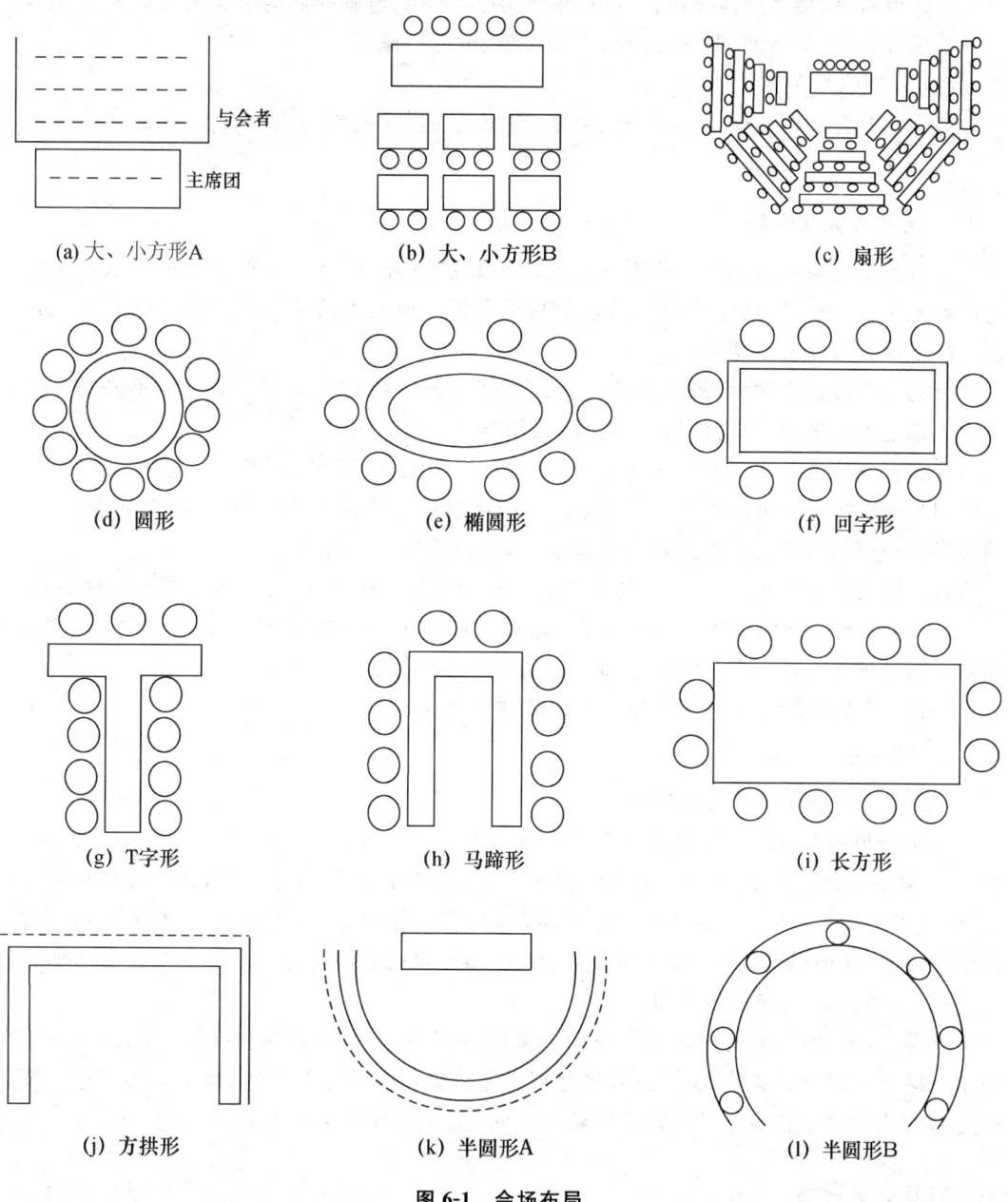

图 6-1　会场布局

一些中小型的办公会、专题会、研讨会一般在会议室、会议厅或临时设置的会客室进行，可摆放成圆形、半圆形、椭圆形、长方形、方拱形、T 字形等（如图 6-1 所示）。这些形式可使人员坐得比较紧凑，便于讨论和发言。

另外，主席台的布置要注意整体的和谐，如果是工作会议，主席台的布置基调应为蓝色、绿色；如果是庆典、表彰性的会议，主席台的基调应为红色、粉色。

（2）布置会场设备

音响设备，包括扩音设备、耳机、同声翻译、麦克风等。

声像设备，包括多媒体投影仪、立体电视、组合录像、电脑控制的多镜头幻灯等。

其他设备，包括空调、照明、通风、卫生设施、电源插座等。

（3）布置会场装饰

装饰性布置包括会标、标语口号、会徽、旗帜、花卉、字画等的选择和布置。

（二）会场座次安排

1. 主席台座次安排

主席台是与会人员瞩目的地方，也是会场布置工作的重点。各种大中型会议的会场均应该设主席台，便于体现庄重的气氛且有利于会议主持人主持会议。座谈会和日常工作会议一般不设主席台或主席桌。

无论是否设置主席台，都要注意使会议主持人面向与会人员。一般会议不必把众多的领导人都请上主席台，只请讲话人和主持人即可。

主席台就座者是主办方的负责人、贵宾或主席团成员，安排座位时应注意以下惯例。

（1）依职务高低和选举结果安排座次。国际惯例职务最高者居中，然后按先右后左、由前至后的顺序依次排列。正式代表在前居中，列席代表在后居侧。

（2）为工作便利起见，会议主持人有时需在前排的边座就座，有时可按职务顺序就座。

（3）主席台座次的编排应编制成表，先报主管上司审核，然后贴于贵宾室、休息室或主席台入口处的墙上，也可在出席证、签到证等证件上标明。

（4）在主席台的桌上与每个座位的左侧放置姓名台签。

2. 场内座次安排

（1）中大型会场内座位的安排

这种会场内座位的安排应根据会场的整体布局，划分出 A、B、C、D 等大区域，贴上标识牌、指示牌、座位名签，使与会人员能顺利入座。按照场内座位排号分区，计划每个单位各占几排；或正式代表坐前，列席代表坐后。为了有序和方便起见，为受表彰、领奖的人员划分专门的区域，以便他们可以统一就座或有序地进退场，因此他们的座位一般安排在前几排。

（2）小型会场内座位的安排

这种会场内座位的安排应考虑与会者就座的习惯，同时要突出主持人、发言人，注意分清上下座。一般离会场的入口处远、离会议主席位置近的座位为上座，反之则为下座。会议的主持人或会议主席的位置应置于远离入口处、正对门的位置。

五、制发会议通知

会议通知是向与会者传递召开会议信息的载体，是会议组织者同与会者之间会前沟通的重要渠道。正式会议均应印制正式的会议通知,制发会议通知是会议准备工作的重要环节。

会议通知拟好以后需交领导审批,并根据会议需要复印。具体可视与会者人数、会议规模而定,一般多复印几份备用。会议通知样本要作为档案收存。

(一) 会议通知的内容

会议通知的内容要尽可能详尽、明确。书面通知的内容一般应包括以下内容。

1. 会议名称

会议通知上应准确写明会议名称的全称。

2. 会期与时间

会议起止日期与时间要准确无误,应写明月、日,上午或下午,从而避免误会。

3. 会议地点

通知会议地点时应写明具体的会址,最好附上乘车路线图。

4. 与会人员范围

会议通知应注明出席对象、人数、职务,切忌含糊不清或把出席范围笼统地写成"有关负责人员",以免应该参会的人员误会。

5. 会议议题或日程

会议的议题要尽量详细具体,使与会者心里有数,从而事先做好准备。如有必要,可以把日程安排写入会议通知。

6. 联络信息

通知联络信息时需注明筹办会议的单位、负责人的姓名以及联络人员的联络方式,特别是联络电话号码要正确无误,以便与会者在出现飞机、火车误点等特殊情况下能及时联系。

7. 会议回执

会议回执一般附在会议通知的最后。回执是与会者的信息反馈,它要求与会人员告知本人的基本信息(如姓名、性别、年龄、单位、职务等),并说明返程日期及是否预订返程票等。

(二) 会议通知的发送形式

会议通知可以通过口头通知、电话通知、书面通知或发传真、电子邮件的形式发送。

秘书应根据会议的性质、参加的范围、时间的缓急和保密要求选择适当的通知方式,必要时可以同时使用两种以上的方法,以确保通知信息的有效性。除了非正式会议和工作例会,所有的会议均应打印正式的会议通知,再通过书面通知或电子邮件传递给有关人员,并要有电话、回执或回复电子邮件确认。非正式会议可以先发传真或打电话,再寄备忘录或信函;也可以先发电子邮件,再以电话或电子邮件进行确认。

(三) 会议通知的格式

会议通知格式多样,一般有信函式和卡片式两种。

1. 信函式

信函式会议通知的示例如下。

> **关于召开产业信息化与 IT 人才培养研讨会暨二届三次理事会的通知**
>
> 各位理事：
> 　　根据本协会章程的有关规定，为了总结 2013 年度的协会工作情况，同时为本地区 IT 产业的迅速发展出谋划策，并讨论安排本协会 2014 年的工作部署，经研究决定召开产业信息化与人才培养研讨会暨二届三次理事会。
> 　　会议主要议程如下：
> 　　(1) 协会 2013 年工作报告；
> 　　(2) 工业和信息化部有关领导就"产业信息化与 IT 人才培养"作专题报告；
> 　　(3) 讨论"产业信息化与 IT 人才培养"问题；
> 　　(4) 讨论通过 2014 年协会工作计划。
> 　　会议地点：××市京华路×号×某公司总部一楼多功能报告厅。
> 　　时间：2013 年 12 月 16 日上午 9:00。
> 　　请各位理事准时参加会议，如因故不能出席，请派代表参加或以电话告知，以便我们做好会议准备工作。
> 　　联系人：×××、×××
> 　　电话：×××××××
>
> ××市信息产业协会
2013 年 11 月 15 日

2. 卡片式

卡片式会议通知的示例如下。

> **部门经理会议**
>
> 目的：讨论公司下一年度市场销售计划
> 时间：2013 年 12 月 20 日上午 9:00
> 地点：公司第一会议室
> 如您无法出席，请于×月×日×前电话告知×××
> 电话号码：×××××××

(四) 会议通知的发送要求

　　(1) 会议通知的信封应表明"会议通知"字样，地址、邮编一定要填写正确，装信封时注意不要错装、漏装，邮寄时不要漏寄。

　　(2) 需要选举或表决的会议，发送通知的同时应附上一份代理委托书，以方便在本人无法出席的情况下授权代理，以保证选举或表决达到有效的法定人数。

　　(3) 会议通知可将会议的有关票证如入场券、汽车通行证等一起附上并发出。

　　(4) 会议通知发出后，应跟踪落实，检查通知是否按时送到。特别是对于出席会议的关键人物，一定要确认回复。

（5）会议通知应提前 2 周发出，以便与会者有时间把会议回执寄回，并事先做好参加会议期间的工作安排。

六、安排会议食宿

（一）会议住宿

1. 安排住宿的要求

（1）在选择住宿的场所时，要充分考察其基本设施是否齐全，安全性如何，价格是否合理，交通是否方便，环境是否洁静，距离会场是否方便，然后综合地进行选择，确定住宿地点。

（2）选择好住宿地点后，要提前预订房间。一般来说，由会议主办方集体预订房间比较经济，而与会者可能拿不到优惠价格，因为散客住宿的价格空间较小。通常宾馆根据预订房间数的多少来考虑场地租借可否优惠。

（3）住宿的安排是一项具体而细致的工作，要提前编制住房分配方案。秘书将其报经有关领导审定后，按表分配住宿，以做到有条不紊。

2. 会议房间的分配

具体安排住宿时，要根据与会人员的职务、性别、年龄、健康状况和房间条件综合进行考虑。不同标准的房间要作合理分配，一般是根据房间的不同规格并结合与会人员的具体情况统筹安排，列出住宿表。

（1）如果由主办方支付费用，则需按职务标准安排住房。除了部分嘉宾和主办方的领导，其他与会人员的住宿标准应相近。

（2）年龄较大的与会者和女性应尽量安排向阳、通风、卫生条件较好的房间。

（3）注意尽量不要把汉族与会者与有禁忌的少数民族与会者安排在同一房间。

（4）有时还要考虑按地区集中，以便于讨论。

（5）可预先在会议回执上将不同规格的住宿条件标明，请与会者自己选择预订。

（6）预订住宿房间时数量上应略有富余。

（二）会议餐饮

1. 会议餐饮的类型

（1）早餐

早餐食物的选择范围很大，可以是正规的复杂早餐，也可以是自助早餐。品种多样的自助早餐会让人各取所需，比较随意。

（2）会场休息期间的茶歇

会场休息期间的茶歇一般供应咖啡、茶或其他的饮料，有时有食品，有时没有食品。

（3）午餐

午餐如何安排，主要看下午计划做些什么。一般来说，午餐不宜大吃大喝，以免影响下午的会议安排。

（4）正式晚餐

晚餐食物的选择既要考虑营养和健康，又要考虑出席者的口味和喜好。出席正式的晚餐，一般要穿礼服。

(5) 招待会

招待会可以作为正式餐宴的引子，也可以仅举行招待会。招待会的目的决定招待会的食品选择。

2. 安排会议餐饮

(1) 确定餐饮标准。根据会议的经费和人员情况决定餐饮的标准，一般由主办方负责付费的会议，都要根据会议经费的预算情况，量入为出，制定统一的餐费标准。由与会者自己付费的餐饮，会议一般要给予一定的补贴。

(2) 确定就餐方式。就餐方式可根据会议的规模和性质来确定，提倡实行自助餐制和分餐制。一般性会议除了开头和结尾的宴会采取包桌形式，大多采取方便、卫生、节约的自助餐方式。

(3) 确定菜单。秘书要与饭店一起确定菜单，饮食要干净卫生、美味可口、品种丰富、搭配合理。会议餐饮的菜肴要照顾不同国家、不同民族与会人员的饮食习惯、风俗、禁忌，并为有饮食禁忌的人员单独安排菜单。

(4) 事先与提供餐饮的单位确定餐饮时间和地点，确定就餐的凭证。

(5) 秘书应提前到现场布置并检查组织工作的落实情况，事先将席卡及菜单摆上。

(6) 给因开会或服务工作耽误了用餐的人员预留饭菜。

(7) 如有讲话，通常要事先确定讲话的内容，致辞要尽量简明扼要、热情洋溢。若是涉外会议要事先安排翻译。

七、准备会议资料与用品

（一）会议资料

1. 会议资料的类型

会议资料主要有来宾资料、会务资料、沟通资料等类型，这些资料在会前应准备齐全。

(1) 来宾资料

来宾资料包括会议文件资料（如会议日程、会议须知等）、分组名单、笔记本、文具、代表证（如列席证、记者证、来宾证）、房号（房间钥匙）、餐券等。它们在与会人员签到时一并发放。

(2) 会务资料

会务资料包括会议申报材料、会议通知、提交会议审议批准的文件（计划、规划、报告、决议）、会上使用的文件（开幕式、闭幕式、报告、总结材料）、会议宣传性文件（提纲、发布稿）、会议参考文件（调查报告、交流材料）等。

(3) 沟通资料

沟通资料包括接站一览表、来宾登记表、住宿登记表、用餐分组表、订票登记表、会议讨论分组表、会务组成员通讯录（人手一份）等。

2. 会议文件分发环节

(1) 准备

按照与会人员名单，给每人准备一个文件袋，在文件袋上填上与会者的姓名，并注明"会议文件"字样。

(2) 登记

分发重要文件一般要登记编号。文件编号通常印在文件首页的左上角处。具有保密内容的文件应注明密级。

(3) 附清退目录

一些征求意见稿或保密性文件需要在会后退回的,在分发时应附上一份文件清退目录或清退要求的说明。

(4) 装封

对于需要提前发出的文件,首先要认真检查核对,确保发送的文件准确无误;然后将文件装入文件袋,封上口。

(5) 发出

要根据会议的规模以及会议文件的性质,采用合适的文件分发方法(如提前发出、签到发出、会中发出),及时将文件分发给与会者,以避免漏发。重要文件及保密文件分发时要履行签收手续,对于会议召开后临时分发的文件,秘书要做好记录。

(二) 会议用品

1. 会议用品的类型

(1) 必备用品和设备

必备用品和设备,是指各类会议都需要的用品和设备。

会场内设备主要包括灯光、音响、空调、通风、录音、摄像等设备以及必要的安全设施等。秘书应当会使用这些设备。

常用物资有电脑、打印机、复印机、传真机、照相机、摄像机或小型DVD、胶卷、饮用水、一次性水杯、电池、裁纸刀、剪刀、胶带纸(宽窄均备)、双面胶、回形针、大头针、胶水、白板笔、白粉笔、信封、信纸、禁烟标志、放大的组织标志等。

(2) 特殊用品

特殊用品,是指一些特殊类型的会议所需用品和设备。如选举会议、谈判会议、庆典会议、展览会经常需要的特殊用品和设备(如伴奏带、投票箱、旗帜、仪仗队、鲜花等)。另外,有些会议还需准备产品样品、常用药品等。

2. 准备会议用品

(1) 检查调试灯光、音响、空调、通风、录音、摄像等设备。空调设备一般要在会议前2小时开机预热或预冷。

(2) 多媒体设备需要安放投影机、屏幕、录音设备等,并事先进行调试。

(3) 确保黑板、白板已擦干净,准备好粉笔、指示棒、板擦等用具,安放图架,准备好配套图表和足够的纸张。

(4) 摆放好姓名牌,注意文字大小适当、清楚易认。

(5) 在每人的座位前摆放纸笔。

(6) 如果有选举、表决、表彰的议程,还需准备好投票箱、计数设备和奖励用品。

(7) 要安排好茶水饮料,并指定专人服务。

八、会议经费预算

会议筹备时应对会议经费进行精确预算,并将其反映在会议筹备方案中。会议经费预算一方面要本着勤俭节约的原则,尽量降低会议的成本;另一方面要有一定弹性,注意留有余地。

（一）会议经费收入

会议经费收入的主要来源有上级拨款、收取会议费用(与会人员交费、参展商交费、联合主办者交费等)、本部门专项经费,广告、赞助、捐助及其他收入项目等。

（二）会议经费预算内容

会议经费预算参见表6-1。

表6-1 会议经费预算内容

序号	名称	内容
1	会场租用及布置费	会议室、大会会场的租金,以及其他会议活动场所的租金,会场布置等所需要的费用
2	设备购置及租用费	各种会议设备的购置和租用费
3	邮电通信费用	发会议通知及就会议事项发电报、传真、电传或打电话进行联络等所需的费用,远程会议使用的有关会议设备系统的费用
4	文件资料费	文件资料,文件袋,证件票卡的印刷、制作等开支
5	会议办公费	会议所需办公用品的支出费用
6	宣传交际费	现场录像的费用,与有关协作各方交际的费用
7	住宿补贴费	住宿费可由与会人员自理一部分,会议主办者补贴一部分;也可由主办单位全部承担;如果明确由与会人员完全自理,则预算中可不列此项
8	伙食补贴	常由主办单位对会议伙食补贴一部分,与会者承担一部分
9	会议交通费	参会人员交通往返费用如果由会议主办单位承担,则应列入预算;会议期间各项活动使用交通工具的费用
10	聘请专家费用	聘请专家作报告、开讲座、培训、咨询等费用
11	纪念品购置费	发放给与会人员纪念品的购置费用
12	其他的杂费支出	包括各种不可预见的临时性开支

（三）会议财务管理原则

1. 遵守制度,严格手续

这是会议财务管理最基本的原则。会议经费要按照国家有关规定,收取会议费的数额要经过研究以及有关负责人的批准,收费要开具正式发票,支出要有正式收据,发放补贴、支取现金要填写现金领取单。此外,对购买物品的数量、金额要认真审核,避免款物不符。

2. 精打细算,厉行节约

会议申报经费时,要根据会议的内容、规格、会期、范围等,对所有的收入与支出逐项精心核算,避免因把关不严造成浪费。

3. 量入为出,收支平衡

要严格按预算支出费用,做到收支平衡,避免入不敷出,或当用不用,结余太多,从而影响会议质量。

为保证经费支出条理清楚,可建一临时性账目,待会议结束、结算清楚后,按有关财务管理的规定报账。

九、拟订会议应急方案

(一) 会议应急方案的内容

详细的会议筹备方案可以把可能出现的问题减少到最低程度,但紧急的和意外的事件仍可能发生,它们将打乱原有的安排。因此,秘书应在会议开始前制订出会议应急方案,以便出现意外时能够有条不紊地解决问题,保证会议正常进行。

会议应急方案的内容如下。

1. 会议期间可能出现的问题

(1) 人员问题,如演讲者、参加者或关键代表不能到会。登记参会的代表数量不足,从而影响会议的规模、财务收支和公共关系等。

(2) 场地问题,如重复预订房间造成的冲突,取暖或通风系统出现故障等。

(3) 设备问题,如缺少合适的设备或者设备在使用过程中发生损坏。

(4) 资料问题,如宣传材料的不足或短缺,资料没有送到会议地点。

(5) 健康与安全问题,如突发性的火灾等各种灾害的发生,某位代表患上了严重或高度传染的疾病,因某种原因导致与会人员出现食物中毒等。

(6) 行为问题,如会议中偶尔会出现发言人行为不当或与会代表行为不当。

2. 负责解决问题的会议工作人员

在会议筹备方案中,应明确指出各小组的成员组成情况,同时注明各工作人员的职责。在会议应急方案中,也应明确在会议举行过程中出现各种紧急情况和意外情况时负责解决问题的工作人员,并在会前协调会议中落实到人。

(二) 处理会议突发事件的方法

会务人员要根据会议的具体情况认真分析此次会议哪些方面容易出问题,提前准备应对各种问题的备选方案,并在会议的筹备阶段不断对各种可能性的突发情况进行复查和调整。

1. 处理人员问题

秘书应根据会议的类型采取不同的备用人选。如果外部发言人缺席,可以安排内部演讲者就相关主题演讲。

2. 处理场地问题

内部会议地点因某种原因不可使用,可用其他的房间替代;组织外部会议地点的临时改变很难通知参会人员,可以先和会议地点的管理人员协商,由他们提供替换的会议室。如果不得不换地方,则应从较宽范围来考虑,如附近的大学、休闲场所、剧院等都可能有适合的大厅、讲座会场或会议室。

3. 处理设备问题

如果是内部会议,秘书应该掌握组织内可用的音像设备的类型和存放位置的清单。如果是外部会议,秘书需要事先了解活动当地可以租用到设备的公司及设备供应商的名称、地址和电话号码;备有紧急维修工程师的姓名、地址和电话号码。

4. 处理资料问题

秘书可以随时带一份活动安排及活动中需要使用的文件的原稿,以便在有需要时在活动地点可以重新复印。如果准备的材料没有及时送到会议地点而对与会人员产生影响时,

秘书应该向大家解释情况,并告知大家替代方案正在进行。

5. 处理健康与安全问题

秘书可以提醒负责会议筹备的相关领导或组织专门的安全小组来负责相关事务,加强会前的安全检查。秘书要派出专门人员负责把守安全通道,有条件的地方要充分利用好会场所在地的摄像监控系统,随时掌握会场方方面面的情况。同时,大中型会议事先要安排好医护人员在会场应急。另外,秘书要注意会议值班工作和应急车辆的安排。

6. 处理行为问题

秘书要注意防止发言人行为不当或与会代表行为不当。一方面,秘书要加强对发言人以往情况的审核,并加强发言前的沟通;另一方面,秘书要提前做好准备,避免这种情况出现,如请行为不当者暂时离开会场等。

十、检查会务筹备情况

(一)检查的主要内容

1. 环境条件与用品准备

如房间大小、室内温度和湿度的高低、光线的好坏、空气流通情况、安静程度、家具是否舒适以及会间休息是否合理等条件都会影响会议质量。另外,秘书还应检查会议所需文具、茶水、毛巾等用品是否准备齐全。

2. 文件材料准备情况

会议文件的拟制一般分为两种情况:一是由秘书部门直接拟制,或由秘书部门牵头组织有关部门、有关人员共同拟制;二是由有关部门准备文稿,然后经主管领导或秘书长审核。秘书在检查时应特别注意后者,如文件上的会议名称、文件编号、份数等。如文件已装入会议文件袋,在条件允许的情况下,应逐袋检查,把工作做细。

3. 会场布置情况

会场布置情况包括:会场布置是否与会议议题相适应;会标是否端庄醒目;主席台是否按议定座次摆放;领导者名签安排是否妥当;旗帜、鲜花等烘托气氛的装饰物是否放置得体;安全保卫措施是否完善。在单位外举行的大型会议,还应检查场地划分情况,做好进场、退场路线的安排。

4. 视听设备检查

对于会议使用的音响、照明、通信、录音、录像、多媒体、通风等设备应设专人操作与维护,避免会场上出现不必要的尴尬场面。例如,麦克风要选择最佳位置摆放;如果讲话人较多,则应多摆放几组话筒,以免来回挪动。

秘书应在会议正式开始之前测试一下设备的使用情况,并熟悉一下会场。有必要的话要进行预演,以便对有问题的设备及时地进行修理或者重新布置。

5. 保卫工作检查

确保会场内所有的设备线路、运转及操作规范的安全可靠;确保会场内消防设施齐全有效;确保会场的防窃听装置灵敏高效;确保会场的防盗设施(监控器的探头等)处于运行状态;检查进出会场人员的身份,尽量不许与会议无关的人员进入会场等。

有一些特殊类型的会议,其检查的内容也应相应增加,如颁奖大会对奖品的准备和颁奖

项目六 会议管理

顺序的安排;有选举内容的代表大会对票箱、投票、计票工作的安排;现场会对于参观现场和参观顺序、线路的安排;会议集体摄影座次的安排等。

(二) 检查的工作程序

1. 开会检查

(1) 会议筹备机构对会议的准备情况进行自我检查,并由各个筹备小组将检查结果以书面报告的形式上报领导小组。

(2) 会议领导小组经过协调确定汇报会的时间和地点,并发出协调会通知。

(3) 召开筹备检查协调会,听取汇报,并在会上现场解决各种需要协调的问题。

(4) 汇报会后要以电话、现场指导等方式对检查中发现的问题予以催办和落实。

2. 现场检查

(1) 先制定现场检查的路线并确定现场检查的重点,同时通知有关筹备部门。

(2) 将现场检查的项目制成检查单,以便记录和汇总。

(3) 按照既定的检查路线和项目逐一进行现场核对,对达到和未达到预期要求的准备项目都要有明确的记录。

(4) 对未达到检查要求的项目提出整改和修订意见,并以电话、文件或会议等形式及时通报给相关筹备部门予以纠正。

天地公司会议议程安排

天地公司将举行销售团队会议,研究销售工作下一季度的目标以及人员招聘、选拔等问题。秘书钟苗在编制议程表前,先请总经理、销售总监等有关领导提出议题,再询问各位主管领导是否有要在会上讨论的事情,并提请主管领导定夺,然后将要讨论的问题排上顺序。

在设计具体的议程表时,钟苗把要在会上讨论的议题编排一下,并将其打印后交给了领导,具体内容如下所示,但领导认为这份议程表有问题,需要修改。

天地公司销售团队会议议程表

公司销售团队会议将在5月25日(星期一)上午9:00在公司总部的三号会议室举行。

1. 销售二部经理的人选
2. 东部地区销售活动的总结
3. 销售一部关于内部沟通问题的发言
4. 下季度销售目标
5. 公司销售人员的招聘和重组

【讨论分析】

这份会议议程表存在什么问题?应该如何进行修改?

1. 情景描述

华通消费电子(中国)2012年度显示器总代理商会议筹备

重庆华通消费电子有限公司显示器厂是华通设于中国的显示器制造基地,是华通显示器在全球的六大生产基地之一。该公司成立于1995年5月,是荷兰华通与重庆电视机厂继合资生产彩色电视机之后的增资项目,总投资3 000万美元。1998年其营业额为17亿元人民币,产品50%出口海外,其生产的华通显示器在中国市场上占有率年年第一,深受广大消费者的喜爱。其产品质量管理也达到世界先进水平,连续3年被评为最受消费者喜爱的显示器品牌,同时保持市场销量第一的佳绩。

华通作为进入中国市场最早的显示器厂家,一直以来都是由三大代理商以华北、华东和华南地区进行分区代理。在长期的成长过程中,地域的局限难免造成彼此之间分庭抗争。因竞争而产生的矛盾在某种程度上对市场的发展不利,甚至阻碍了各自的发展。因此,只有三方协调合作,才能获得多赢促进共同发展,才能给代理商和消费者带来更多的利益。

为此,华通消费电子(中国)2012年度显示器总代理商会议,决定于阳光明媚的5月在重庆召开。华通与显示器三大总代理商共聚一堂,就国内显示器市场的渠道管理达成共识:携手合作,共同建设维护统一的华通经销渠道。

如果此次合作成功,必将会给渠道管理带来正面的影响,通过总代理之间的沟通协作增加彼此之间的信任感,实现厂商、总代理、渠道和消费者的共赢,从而保证华通显示器在中国的健康发展并巩固其多年的领先地位。

三大总代理商:华北地区总代理北京××贸易公司,总经理王××;华东地区总代理上海××显示设备有限公司,总经理刘××;华南地区总代理广州××数据实业有限公司,总经理韩××。

华通消费电子(中国)2012年度显示器总代理商会议决定于5月10—12日在重庆乐园度假村举行,重庆华通消费电子有限公司显示器厂负责所有的会议事宜。本次会前筹备工作分以下场景。

场景一:2012年3月25日上午,吴总经理打电话将秘书高叶叫到办公室,告诉她这次代理商会议的主要内容、时间和地点,并向她强调此次会议的重要性,让她尽快写好会议筹备方案,以便各部门早做准备。同时,吴总经理还让高秘书为他准备一份发言稿,用在正式开会时作为欢迎词,发言时间不超过3分钟。请拟写一份会议筹备方案和一份总经理发言稿。

场景二:3月29日,高秘书将写好的会议筹备方案交给吴总经理,他看过后认为可行,在会议筹备方案上签字批准。高秘书根据方案内容,写了书面的会议通知,以快件邮寄的方式将通知发送给三大代理商,并在发出后第3天通过打电话与这三位总经理联系,得到的信息是他们将准时赴会。请拟写一份会议通知,并演示发送会议通知的过程。

场景三:4月1日,高秘书到重庆乐园度假酒店去预订会场,与酒店张主管讨论会场布置情况。张主管让酒店技术助理小刘协助高秘书进行现场布置,高秘书向小刘提出布置会场的要求:本次会议与会人员为50人,会场座位格局为半圆形,有投影仪和投影屏,安排好座次,要准备横幅、有鲜花装饰等。请演示讨论会场布置的过程。

场景四:4月15日,高秘书打电话到重庆乐园度假酒店为三方面客人预订酒店房间,三位总经理将各带一名助理,6人均将在5月9日下午到达,重庆乐园度假酒店前台接待员为徐小姐。请演示秘书的电话预订过程。

2. 实训要求

学生每4人为一组,并将其分别编上号数,即1—4号。实训在模拟公司办公室进行。

学生可以课前制作文稿,每位学生都必须制作3份文稿:会议筹备方案、总经理发言稿和会议通知,要求将其打印。文稿完成后,再按场景顺序进行演示。

场景一:由1号学生扮演高秘书,2号学生扮演吴总经理。

场景二:由2号学生扮演高秘书,3号学生扮演吴总经理。

场景三:由3号学生扮演高秘书,4号学生扮演张主管,1号学生扮演小刘。

场景四:由4号学生扮演高秘书,3号学生扮演徐小姐。

3. 实训提示

秘书要根据领导的指示,为其拟写欢迎词,并根据领导的要求将其修改、定稿、打印成文。欢迎词的结构包括标题、称谓、正文和结尾四部分。欢迎词必须写清召开此次会议的意义、作用,要表达出进一步发展友好合作关系的意愿和打算。

一般来说,应当在会议召开前一个月预订会场,会场布置总的要求是庄重、美观、舒适。秘书要事先按照出席人员的名单安排好座位顺序,并准备好座位卡,放置在会议桌上,以便各人对号入座。座位安排原则是客方坐于主方的右侧,秘书和随行人员各以身份高低,坐于主方或主宾旁边。①

4. 实训考核

(1) 提前准备好会议筹备方案、总经理发言稿和会议通知,占40%。

(2) 场景模拟过程清晰,重点突出,礼仪规范,占15%。

(3) 会场形式选择合适,会议设备(如音响、麦克风、电脑、投影仪、空调等)准备齐全,会标、席卡、花卉等布置合理,会场座次安排符合礼仪规范,占30%。

(4) 职业素养、团队合作及创新设计,占15%。

任务三 会中服务工作

如何应对会中突发情况

天地公司的新产品发布会即将开始,总经理秘书高叶正站在会议大厅的入口处,他一边

---

① 徐静,周渔村:《秘书实训》,北京:高等教育出版社,2003年版,第57页,有改动。

做着最后的检查,一边盘算着嘉宾的到来。高叶发现主席台上放置的席卡有问题,一位董事因故不能前来,席卡却没有撤掉,而另一位嘉宾刚刚来电话说要来,席卡还未准备好;这时他的手机又响了,原来是接电视台记者的汽车在路上抛锚了,现场直播发布会已经来不及了;同时会议秘书组的人员来报,宣传材料不太够,此时嘉宾已陆续到来……

会议能否取得圆满成功,会前筹备是基础条件,会中服务则是关键环节,也最能显示秘书工作的协调功能与辅助功能。因此,秘书要高度重视并认真做好会中各项服务工作,以保证会议正常顺利地进行。

一、组织接站与签到

会议的签到与接待直接关系会议主办方的形象,不得马虎大意,以免造成不良后果。

(一)接站

举办大型会议时,由于参会人员来自不同的地方,而且人数众多,因此会议组织部门要做好接站报到工作。会务组可以在机场、车站设立接待站,安排专人接站。接站时要持醒目的牌子或横幅,上面要注明"××会议接待处"字样。接待站一般两人一班,可以轮换购买食物、去洗手间等。当一人引导与会者上车时,另一人可以留下继续等候其他的客人,以免漏接或错接。如果无人跟车的话,与会者抵达宾馆后,应有人迎接,引导报到注册。

一般要求与会者本人持会议通知报到,秘书应在与会者到达报到处周围设立引导牌,标明报到的具体位置,予以热情礼貌地接待。接待人员要热情主动地迎接问候,向与会者表示欢迎,在证实报到人员的身份后,引导与会者登记、交费、领取会议资料和各种票证。必要时,引导与会者到其住宿的房间,并简介开会要求及周围情况。

(二)签到

签到是与会人员到会时的一道必要手续,也是会场管理的一项重要内容。会务组服务人员应到宾馆或会场入口迎接与会者,组织与会人员签到登记,然后引导与会者入座。

签到的目的在于及时了解到会人数,以便妥善安排会议各项事务和活动。到会人数的多少对于党代会、人代会、股东大会、董事会等会议来说非常重要,是否达到法定人数关系选举结果和通过的决议是否有效的大问题,因而会务人员要组织好会议签到工作,熟悉到会情况,安排好会务工作。

常见的会议签到形式有以下四种。

1. 簿式签到

与会人员到会时在专用签到簿上签名,以示到会。簿式签到适用于中小型会议。

2. 会务人员代签

由会务工作人员按照事先确定的应到会人员名单,逐一进行签到,来一人画一人,这样可以随时掌握到会人员的情况,且不必打扰与会者。这种方式适用于小型会议和工作例会。

3. 卡片签到

与会代表在事先发给的卡片上签好名,进入会场后将卡片交给会务工作人员。这种方式适用于大中型会议。

4. 电子签到

电子签到是近年发展起来的一种新型会议签到形式,具有方便、快捷、准确、安全的特点。与会议者用磁卡签到,相关数据信息会迅速传入会议组织中心。这种方式适用于大中型会议。电子签到证需要会前制作,制作时要将会议代表的有关信息录入数据库,然后进行写卡。在与会人员报到时发放到个人的手中,在会议结束后收回。

(三) 资料发放

材料较多者,可事先将材料集中放在材料袋内,由接待人员在与会者报到时发放。资料袋内装会议文件(会议日程、会议须知等)、会议证件(出席证、通行证等)、会议用品(记录本、笔等)、房间钥匙、餐券等,以方便与会者使用。材料较少者,可在会议正式开始前发送至与会者的席位上。

二、做好与会者生活服务

会议期间,秘书要关心、安排好与会者的住宿、伙食、医疗卫生、文娱生活等事宜,为与会者提供优良的生活服务。虽然在会前筹备阶段食宿工作都已安排就绪,但与会者到会后,仍然会对食宿问题提出一些具体的要求和意见,会务工作人员应主动热情服务,尽量采纳合理的意见,以满足与会者的要求。例如,有的与会者由于种种原因提出调整房间的要求,应尽量给以调换,实在做不到的,也应耐心给予解释,并表示歉意;有的与会者可能对饮食不习惯而提出意见,也应尽量与饭店方面协调改进。要全方位做好会议期间的医疗卫生保健工作,保证食品、饮水、餐具茶具、会场、住宿、环境等方面的卫生清洁。秘书应根据会议日程适当安排与会者的会余生活,活动时间不可过长,具体项目要精心组织、妥善安排。

三、安排会议值班

会议值班制度要健全,人员要坚守岗位。中大型会议一般要有会务秘书坚持 24 小时值守,以保证会议信息的畅通无阻,并随时应付各种突发事件。秘书在会议中协助收集有关情况,整理文件和资料,传递各种信息;要禁止与会议无关人员随便出入会场,特别是保密性较强的会议,更不能让外人随意进出;要备有本单位和各部门领导的联络方式,以便及时联络、请示;要备有设备维修人员、车队调度人员和食宿等后勤服务部门主管人员的电话通讯录,以便随时联络调度;做好会议期间各项活动与各种矛盾的协调工作。

秘书要提前安排好外地与会人员的返程事务,事先了解他们对返程时间、交通工具方面的要求,预订好车票、机票、船票等,届时应安排好送行车辆。

四、做好会场服务

会场服务主要包括引导与茶水服务、文件分发、设备操作与维护、会场内外的沟通与联系。

（一）引导与茶水服务

引导与茶水服务包括引导与会者入席、退席，茶水饮料供应，指引与会者使用会场的生活设施，照顾与会者会间休息，满足与会者的临时需要等。

（二）文件分发

有些文件（如领导讲话、会议快报、会议简报等）需要在会中分发。会中分发的一般性文件资料，可以在每个座位上摆放一份，也可以在入场时依次发放到每个与会者的手中。如果所发文件或资料需要收退，应在文件右上角写上收文人的姓名，收文时要登记，以便于文件的收退。

（三）设备操作与维护

会议使用的音响、照明、录音、录像、空调、供水等设备，应有专人操作，出现问题时要有人及时修理。

（四）会场内外的沟通与联系

会议期间会场内外随时要进行文件的传递或事项的沟通，如有关部门转送给领导批办的文件，突发的紧急情况，重要的电话、电报、信件等，应及时传送给领导或相关人员。

五、做好会议记录和简报工作

（一）会议记录

会议记录是会议内容和会议进程的客观反映，它提供会议活动的原始信息，是会后研究工作、总结经验、编写会议纪要的重要依据。会议记录还可以作为原始资料编入档案长期保存，以备需要时查阅。

在日常工作中，会议记录应该逢会必记。做好会议记录是秘书在会议期间的一项重要工作。

1. 会议记录的要求

（1）如实记录

对于会议议题、报告、决议、重要发言等应如实记录，尤其是会议讨论的焦点问题及有分歧时各方的主要见解，不能漏记，不能随意增删改动。表述要准确不能含糊，以杜绝内容上的错误。

（2）快速清楚

快速是对会议记录的基本要求。记录时要集中精力，迅速反应，准确判断，以提高记录的质量和效率。同时，书写要规范清楚，记录要有条理，重点要突出。

（3）完整规范

会议记录是立卷归档的重要材料，记录应完整，包括从标题、议题、发言及至会议结束的所有内容，会议结束的内容要写上"散会"或"结束"字样，标明散会时间。会后要及时核对、整理、誊清并签字，以示负责。

2. 会议记录的方法

（1）摘要记录

摘要记录只需记录会议议题、议程、发言人的姓名与发言要点、决议情况，会议一般情况不必记录。摘要记录适用于一般性会议。

（2）详细记录

详细记录，是指有言必录，按会议进程详细完整地记录会议的发言、不同意见、会议决议等，包括发言中的插话等都要详细记录在案。详细记录可以采用速记并配合使用录音设备，会后整理。详细记录适用于特别重要的会议。

3. 会议记录的准备工作

会议记录的准备工作包括：准备好记录用的钢笔、专用记录本或专用记录纸张；准备好录音机和录音笔以补充手工记录；事先要备好一份议程表和其他的相关资料，在需要核对相关数据和事实时随时使用。

记录人员应提前到达会场，安排好做记录的地方，必要时画出一张与会人员的座位图，便于识别会议上的发言者。负责会议记录、录音、录像的人员应事先熟悉会议议题、会议程序、发言人员名单、器材安置等情况，在利用录音机的同时必须配合手工记录，这样不仅整理记录的速度快，而且可以防止因录音机中途出故障而漏掉内容。

4. 会议记录的结构

会议记录的结构包括标题、首部、主体、尾部。

（1）标题

标题一种是"会议名称＋文种"，如××股份有限公司董事会会议记录；另一种是文种，如会议记录。

（2）首部

首部能反映会议概况，主要包括会议名称、会议时间、会议地点、会议主席（或主持人）、会议出席人、列席人、缺席人、会议记录人等。

（3）主体

主体记载会议的进程和内容，主要包括会议议题和议程（如果有多个议题，可以在议题前分别加上序号）、发言情况（包括发言人的姓名和发言内容两部分，记录每个人的发言时都要另起一行，写明发言人的姓名，然后加上冒号）和会议结果（包括对议题的通过、缓议、撤销、否决情况，决议事项应分条列出，有表决程序的要记录表决的方式和结果）。

主体的结尾另起一行，写明"散会"并注明散会时间。

（4）尾部

尾部记载署名情况，用以标明会议记录的真实性与完整性。主体的右下方写明"主持人：（签字）""记录人：（签字）"。

（二）会议简报

会议简报是会议期间为迅速反映会议情况、及时交流会议信息而编发的简要报道。规模大、会期长的大中型会议都要编写会议简报，而且经常编发多期简报。规模小、会期短的会议一般不用编写会议简报。

1. 会议简报的要求

（1）真实准确

真实是会议简报的生命。会议简报应客观反映会议的相关情况，特别是具体的时间、地点、人物、数字和引语等都要做到准确无误。否则，就会严重影响会议简报的质量和效用。

(2) 简明扼要

会议简报应简明扼要、短小精悍，这样才能起到快速传递会议信息、交流经验的作用。如果文字冗长，就成了"通报"和"报告"，同时失去会议简报的意义。

(3) 快速及时

会议简报不求全，但求快。只有快，才能真正发挥其在实际工作中的指导性作用。否则，会议简报就不能达到及时交流情况、反映问题、推动会议向纵深发展的目的。

2．会议简报的内容与结构

(1) 内容

会议简报的内容包括会议的进行情况、讨论发言及会议决定等，它们要迅速反映出会议的新情况、新问题、新经验、新见解、新决定，使领导及时掌握与会代表们的意见与建议，对会议起到沟通和指导的作用。

(2) 结构

会议简报的结构由报头、报核、报尾三个部分组成。

报头的内容包括简报名称、期数、编发单位、印发日期。

报核的内容包括按语、标题、导语、主体、具名。会议简报的标题应简明、准确、醒目、生动、形式灵活，单行标题和双行标题都可。导语多用叙述式和结论式。主体部分要突出会议的主要精神和会议决定，内容要单一精练。

报尾的内容包括发送范围、印发份数。

六、组织会议活动

(一) 选举活动

各种代表会议、股东大会等往往有选举投票工作，是否达到法定人数关系选举结果和通过的决议是否有效的问题。因此，会务秘书在签到工作结束后应及时向会议主持人汇报与会者到会的情况。

会务工作人员要提前确定投票地点，准备好选票和票箱，安排好唱票间隙的活动。如果用计算机处理选票，也应做好相应的准备工作。

(二) 颁奖活动

表彰大会往往有颁奖活动，气氛既要热烈，又要防止错乱。具体安排工作要细致周到，特别要注意：台上奖品的排列顺序应与领奖人的上台顺序吻合；会务工作人员应事先向领奖人说明上台领奖的礼仪和程序；重大会议的发奖仪式应提前安排领奖人在台下前排按顺序就座，必要时可事先预演；事先告诉领奖人，一旦发现奖品错发，应等会后进行调换，不能在会场调换，以免出现混乱场面。正式颁奖时要有专人指挥整个颁奖活动。

重大会议的发奖仪式应安排好礼仪服务工作。会务工作人员要向礼仪人员说明颁奖的礼仪要求与具体程序，上下台的引领、献花等要有专门分工，会前准备时应事先进行演练。颁奖礼仪小姐的服装一般选择红色，以烘托热烈庄重的会场气氛。

(三) 摄影活动

会议的集体摄影活动看似简单，但细节很容易出问题，应作周密安排。如要选择高水平的摄影师，背景要突出会议主题，安排好与会人员的座次与站位等。特别是在大中型会议人数众多的集体摄影中,人员队列安排应有平面布置图;进退场的路线和先后次序应有明确规定;各排间应留有足够的高度差,前后排人员应错开站位;领导的座次应在椅背上用字条将姓名标出;整个摄影活动要有专人统一指挥。

(四)参观考察活动

会议应围绕会议议题组织相关的参观考察活动,事先进行周到细致的准备,如参观考察的时间、地点、参加人员、车辆、用餐等的安排,活动中应有专人跟队,以保持联络畅通;应能及时处理活动中的紧急突发事件,如突发疾病、交通工具故障、人员掉队等。

七、处理会中突发事件

(一)会议应急方案实施原则

(1)思想上重视。会务工作人员应充分认识安全问题无小事,要注重细节,从小处着手。

(2)措施到位。会议应急方案要有人、财、物方面的措施保障,如应急的车辆、经费等。

(3)定期检查。在实施的过程中,会务工作人员要根据会议筹备和召开的具体情况及时发现问题,并及时调整。

(二)处理会中突发事件的方法

会务工作人员应该根据会议筹备方案中的应急预案,针对突发问题的具体类型,采取相应的方法进行处理[参见本项目任务二中"九、拟订会议应急方案"中"(二)处理会议突发事件的方法"相关内容]。

(三)处理会中突发事件的工作程序

首先,对会议中出现的突发事件要及时向领导报告。其次,启动会议应急方案的各项措施,实施应急方案,调动会议有关人员及时进行补救和处理,必要时向公共应急机构请求支援。最后,处理好突发事件的善后工作,如向受害者及其家属进行安抚、与媒体进行沟通等。

会中服务工作

1. 情景描述

5月10日,华通消费电子(中国)2012年度显示器总代理商会议在重庆乐园度假酒店举行,重庆华通消费电子有限公司显示器厂负责所有的会议事宜。以下是本次会议会中服务工作的三个场景。

场景一:5月10日上午8:30,高秘书引导3位代理商来到会场,吴总经理和郭副总经理到门口迎接,吴总经理与客人都认识,郭副总经理与客人是初次见面。请演示接待工作的过程。

场景二:5月10日上午9:00,第一次会议开始,与会者进入会场签到,负责签到的工作人员是小陈;出席本次会议的人员主要有:吴总经理、郭副总经理、商务执行经理宋××、人事执行经理刘×、技术执行经理方×、高秘书,3位代理商王××、刘××、韩××及其助理;

公司各主要部门成员也一同出席了会议。会议由吴总经理主持,他先把3位代理商介绍给大家,再发言致欢迎词。会议由高秘书负责记录,会场工作人员小陈负责发会议资料,同时负责倒茶等后勤服务。请演示会议开始的过程。

场景三:高秘书应北京客人王××总经理和助理钱×的要求,为他们预订5月13日的返程机票,民航机票预订处人员为沈先生。请演示秘书电话预订机票的过程。

2. 实训要求

学生每10人为一组,教师为10名学生编上号数,即1—10号。实训在模拟公司办公室进行。每组在实训过程中必须制作一份会议签到单。

场景一:由1号学生扮演高秘书,4号学生扮演吴总经理,5号学生扮演郭副总经理,6号学生扮演王××,7号学生扮演刘××,8号学生扮演韩××。

场景二:由2号学生扮演高秘书,9号学生扮演吴总经理,10号学生扮演郭副总经理,1号学生扮演宋××,2号学生扮演刘×,3号学生扮演方××,4号学生扮演王××,5号学生扮演刘××,6号学生扮演韩××,7号学生扮演小陈。

场景三:由3号学生扮演高秘书,8号学生扮演沈先生。

根据实际情况,可以多进行几轮模拟表演,要求学生轮换秘书角色。

3. 实训提示

会议记录是会议情况的最真实反映,要详细记录。它包括两部分内容:会议组织情况,即写明会议名称、时间、地点、出席者、缺席者、列席者、主持人的姓名、职务;会议内容,即写明会议议题、讨论发言、形成的决议及主持人总结性发言记录。

预订机票,除时间和座舱要求外,一定要报上客人的姓名和身份证号码,预订才算有效。

4. 实训考核

(1) 会议接待礼仪如迎接、问候、握手、介绍、交换名片、引导等正确规范,占30%。

(2) 提前制作并打印好签到表,签到工作组织有序;会间专人负责会议记录、资料发放及茶水服务等工作,占35%。

(3) 熟练进行电话预订机票,电话沟通流畅高效,占15%。

(4) 职业素养、团队合作及创新设计,占20%。

任务四　会后落实工作

公司会展总结

上午8:45,宏远公司会议室,身着职业装的总经理助理高叶与同事钟苗开始做会前准备工作。

高叶:"钟苗,打开窗户,再调节一下空调温度。"钟苗答应:"好的。"先开窗通风,几分钟后关好窗户,又拿起遥控器调节温度。

参加会议的其他人员到场,分别坐在长方会议桌的两侧。钟苗忙着给大家倒水。

高叶问道:"昨天的资料准备齐了么?"钟苗:"准备齐了。"大家翻看资料。

片刻,杨总步入会议室。大家起身问好,杨总示意大家坐下。高叶为杨总倒水,钟苗关好会议室的门。

杨总主持开会:"今天请三位来,是想了解一下前天刚刚结束的会展的反馈情况。高秘书已经通知了你们会议的内容,相信你们也都做了准备,一会儿呢,针对会议当中出现的所有问题做个总结。高秘书,要不你先说说你们会务组的情况,然后其他人再发言。"

高叶:"好,那我先说说。对于这次会议,我在会议结束时作了现场调查,这是调查统计,你们看看。"边说边分发材料。"我汇总了一下,应该说这次会议的组织过程中会务组成员都比较尽心,基本取得了预期的效果。参加展销的厂家也比较满意,感觉收获不小。会议内容安排比较紧凑,也比较精彩,对于食宿的安排也没有提什么意见。"

杨总:"那会议结束后,没有马上走的人怎么安排的?"

高叶:"根据他们的要求,我跟酒店作了协商,延长住宿的费用仍然给了优惠。但也有些环节我想以后要注意,一是报名参加会议的人数与实际到会的人数有很大出入,会议资料准备不足,我们已经让没有领到资料的单位留下了详细地址,这周内就给他们快递过去。二是我们的服务人员对会场环境不是很熟悉,给代表造成了不便,代表有所反映。基本情况就是这样。"

其他人继续补充:"我在会上听到有的代表抱怨会议室的温度太高,空气也不好。""第二天有的分会场的引导标志被挪走了,害的参会人员问来问去的。""我了解的情况也差不多,他们基本都说了。"

杨总:"高秘书,你把刚才他们说的情况再调查一下,基本情况在会议总结中都要有所体现,写好后先给我看一下,然后再交给王总。今天的会就到这儿吧。"

钟苗将会议记录递给高叶:"高秘书,这是会议记录。"高叶看过后起身到杨总的身边:"杨总,请签字。有关会议经费的情况我统计完了,基本符合会前预算,没有超支,在会议总结的时候一起交给您。"杨总签字。

高叶:"杨总,您先忙吧,我们收拾一下再走。""好吧,再见。"杨总起身离开会议室。

高叶把椅子归位,钟苗关上空调,收起桌上纸杯,关灯离开会议室。

会议日程内容进行完毕,标志会议的基本结束,会务工作也随之进入总结阶段。

一、处理会后事务

(一) 安排人员离会

会议结束时,秘书要做好与会人员的送行工作。秘书应提前准备返程车票、船票、机票或送行的交通工具;结清各项账目,不遗留带来的文件、物品等。对个别需要暂留的人员,秘书书也要安排好他们的食宿。

(二) 会场清理

会议结束后需要立即清理会场,以防给下次会议造成不便。会后的收尾工作大致包括:

带走所有剩余的与会议有关的文件,废弃的文书应回收销毁;清理会议室,收拾好临时放置在会议室的茶杯、桌椅及其他用品,将会场地面、门窗打扫干净;及时归还视听设备,办理好归还手续,并向负责人报告全部用品的损耗情况。

(三)会议经费结算

会议结束后秘书应对整个经费使用情况即会议开支费用进行结算。会议召开之前秘书应拟定会议开支预算(参见本项目任务二"会前筹备工作"中"八、会议经费预算"的相关内容),并经领导审核批准。会务应备有专门账册,对会议的各项开支进行详细记录。秘书要通知与会人员及时结清食宿、会务等相关费用,一定要结清所有人的费用。会议一结束,秘书应及时清点整个会议费用的实际支出,对照会前经费预算,逐笔将账目进行核点,并及时向领导汇报。秘书应仔细填写报销单,请领导签字后去财务部门报销。会议支出超出预算经费较多时,会务工作人员应写出专题报告,详细说明经费超支的项目和金额,报分管领导审批。超过预算指标,又无正当理由的不予报销。

二、编写会议纪要

会议结束后,要将会议的情况及议定事项记录下来,并要传达给与会单位的有关人员,使他们对此次会议有共同的认识,以利于贯彻执行,这就需要秘书编发会议纪要。

(一)会议纪要与会议记录

会议纪要是记载和传达会议情况及其议定事项的公文,是在会议记录、会议材料的基础上分析、综合、提炼而成,用来概括反映会议精神和会议成果的文件。会议纪要的作用是对上可以汇报工作,对下可以指导工作,对平级可以互通信息。有些会议纪要需要经会议讨论通过并签署,如协调性会议纪要,但大部分会议纪要是在会议结束后为了传达会议精神而拟写的。

会议纪要不同于会议记录,会议记录是会议情况的原始记载,它忠实地记录会议的议题、发言与进程,实录会议内容;会议纪要则是对会议的综合与概括,它不仅具有记载功能,更重要的是还反映会议的基本精神,传达会议情况和决议事项,是会议的总结性文件。

(二)会议纪要的内容

会议纪要的正文主要包括以下内容。

1. 会议概况

会议概况的主要内容包括召开会议的根据、目的、名称、时间、地点、与会人员、会议讨论的问题以及会议的成果等。其目的是让人们对会议概况有个了解。

2. 会议事项

这是会议纪要的主体部分,要求阐述会议的主要精神、讨论会议的具体问题、交流的经验、提出的意见、领导的指示、今后的任务与决定事项等。

(三)会议纪要的编写

(1)阅读相关会议文件,完善会议记录。对于不清楚、不明白、空缺的内容秘书要在会后立即请教发言人并进行完善。

(2)起草编写会议纪要。为完整、准确地传达、执行会议决定,使会议决定的事项得以具体落实,秘书应在会议记录的基础上加工整理成会议纪要。

(3) 确定印发范围。秘书根据会议的性质和纪要的内容来确定会议纪要的印发范围。

(4) 领导签字印发。秘书对起草好的会议纪要加以校对,经由领导签字后印刷,盖章后发给会议决策执行人,使会议决策得以实施。

三、会议文件资料立卷归档

会议文件资料的立卷归档,是指会议结束后依据会议文件的内在联系加以整理,分门别类地组成一个或一套案卷,归入档案。

会议结束后,会议文件完成了现行使命,但由于绝大多数会议文件记载了组织的工作活动,在此后的工作实践中可能需要经常找出来作对照、参考,因而具有史料查考作用。同时,为了便于管理和查找档案,也要求会议文件立卷归档保管。搞好会议文件的立卷归档工作,对于科学保管和方便利用档案具有重要意义。

小型会议的文件大部分会前已经收集准备好,会后只需将会议记录或会议纪要进行整理归入卷内即可。卷内文件的排列顺序一般为会议通知、会议议题、会议日程、会议记录、会议纪要及有关文件。经多次修改形成的文件,应将原稿放在最上面,再按修改顺序依次排列二稿、三稿等。

大中型会议由于会议文件资料较多,更需要秘书及时进行收集整理、分类归卷。秘书应待会后按会议文件资料归档要求进行归档,及时送交有关人员妥善保管。

会议立卷工作的基本原则是"一会一案",即以会议为单位立卷,按照会议文件资料的自然形成规律,保持文件之间的内在联系,反映会议活动的真实面貌,便于保管和查找利用。

(一) 会议文件资料收集

1. 会后需收集的文件资料

会前产生的文件包括指导性文件、审议表决性文件、宣传交流性文件、参考说明性文件、会务管理性文件等。如会议通知、会议议程、各种报告、发言材料、参阅文件等。

会中产生的文件包括决定、决议、议案、会议记录、会议简报等。

会后产生的文件包括会议纪要、传达提纲、会议新闻报道、会议总结等。

2. 收集会议文件资料的要求

(1) 确定会议文件资料的收集范围。会前分发的保密文件要按会议文件资料的清退目录和发文登记簿逐人、逐件、逐项检查核对,以防止保密文件遗失。

(2) 收集会议文件资料要及时,确保文件资料在与会人员离会之前全部收齐。

(3) 选择收集会议文件资料的渠道,运用不同的方式方法进行收集。

(4) 收集会议文件资料要履行严格的登记手续。秘书应认真检查会议文件资料是否有缺件、缺页、缺损的情况,及时采取措施补救毁损的会议文件资料。

(5) 收集整理过程中要注意保密。

(二) 会议文件资料的立卷归档

会议文件资料立卷工作的基本程序如图 6-2 所示。

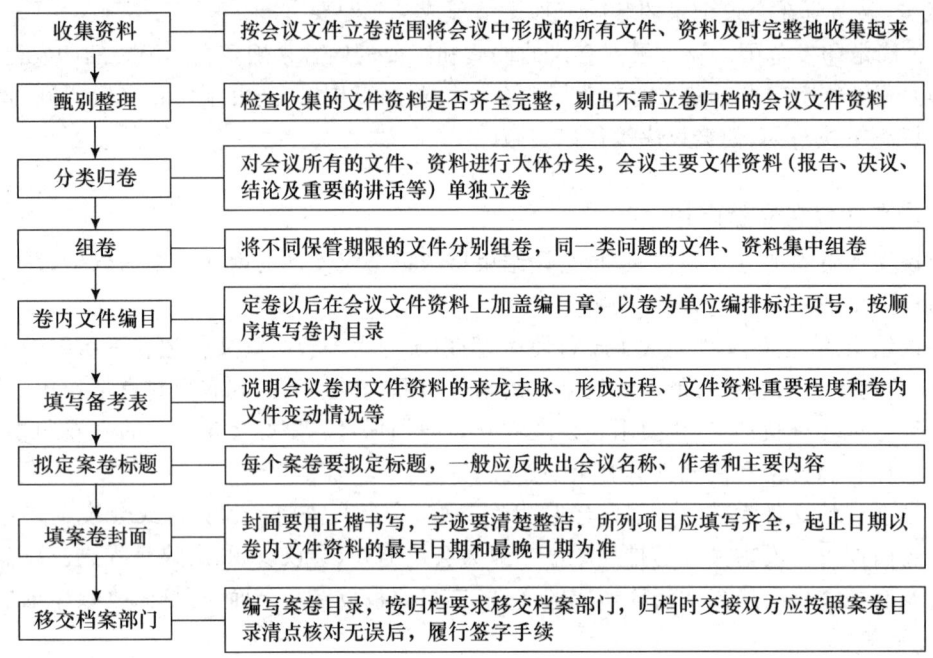

图 6-2 会议文件资料立卷工作的基本程序

四、会议总结工作

在大中型会议或重要会议结束以后,负责会务工作的秘书要协助领导及时召集全体会务工作人员,对整个会议的组织与服务工作进行全面总结,以积累经验、找出不足,并将其作为今后同类会务工作的借鉴,从而不断改进会议的组织服务工作,把会务工作搞得更好。

会议工作总结要求根据岗位责任制和工作任务书的内容,逐条对照检查。要切实回顾和检查会议工作中好的方面和存在的问题,认真总结经验教训,不断探索办会的规律。会议的总结应以激励为主,中型以上会议的会务工作任务重、事情多,会务工作人员很辛苦,会议结束后应慰问参与会务工作的工作人员,有的重要会议还要表彰会务工作中的有功人员。会议结束后,大会秘书处还要组织工作人员妥善解决会议的遗留问题,使会务工作圆满结束。

会务总结的形式有座谈会、表彰会和书面总结等。中型以上的会议结束后,大会秘书处要组织全体工作人员进行总结。重要的会议,需要在开好总结会的基础上,写出书面的会务工作总结,并交有关领导审阅后,按要求印发到相关部门或相关人员,并作为大会的文件资料及时归档。为及时准确地反馈会议信息,对于重要的会议,秘书可以在会议结束前印发一份调查表或会议组织评估表,以征求参会者的意见和建议,作为总结结论的依据。

华夏啤酒(杭州)有限公司新品订货会

1. 情景描述

华夏啤酒(杭州)有限公司决定于 4 月 10 日和 11 日召开短期的新品介绍和订货会议,

邀请"杭州十佳"食品公司之一的雅世食品批发部经理沈××、白云啤酒定点经销单位——天龙糖烟酒公司总经理杨××、浙江食品公司总经理胡×,以及杭州市著名的三家大饭店的总经理——瑞云楼总经理贾×、新星饭店总经理谢×、留云饭店总经理刘××参加此次会议。会议大力推出本年度新品"清爽一夏"系列的9度的白云、9度的灵泉和9度的冰啤。"清爽一夏"系列产品特点:色泽呈浅金黄色,清亮透明,泡沫洁白细腻,具有明显的麦芽香气,酒体醇厚,挂杯持久,口味清爽,包装高雅。

本次会务工作分以下六个场景。

场景一:3月1日上午,总经理华×将秘书王×和市场部经理吴××叫到办公室,告诉他们这次订货会议的主要内容、时间及地点(定在松运宾馆)。华总经理让王秘书尽快写好会议筹备方案以及邀请函,以便各部门早做准备。同时,华总经理让吴经理设计一份"清爽一夏"啤酒宣传海报,用于布置会场,要求海报必须新颖、独特、有创意。请设计一份啤酒宣传海报(可以用PowerPoint制作)。

场景二:3月11日,王秘书来到松运宾馆预订4月10—11日短期会议的会场,她和宾馆经理许先生一起布置会场,先对"清爽一夏"系列的宣传海报作了适当的贴置,安排了椭圆形会议桌,并在上面摆放好"清爽一夏"系列的啤酒,准备开会时请与会者品尝。接下来,王秘书安排好了座次。请演示会场布置的过程。

场景三:4月10日上午8:30,华夏啤酒(杭州)有限公司华总经理、王秘书、生产部经理沈××、采供部经理潘××、销售部经理蔡××和市场部经理吴××在松运宾馆的门口迎接各位被邀请的客人,与会者陆续来到宾馆,王秘书一一介绍后,再将与会者带引至休息室休息。请演示接待工作的过程。

场景四:4月10日上午9:00,新品介绍和订货会议开始。华夏啤酒(杭州)有限公司华总经理、总经理秘书王×、生产部经理沈××、采供部经理潘××、销售部经理蔡××、市场部经理吴××及各位被邀请的客人均出席此会议。华总经理先向大家介绍了新的酿造技术、新的罐装设备和新产品的特点,同时作了本公司产品的质量保证。接着,请各位客人品尝今年新品"清爽一夏"系列,并请客人当场作出评价,提出意见。最后提出了本年度企业的工作目标——开发新品啤酒1万吨以上。品尝结束后,在场客人纷纷点头称赞,并表示非常乐意订购。会议由王秘书负责记录,生产部经理沈××和销售部经理蔡××负责开启啤酒、斟酒及后勤服务等工作。请演示会间工作的过程。

场景五:会议第二天(11日)签订合同后,王秘书和采供部经理潘××,邀请并陪同6位客人到江南水乡同里游玩。同里是王秘书的故乡,所以王秘书主动担当导游,向客人介绍了同里的情况,游玩了退思园等名胜,给客人留下了美好的印象。请演示秘书组织会间活动的过程。

场景六:会议结束后,会务组开会回顾两天的会议活动,总结出一些经验,比如,可以在会议期间安排新闻媒体参与并作报道,以扩大影响,起到更好的宣传效果;后勤部门应将会间的生活服务安排得更为妥当,争取今后此类会议办得更好等。王秘书将会议经验写成小结,上报给华总经理。请演示会议总结工作的过程。

2. 实训要求

结合本项目任务四中的"会后落实工作"相关内容,可以重点训练场景六,也可以作为项目六"会议管理"的综合实训。

学生每12人为一组,教师为12名学生编上号数,即1—12号。

学生可以先制作啤酒宣传海报,再按场景顺序进行演示。实训在模拟公司办公室进行,同里的场景可以虚拟,但秘书必须能较详细地介绍同里的名胜和特点。

场景一:由1号学生扮演王秘书,2号学生扮演华总经理,7号学生扮演吴经理。

场景二:由2号学生扮演王秘书,5号学生扮演许先生。

场景三:由3号学生扮演王秘书,2号学生扮演华总经理,4—7号学生分别扮演沈××、潘××、蔡××、吴××,1号学生、8—12号学生分别扮演6位客人。

场景四:由4号学生扮演王秘书,2号学生扮演华总经理,3号学生、5—7号学生分别扮演潘××、蔡××、吴××,1号学生、8—12号学生分别扮演6位客人。

场景五:由5号学生扮演王秘书,3号学生扮演潘××,1号、8—12号学生分别扮演6位客人。

场景六:由6号学生扮演王秘书,2号学生扮演华总经理。

各组可以通过6个场景的演示灵活总结出各自的会务工作经验。场景中提供的总结内容仅作参考。

3. 实训提示

宣传海报的特点是图文并茂,基本内容分:标题、正文、落款三部分。文字力求简洁,条目清楚明了。根据内容需要,加上美术图案,色彩和构图要醒目、简洁、明快,具有时代气息和装饰美。本次宣传海报的设计要尽量有创意,让人感觉耳目一新,以扩大宣传效果。

本次会场的布置要求是轻松、愉快、美观、舒适,要准备好饮料、啤酒、水果、餐巾纸、茶杯等必须用品。秘书要事先按照出席人员的名单;安排好座位顺序,并准备好座位卡放置在会议桌上,以便各人对号入座。座位安排原则是客方坐于主方的右侧,秘书和随行人员各以身份高低,坐于主方或主宾的旁边。

客人到会场后,可以引至休息室稍作休息,然后再入场签到;双方介绍后,应相互握手致意;引导客人时,会务工作人员应热情、礼貌地在客人的左侧前方引路;走到楼梯或电梯口时,应在客人的左侧先行一步,为客人领路或按电梯钮;进门时,会务工作人员应主动向前拉(推)门,并微笑着请客人进去。

会务工作人员在会间服务时应依据席次顺序,站在客人右侧身后,为其端送茶水和啤酒。服务工作应细致、周到。

秘书要提前在网上或旅游杂志中收集好同里的资料,能记熟并流利地表达出其内容。

会务总结,主要是肯定成绩,找出经验教训,表扬好人好事,并要妥善解决会议的遗留问题,使会务工作圆满结束。[①]

4. 实训考核

(1) 宣传海报设计要素齐全,创意新颖,主题突出,占15%。

(2) 会议设备(如音响、麦克风、电脑、投影仪、空调等)准备齐全,会标、海报、啤酒、席卡、花卉等布置合理,座次安排符合礼仪规范,占20%。

---

① 徐静,周渔村:《秘书实训》,北京:高等教育出版社,2003年版,第62页,有改动。

项目六 会议管理

(3) 会议接待礼仪(如迎接、问候、握手、介绍、交换名片、引导等)正确规范,会间专人负责会议记录、资料发放及斟酒服务等工作,占30%。

(4) 会务总结形成书面材料,占20%。

(5) 职业素养、团队合作及创新设计,占15%。

拓展提高

(一) 文书示例

文书示例一　可信公司技术训练专题研讨会预案
(筹备方案)

一、会议主题

为了增强本公司的综合竞争力,提高产品质量和管理水平特召开此次技术训练专题研讨会。会议的重点是讨论及研究如何在全公司展开技术发明和创造的竞赛,并提出提高训练质量的对策,探讨新的技术训练方法。

二、会议时间、地点

拟定于3月5日上午9:00至下午4:00在公司1号会议厅召开。3月5日上午8:30报到。

三、参加会议人员

公司总经理、副总经理、公司人力资源部总监、生产部总监、培训部总监以及公司下属各部门的技术骨干30人,总计50人。

四、会议议题

1. 技术训练与提高企业综合竞争力。

2. 技术训练与技术创新。

3. 如何提高技术训练的质量。

4. 技术训练方法的再讨论。

五、会议议程

会议由主管副总经理主持。

上午:1. 总经理做关于技术训练问题的工作报告。

2. 培训部总监专题发言。

3. 生产部总监专题发言。

下午:1. 分组讨论。

2. 人力资源部总监宣读公司开展技术竞赛评比的计划草案。

3. 副总经理做总结报告。

六、会场设备和用品的准备

准备会议所需的投影仪、白板和音像设备(由公司前台秘书负责)。

七、会议材料准备

1. 总经理的工作报告。

2. 培训部、生产部总监的专题发言稿。

3. 公司开展技术竞赛评比的计划(草案)。
4. 副总经理的总结报告。

这些由总经理办公室牵头准备。

八、会议服务工作

会议服务工作由行政部综合协调。

九、会议经费预算(另附)

附：1. 会议通知；2. 会议日程表；3. 会议经费预算。

文书示例二　宏远公司新产品发布会的经费预算

公司定于2014年1月15日在京华大厦一楼会议室召开新产品发布会。与会人员预计200人，现就会议所需各项经费提出预算。

一、场地租用费

京华大厦一楼会议室一天5 000元，两天共计10 000元。

二、摄像设备租用费

拟租摄像机2台，每台每天租金2 000元，共计4 000元。

三、聘请专家咨询费

拟请专家2人，每人每天支付5 000元，共计10 000元。

四、宴请费用

早餐：10元/人×200人＝2 000元。

中、晚餐：10人一桌，每桌1 000元，20桌共计20 000元，20 000元/(顿·天)×2顿×2天，共计80 000元。

五、交通费用

租用旅行车2辆，每辆每天500元，500元/(辆·天)×2辆×2天，共计2 000元。

六、会议用品费

资料印制费：每份宣传资料的成本为5元，5元×2 000份，共计10 000元。

七、纪念品

到会客户和记者预计250人，每人一份纪念品价值50元，共计12 500元。

此次会议经费总计130 500元。

此预算提交总经理办公会审查批准。

会议筹备小组
2014年1月5日

文书示例三　艺海股份有限公司董事会会议记录

董事会例会

2014年4月14日

宣布：

2014年4月14日上午10:00艺海股份有限公司董事会例会在北京海淀××大厦公司总部会议室召开。主持人为高杰，有符合法定人数的人员参加了会议，他们是：高杰(董事长)、刘明(副董事长)、白雪(秘书)、欧阳军(财务主管)、安慧(董事)、郭利(董事)，代理投票人有王龙董事、李忠董事、钱清董事。

记录：

秘书白雪宣读了2014年3月10日会议的记录，并在宣读后获得通过。

财务状况：

财务主管欧阳军提出的一份财政报告显示，2014年2月28日，公司的流动资金余额为2 576.98万元。财务主管的报告在宣读后获得通过。

公司其他的活动报告：

主管公司企划部的副总经理郭利（董事）报告说，公司企业策划活动的下一个项目是为北京护城河河道清淤项目捐款10万元人民币。这项公益活动将有助于提高企业的知名度。计划在五一期间举行捐款仪式，向北京市有关部门捐款。关于此事全部细节情况的材料将于4月23号寄发给所有的成员。

新的事项：

安慧董事提出在5月4日举行的下一次董事会例会上，公司董事会应任命1人负责公司职工艺术节（将于8月初举行），同时董事会还应在下次会议上为职工艺术节确定一个主题。此动议得到了郭利董事的附议并获一致通过。

休会：

已无其他问题，会议于上午11:50结束。

秘书（签名） 　　　　　　　　　　　　　　　　　　　　　　　　董事长（签名）

文书示例四　飞翔公司项目会议记录

时间：2014年3月1日

地点：公司会议室

出席人：公司各部门主任

主持人：马燕（公司副总经理）

记录：祁迎峰（办公室主任）

一、主持人讲话：今天主要讨论一下《中国办公室》软件是否投入开发以及如何开展前期工作的问题。

二、发言：

技术部朱总：类似的办公软件已经有不少，如微软公司的Word、金山公司的WPS系列以及众多的财务、税务、管理方面的软件。我认为首要的问题是确定选题方向，如果没有特点，千万不能动手。

资料部祁主任：办公软件虽然很多，但从专业角度而言，大都不很规范。我指的是编辑方面的问题。如Word中对于行政公文这一块就干脆忽略掉，而书信这一部分也大多是英文习惯，中国人使用起来很不方便。WPS是中国人开发的软件，在技术上很有特点，但中文应用文方面的编辑粗糙，离专业水准很远。我认为我们定位在专业文字编辑方向是很有市场的。

市场部唐主任：这是在众多航空母舰中间寻求突破，我认为有成功的希望，关键问题是必须小巧，并且速度快。因为我们建造的不是航空母舰，必须考虑兼容性的问题。

各部门都同意立项，初步的技术方案将在10天内完成，资料部预计需要3个月完成资料编辑工作,系统集成约需要 20 天,该软件预定于元旦投放市场。

散会。

主持人:(签字)
记录人:(签字)

(二)表格示例

会议议程样式一

英豪公司销售团队会议议程表

公司销售团队会议将于 5 月 25 日星期一上午 9:00 在公司总部 3 号会议室举行。

宣布议程。

说明有关人员缺席情况。

宣读并通过上次会议的记录。

通信联系情况。

东部地区销售活动的总结。

销售一部经理关于加强团队沟通问题的发言。

公司销售人员的招聘和重组。

销售二部经理的人选。

下季度销售目标。

会议议程样式二

至:部门经理		
自:总经理办公室		
日期:2014 年 5 月 18 日		
主题:销售团队的人员招聘		
我们下一次团队会议计划在 2014 年 5 月 25 日 9:00 时召开。根据公司领导的指示,要迅速扩大公司的销售队伍,在 6 月要完成 100 人的销售队伍的招聘和培训。		
会议目标:为了确定一个固定的招聘人员的方法,以在全公司通用。		
会议议程:我们的会议将按照下面的议程进行。		
议程事项	责任人	时间
介绍会议内容	经理	5 分钟
讨论每种方法的合理及不合理之处	团队	30 分钟
讨论新方法	团队	10 分钟
下一步工作	团队	15 分钟
请在会议开始之前准备如下内容:		
(1)阅读后附的概述目前正在使用的 3 种方法的文件;		
(2)准备逐一讨论这 3 种方法的优缺点。		

项目六 会议管理

会议日程样式三

××公司新产品销售展示会				
时间：2014年8月8日 地点：员工餐厅和公司会议厅			参加人员：销售主管和所有的工作人员 目的：使员工对公司新产品有所了解	
	时间	内容	地点	参加人员	备注
上午	8:30	报到	员工餐厅门厅	所有员工	
	9:00	销售主管作介绍	公司会议厅	所有员工	
	9:50	休息			
	10:00	新产品展示——技术总监主讲和演示	公司会议厅	所有员工	
	11:00	销售活动录像	员工餐厅三层	自由参加	
	12:00	自助午餐	员工餐厅二层	所有员工	
下午	13:30	员工自由观看和动手操作新产品	员工餐厅三层	所有员工	
	14:30	销售部人员讲解广告宣传单	公司会议厅	所有员工	
	15:30	分小组讨论与咨询	员工餐厅三层	自由参加	
	16:30	散会			

（三）拓展案例

会务管理

天地家电公司正在召开有关会议，讨论近期召开全国各地客户咨询洽谈会的有关事宜。天地家电公司是一家改制后的大型国有企业，公司资产雄厚，员工众多，著名的科技人员和高层管理人员云集。公司在做好内部管理工作的同时，也注意做好客户管理工作。最近几年，公司推出了一系列新产品，占领了国内50%以上的家电市场，在国外也影响很大。最近，公司又在电脑、手机、电视等多个项目上研制生产出新型、新款产品，准备在这次客户咨询洽谈会上亮相，以此引起客户和消费者的关注。会上，营销部主任提供了一份本公司客户名单，其中各种单位和个人有两三百个。公司决定给这些单位和个人发出邀请信，邀请他们参加本公司关于新产品的大型客户咨询洽谈会。

公司委任总经理的助理高叶负责此项工作。高叶迅速成立会务筹备处，拟订会议方案，准备大会所用各种材料。会议定于2014年10月10日在北京国际会议中心召开，食宿也在北京国际会议中心，会期暂定5天，其中，第一天开幕式、参观公司，第二天专家讲座，第三天专家咨询，第四天专项合作项目洽谈，第五天组织客户游览长城。公司要求大会必须圆满成功，以达到公司举行这次活动的目的。

高叶成立的大会筹备处，成员有10人。他们首先召集会务工作会议，明确将要召开的咨询洽谈大会的主题，即宣传新产品，洽谈新业务以及围绕主题，拟订大会筹备方案，同时确定参加会议的正式人员280人，特邀有关领导和专家10人，工作人员10人。确定了大会的议程和会议所需要的各种材料，大会所需的经费预算，请有关领导和专家讲话的建议等。该方案报经公司领导审核、讨论、修改、完善后，筹备处马上给各位成员明确分工。主要分工有：准备会议所需文件（包括起草会议通知，公司总经理的开幕词，有关领导的讲话稿，有关新产品的情况资料，与会议有关的背景材料等）；会务服务生活保障（包括发会议通知，接待、签到，分发文件和物品，安排住宿，布置会场等）；宣传报道（联系新闻媒体，通报会议情况，编写会议纪要等);对外联络(包括联系旅游,预订返程车票、船票、机票等)。

经过精心准备,各方人员如期到会,新产品咨询洽谈会按时召开。但是,在与会人员报到时,负责接待签到的初萌发现,有十几个会员在报到单上注明为少数民族。初萌及时把这一情况报告给高叶,高叶马上通知有关人员安排不同民族风味的饭菜,使与会人员都非常满意。会议按计划顺利进行,与会人员对该公司的新产品非常满意。此外,专家的讲解、介绍更使与会人员大开眼界。利用会议休息时间,公司还应与会人员的要求,组织他们参观了公司的生产车间等场地。会务筹备处还安排了舞会等娱乐项目,最后一天的游长城更是其乐融融、热闹非凡,大家像老朋友似的说笑着、唱着登上长城,年轻人还进行了登长城比赛。公司王副经理在长城上即兴演说,把长城的历史同当今中国经济的繁荣结合起来,使得客人们群情激昂、振奋不已。客人们都表示,对这种形式的会议很满意,他们了解了公司的生产情况和公司产品的特点,在经销这种产品时就会有的放矢地介绍产品,这增加了他们销售的积极性。这次会上,公司签订的订单是出人意料得多。在游长城回来后,还有单位同公司签订合同。

新产品咨询洽谈会结束了。公司送走了客人后,进行会后总结。总结会上,公司总经理认为,这次会议开得很成功。会务筹备处的准备工作做得周密细致,会议的组织接待工作做得很好,为公司赢得良好的人气打下了基础。再加上新产品过硬的质量,专家精辟的讲解等,使得这次会议达到了预期的目的,圆满成功。高叶也做了总结,他主要指出这次大会上的一些疏漏之处,比如,在准备期间,把一个常识性的问题给遗忘了,那就是少数民族人员的就餐问题。虽说是一个小问题,但处理不好也会造成不好的影响。幸亏发现及时,及早解决,才没有影响客户的情绪,使大会能顺利进行。在此特表扬初萌工作细致,发现问题能及时反映,并尽早解决。另外,会议简报出得不够及时,没有把会议上的情况及时通报给有关人员,尤其是最后签订合同的情况,这可能是会期结束,有些人员思想松懈造成的,以后要吸取这方面的教训。总结会上还通报了这次咨询洽谈会上的收获,80%的与会者都同公司签订了合同,超出了预计的数量。这也为公司下一步的工作提出了更高的要求。尽管如此,公司上下都很高兴。总经理决定,对大会筹备处的人员每人奖励一个月的奖金。最后,要求大会筹备处尽快把与这次大会有关的材料都整理出来。①

(四) 知识链接

知识链接一　　股东大会

一、股东大会的性质

《中华人民共和国公司法》(以下简称《公司法》)规定:"股份有限公司由股东组成股东大会。股东大会是公司的权力机构。"因此,股东大会是股份有限公司行使决策权的权力机构,其基本特征如下。

1. 由全体股东所组成

公司在法律上虽具有独立人格,但股东是公司实际上的所有者。每个股东都有权参加股东大会,并通过股东大会发表自己的意见和要求,从而形成公司法人意志。

2. 非常设机构

股东大会虽是股份有限公司的权力机构,但它却是非常设机构,是依《公司法》或公司章

---

① 孟床荣:《秘书职业技能实训教程》,北京:清华大学出版社,2007年版,第126页,有改动。

程的规定定期召集的一个公司意志形成机关。由于公司已交由股东大会选举组成的董事会经营管理,股东大会只在公司遇有重大问题时才召集会议,故实无常设之必要。

3. 集中反映股东意志的机构

股东大会决议是依照法律或公司章程规定的表决制度所形成的多数股东的意志,故其一经形成决议,就被认为是代表全体股东的共同意愿能对全体(包括持不同意见的)股东产生约束力,从而体现了股东大会作为公司内部行使决策权的权力机构的权威性。

二、股东大会的职权

股东大会的职权,是指依法必须经股东大会决定的事项。股东大会的职权应包括《公司法》规定的和公司章程授予的职权。

根据《公司法》的规定,股东大会的法定职权如下:决定公司的经营方针和投资计划;选举和更换董事,决定有关董事的报酬事项;选举和更换由股东代表出任的监事,决定有关监事的报酬事项;审议批准董事会的报告;审议批准监事会的报告;审议批准公司的年度财务预算方案、决算方案;审议批准公司的利润分配方案和弥补亏损方案;对公司增加或者减少注册资本作出决议;对发行公司债券作出决议;对公司合并、分立、解散和清算等事项作出决议;修改公司章程。

三、股东大会的种类

1. 股东常(年)会

股东常会,是指依照法律或公司章程的规定而定期召开的股东大会,我国《公司法》规定:"股东大会应当每年召开一次年会。"所以又称股东年会。股东年会的主要议题是讨论并决定公司的常规性事务,如年度财务预决算方案、年度利润分配或亏损弥补方案、重大投资计划等。

2. 临时股东会

临时股东会,是指在两次年会之间因出现法定事由临时召开的股东大会。按我国《公司法》的规定,公司遇有下列情形之一时,应当在2个月内召开临时股东大会:

(1) 董事人数不足《公司法》规定的人数或者公司章程所定人数的2/3时;

(2) 公司未弥补的亏损达股本总额1/3时;

(3) 持有公司股份10%以上的股东请求时;

(4) 董事会认为必要时;

(5) 监事会提议召开时。

四、股东大会的召集

1. 召集权力

股东大会由董事会召集,由董事长主持。董事长因特殊原因不能履行职务时,由董事长指定的副董事长或者其他董事主持。我国《公司法》没有赋予监事会及少数股东特殊情况下召集股东大会的权力。因此,无论是股东常会还是临时股东大会,依法只有董事会有召集权。

2. 召集程序

召集程序主要是指通知或公告股东的过程。应当将会议召开的时间、地点和审议的事项于会议召开20日前通知各股东;临时股东大会应当于会议召开15日前通知各股东;发行无记名股票的,应当于会议召开30日前公告会议召开的时间、地点和审议事项。无记名股票持有人出席股东大会的,应当于会议召开5日以前至股东大会闭会时止将股票交存于公司。

3. 出席会议的股东人数

股东既可亲自出席股东大会,也可委托代理人出席。但由代理人出席股东大会时,应当向公司提交股东授权委托书,并在授权范围内行使表决权。

4. 股东大会的决议种类

股东大会通过决议,实行多数股东表决权决定原则。

(1) 普通决议

普通决议,是指决定公司普通事项时采用的以简单多数通过的决议。所谓简单多数通过,是指出席会议的股东所持表决权的半数以上通过。

(2) 特别决议

特别决议,是指决定公司特别事项时采用的以绝对多数才能通过的决议。股东大会作出修改公司章程、增加或者减少注册资本的决议,以及公司合并、分立、解散或者变更公司形式的决议,必须经出席会议的股东所持表决权的 2/3 以上通过。

5. 股东大会的会议记录

股东大会应当对所议事项的决定作成会议记录,主持人、出席会议的董事应当在会议记录上签名。会议记录应当与出席股东的签名册及代理出席的委托书一并保存,以方便股东、债权人及有关人员查阅。必要时,也可便于分清有关人员的责任界限和范围。

知识链接二 董事会

一、董事会的概念及特点

股份有限公司的董事会是由股东大会选举产生的若干名董事组成的行使经营决策和管理权的公司执行机关,其基本特点如下。

1. 董事会是股份有限公司的常设机关

作为注册登记事项之一,公司首届董事会实际上是在公司注册登记前由创立大会选举产生,自公司正式登记成立之日起,董事会即作为一个稳定的机构存在,只要公司存在一天,董事会就存在一天。公司注销登记,董事会才解散。

2. 董事会是公司业务的执行机关

董事会是股东大会选举产生的公司管理者,其首要任务就是执行股东大会的各项决议,并对股东大会负责。

3. 董事会是公司的经营决策机关

除法律和公司章程规定必须由股东大会决议的事项外,公司的其他一切事务都可由董事会经营决策。

4. 董事会是公司的对外代表机关

由董事会而不是股东大会作为公司的对外代表机关,董事长为公司的法定代表人。

二、董事会的职权

董事会的职权包括:负责召集股东大会,并向股东大会报告工作;执行股东大会的决议;决定公司的经营计划和投资方案;制订公司的年度财务预算方案、决策方案;制订公司的利润分配方案和弥补亏损方案;制订公司增加或者减少注册资本的方案;拟订合同合并、分立、变更公司形式、解散的方案;决定公司内部管理机构的设置;聘任或者解聘公司经理(总经理),根据经理的提名,聘任或者解聘公司副经理、财务负责人,决定其报酬事项;制定公司的基本管理制度。

除此之外，若公司章程赋予董事会一定范围的职权，亦属合法。

三、董事会的组成

根据《公司法》的规定，股份有限公司董事会成员为5~19人。董事会成员由股东大会选举产生。为保证董事会决议能以多数顺利通过，不至于在表决时因数目相等而陷入僵局，公司在确定董事会成员的具体人数时，应取上述法定范围内的奇数为好。

董事会设董事长，可以设副董事长1~2人。董事长和副董事长由董事会以全体董事的过半数选举产生。董事长为公司的法定代表人，并依法行使下列职权：

(1) 主持股东大会召集，主持董事会会议；

(2) 检查董事会决议的实施情况；

(3) 签署公司股票、公司债券。副董事长协助董事长工作，董事长不能履行职权时，由董事长指定的副董事长代行职权。

符合条件的当选董事，其任期由公司章程规定，但每届任期不得超过3年。董事任期届满，连选可以连任。董事在任期届满前，股东大会不得无故解除其职务。

四、董事会的议事规则

董事会每年度至少召开2次会议，具体的召开时间，可由章程规定。此外，董事会也可视需要而召开临时会议。临时会议的通知方式和通知时限可由公司另定，但每年度依法必须召开的2次定期会议，应当于每次会议召开10日以前通知全体董事。

依《公司法》的有关规定，董事会的议事规则如下。

(1) 每次董事会会议，应由1/2以上的董事出席方可举行。董事会会议应由董事本人出席；在董事因故不能亲自出席时，可以书面委托其他董事代为出席董事会。

(2) 董事会会议由董事长主持，董事长因故不能亲自主持时，可由其委托的副董事长或其他董事主持。

(3) 经理及监事均应列席董事会会议。

(4) 公司研究决定生产经营的重大问题，制定重要的规章制度时或研究决定有关职工工资、福利、安全生产以及劳动保护、劳动保险等涉及职工切身利益的问题时，应当事先听取公司工会和职工的意见，并邀请工会或者职工代表列席会议。

(5) 董事会作出决议，必须经全体董事的过半数通过。列席人员无表决权。

(6) 董事会应当对会议所议事项的决定作成会议记录。出席会议的董事和记录员应在会议记录上签名。

五、经理

股份有限公司的经理，是指受聘于董事会的负责公司日常事务的高级行政管理人员。经理对董事会负责，经理机构可称为辅助执行机构，即辅助董事会执行的工作机构。在公司达到较大规模时，一般要在董事会下设总经理、副总经理及部门经理和副经理若干。

股份有限公司的经理行使下列职权：(1) 主持公司的生产经营管理工作，组织实施董事会决议；(2) 组织实施公司年度经营计划和投资方案；(3) 拟订公司内部管理机构设置方案；(4) 拟定公司的基本管理制度；(5) 制定公司的具体规章；(6) 提请聘任或者解聘公司副经理、财务负责人；(7) 聘任或者解聘除应由董事会聘任或者解聘以外的负责管理人员；(8) 公司章程和董事会授予的其他职权。

项目七 文书处理

> **学习目标**
>
> **知识目标** 通过学习,了解文书的概念与种类,掌握行文关系与行文规则;掌握文书管理的内容和方法。
>
> **能力目标** 通过学习,掌握文书处理的工作程序及各环节要求;能够正确进行文书收发处理工作;能够进行文书管理,并对文档加以利用。

任务一 文书与文书处理认知

任秘书起草公司简介

办公室主任交给秘书小任一项任务,起草一份公司情况简介。在交代任务时,主任还主动地告诉小任,简介分四个部分:一是公司的历史与发展;二是公司的经营与成果;三是公司的人才优势;四是公司的科技研究及拳头产品,并告诉小任要如何收集材料,如何组织材料,重点放在哪里,要突出什么等。

小任很想认真地记录下来,但又怕主任会看轻自己,于是便漫不经心,没用心判断和领会主任的意见,完全是一副"你不说,我也会写"的样子。

第二天,小任便按照自己的想法和构思完成了初稿。主任审阅后,提出许多问题,要小任按照自己昨天交代的进行修改。

小任不知所措,按主任的意见办,自己没听进去;再请教主任,又怕丢面子。小任思来想去还是自己想法子,闭门造车。

第二稿交上去了,还是那些意见,批语仍是"按交办意见修改"。就这样一份简介,小任足足写了5遍,仍不符合领导的意图。

最后,在无法再改的情况下,小任自作主张,将第五稿送文印室打印,并直接送交主管经理。

主管经理阅读后,也很不满意,并责成办公室主任对小任的做法批评教育。此时,上级主管部门来电催促,公司情况简介立即上报,以便公司对外交流。

办公室主任只好自己动手修改,然后打印上报。这样才使小任渡过了难关。①

---

① 王晶:《秘书学》,重庆:西南师范大学出版社,2008年版,第137—138页,有改动。

 **基础知识**

文书是实现管理职能的必要条件,是联结上下左右的纽带,是管理活动的依据和凭证,文书处理工作贯穿秘书工作的始终。秘书在工作活动中要做好文书工作,及时准确地拟制、处理并妥善管理文书,以充分发挥文书的作用。

一、文书的概念

文书,是指党政机关、企事业单位、社会团体以及一切依法成立的组织在各自的管理活动过程中代表本组织形成的规范的文书信函的统称,是传达贯彻党和国家的方针政策、发布法规和规章、实施行政措施、指导商洽工作、汇报情况、交流经验的重要工具。

二、文书的种类

根据不同的标准,文书有多种分法,一般来说可分为以下三大类。

(一) 通用文书

通用文书,是指在各级党政机关和企事业单位中普遍使用的、国家实行统一管理的文书,即公务文书。根据 2012 年 4 月 12 日中共中央办公厅和国务院办公厅发布的《党政机关公文处理工作条例》,我国公文种类有 15 种,即决议、决定、命令(令)、公报、公告、通告、意见、通知、通报、报告、请示、批复、议案、函、纪要。

(二) 专用文书

专用文书是一种专供特殊需要而专门使用的文书,它只适用于一定的工作部门和业务范围。例如,外交文书中的照会、外交声明;司法文书中的诉状、答辩书、判决书;经济活动中的市场调查与预测报告、经济活动分析报告、质检报告、财务分析报告,另外还有军事专用文书、科技专用文书等。

(三) 常用事务文书

常用事务文书,是指机关、企事业单位和团体在日常工作和事务处理中经常使用的形式较为灵活的文书,如计划、总结、调查报告、演讲稿、慰问信、情况说明等。某些情况下这些文书既可为公用也可为私用。机关事务文书多在内部使用,必要时也可上报或下发。

三、文书处理

文书处理,是指围绕文书的撰拟、办理、管理进行的一系列相互关联、衔接有序的工作。党政机关、企事业单位等一般设立文秘部门或者由专人负责文书处理工作。秘书在进行文书处理的过程中必须遵循一定的文书处理原则,《党政机关公文处理工作条例》第5条规定"公文处理工作应当坚持实事求是、准确规范、精简高效、安全保密的原则。"

(一) 注重实效

公文的制发使用是为处理事务、解决问题、协调工作、沟通信息、加强管理或以资凭证和记载,所以,文书处理应一切从实际出发,注重实效,使行文要确有必要。文书虽然是管理工作的不可缺少的工具,也要避免"文山"现象,可发可不发的一律不发,可长可短的一律简短。

(二）准确规范

准确既包括文书本身的质量，又包括文书处理程序各环节的质量。文书在拟制过程中，要求严格执行党和国家的法律、法规和政策，观点要正确，格式要规范，用语要确切；文书在处理过程中，要体现严肃、认真的工作作风，做到程序完整、方法缜密、手续齐全。

(三）及时高效

及时是对文书处理效率的要求。要根据事情的轻重缓急处理文件，加速文件的运转，不积压、不拖延、不误事、不影响文书处理各个环节的正常运转。

文书处理及时要求秘书做到以下几点：首先，要明确办文的时限，规定每个具体工作环节的时间，确保文书处理的效率；其次，要简化办文手续和难度；最后，要采用现代化的办公手段，提高办文的速度。

(四）安全保密

安全是对文书处理的管理要求。秘书要保证文书内容的安全，特别是一些涉及国家机密的文件，要严格遵守《中华人民共和国保守国家秘密法》的有关规定，建立完善的拟制、处理和运转管理制度，消除和防范不安全因素，尤其应注意在计算机和网络环境中保证公文内容不被窃取、篡改或损毁；要保证文书实体的安全管理，使用比较耐久的字迹材料和合乎要求的载体材料，极力减少文书的各种人为或自然损坏因素，以求延长文书的寿命，更好地发挥文书的功能。

四、行文制度

文书在具体的办理过程中，由于受各自组织关系和权限地位的约束，社会组织之间的行文必须按一定的制度进行。行文制度包括机关单位之间的文书往来应该遵守的规则和要求，其内容主要包括行文关系、行文方式和行文规则等。

（一）行文关系

行文关系，是指行文时发文机关与收文机关之间的关系，它是根据各自的隶属关系和职权范围来确定的。隶属关系，是指机关单位之间在工作和业务方面形成的领导与被领导或管辖与被管辖的关系。职权范围，是指机关级别权力、职能的界限和所辖领域。职权范围有法定的，有上级机关确定的，它的划分是为了明确机关单位的职责和便于监督管理。

在整个国家的组织系统中，各级国家组织、社会团体、企事业单位都各有特定的隶属关系和职权范围，都处在一个特定的组织系统中，因而各个不同单位之间就自然地构成了不同的组织关系。目前，我国各级党政机关、企事业单位之间的组织关系主要有四种：（1）同一组织系统中上下级机关之间属于领导与被领导的隶属关系；（2）同一组织系统中上级主管业务部门与下级主管业务部门之间属于业务指导关系；（3）同一组织系统中的同级机关单位之间属于平行关系；（4）非同一组织系统的任何机关单位之间，无论级别高低，既无领导与被领导的关系，也无上下级业务指导与被指导关系，这种关系属于不相隶属关系。

根据隶属关系和职权范围，行文关系主要有：（1）隶属关系，同一组织系统中具有领导与被领导关系的上下级机关之间的行文关系，具有指导与被指导关系的上级主管业务部门与下级主管业务部门之间的行文关系；（2）平行关系，同一组织系统中的同级机关之间的行文关系，非同一组织系统的不相隶属的机关之间的行文关系，都是平行关系。

行文关系决定行文方向,行文方向有上行、下行、平行三种。若行文关系是隶属关系,那么行文方向应是上行或下行;若行文关系是平行关系,那么行文方向应是平行。相应地,按照行文方向,公文可以分为上行文、平行文和下行文。

1. 上行文

上行文,是指下级机关、下级业务部门向它所属的上级领导机关和上级业务主管部门自下而上的行文。

2. 平行文

平行文,是指同级机关或者不相隶属的机关之间的一种行文。

3. 下行文

下行文,是指上级领导机关、上级业务主管部门对所属的下级机关、下级业务部门的一种行文。

(二) 行文方式

行文方式,是指单位之间文件传递的层次和形式,主要有逐级行文、多级行文、直达行文、越级行文、直接行文、联合行文几种方式。不同的行文方向皆有相应的行文方式。

1. 逐级行文

逐级行文,是指公文逐级上报或下达,或只向所属的上一级组织或下一级组织行文的方式。逐级行文是上行文和下行文最基本、最常用的行文方式。

2. 多级行文

多级行文,是指向直属的上级机关行文的同时报给更高一级的上级机关;或同时将公文下发给若干下级机关或直接下达至基层组织。

3. 直达行文

直达行文,是指上级领导组织直接将文件发到基层组织或直接向公众传达的行文方式。采用直达方式行文的文件一般是时效性较强、涉及面较广,需要动员各级组织和广大群众共同执行或知晓的普发性文件,这类普发性文件有的也可以采用在报刊上发布的形式。

4. 越级行文

越级行文,是指在特殊或必要的情况下,越过直属上级机关而向更高级别的上级机关行文的方式。一般不得越级行文。越级行文一般用于上行文,只有在下列情况时才能使用:(1) 由于情况紧急,逐级上报会延误时机、造成损失的问题,如战争、严重的自然灾害、公共卫生安全等;(2) 经过多次请示直接上级,长期未能得到解决的问题;(3) 与直接上级组织有争议而无法解决的问题;(4) 上级组织交办的并指定越级上报的问题;(5) 对直接上级机关进行检举揭发的问题;(6) 与直接上级组织无关,需要越级咨询和联系的一般性问题。

5. 直接行文

直接行文,是指同级或没有隶属关系的组织之间根据工作需要,直接向对方行文的方式。平行文采用这种行文方式。

6. 联合行文

多数情况下行文为一个组织的独立行为,但在实际行文时,由于工作需要也有一些文件是两个或两个以上的组织联合行文。联合行文时必须要注意：发文组织必须是同级或者级别相近的组织；确有联合发文的必要，联合发文的组织不宜过多；发文之前，各方要协商一致，进行会签。

（三）行文规则

一般不得越级行文，特殊情况需要越级行文的，应当同时抄送被越过的机关。

1. 上行文

（1）原则上主送一个上级机关，根据需要同时抄送相关上级机关和同级机关，不抄送下级机关。受双重领导的机关向一个上级机关行文，必要时抄送另一个上级机关。

（2）除上级机关负责人直接交办事项外，不得以本机关名义向上级机关负责人报送公文，不得以本机关负责人名义向上级机关报送公文。

（3）党委、政府的部门向上级主管部门请示、报告重大事项，应当经本级党委、政府同意或者授权；属于部门职权范围内的事项应当直接报送上级主管部门。

（4）下级机关的请示事项，如需以本机关名义向上级机关请示，应当提出倾向性意见后上报，不得原文转报上级机关。

（5）请示应当一文一事。不得在报告等非请示性公文中夹带请示事项。

2. 下行文

（1）主送受理机关，根据需要抄送相关机关。重要行文应当同时抄送发文机关的直接上级机关。

（2）上级机关向受双重领导的下级机关行文，必要时抄送该下级机关的另一上级机关。

（3）党委、政府的办公厅（室）根据本级党委、政府授权，可以向下级党委、政府行文，其他部门和单位不得向下级党委、政府发布指令性公文或者在公文中向下级党委、政府提出指令性要求。需经政府审批的具体事项，经政府同意后可以由政府职能部门行文，文中须注明已经政府同意。

（4）党委、政府的部门在各自职权范围内可以向下级党委、政府的相关部门行文。

（5）涉及多个部门职权范围内的事务，部门之间未协商一致的，不得向下行文；擅自行文的，上级机关应当责令其纠正或者撤销。

3. 联合行文

同级党政机关、党政机关与其他同级机关在必要时可以联合行文。属于党委、政府各自职权范围内的工作，不得联合行文。党委、政府的部门依据职权可以相互行文。部门内设机构除办公厅（室）外不得对外正式行文。

星海歌舞厅的"启事"

星海歌舞厅开张之日，由于其乐队架子鼓手突然摔伤告假，只好临时找来一个救场的鼓手，但其他的乐手因感到缺乏配合练习，上场把握不大，纷纷打退堂鼓。晚场舞会的请柬已经发出去了，公关部门感到十分为难和紧张，新上任的经理助理高叶马上拟出了一份文稿：

通 知

因我歌舞厅乐队架子鼓手突然受伤,原定×月×日晚×时的舞会临时改在×月×日晚×时举行。欢迎各位届时持原请柬光临。

对此变动,本歌舞厅表示深深的歉意并望各位体谅。

×× 歌舞厅

× 月 × 日

经理阅后当即否定了高助理的做法,要求她立即不惜代价联系一支其他乐队来救场,晚上的演出要照常。然后指出高叶的做法至少有两点失误。

是夜,舞会照常进行。舞厅门口贴着一张"启事":

敬 启

为庆祝歌舞厅开张大吉,特诚挚邀请××乐队做首次舞会演奏。愿强大的乐队阵容和优美的乐曲,给各位宾客送去本歌舞厅的谢意和美好祝福。

感谢各位乐师!

感谢各位宾客!

×× 歌舞厅

× 月 × 日

【讨论分析】

（1）面对突发事件,高叶的做法有哪些失误?

（2）是夜,歌舞厅的门口为何贴着这样一张"启事"?

任务二　发文处理

高叶起草的文件为何返工

高叶是天地公司办公室秘书。一天,办公室主任交给她一个任务,让她起草一份《公司产品展销会保卫工作意见》,并于2日内缮印发出。高叶接受任务后,按照上司的意图,遵循草拟文件的要求,很快撰写好了文件。为抢时间、争速度,拟出文稿之后她立即交给主管上司签发,接着马上送到打字室缮印。缮印人员问她印多少份,她随口说:"干脆多印点,就印60份吧。"文件印好后,高叶拿着印好的60份文件去盖章,然后给办公室主任过目。办公室主任一看,文件格式不符合标准,内容有遗漏,文中还有一些错别字,他告诉高叶文件不合格,需要重新修改缮印。高叶只好返工。

基础知识

发文处理程序,是指根据工作的需要形成的向外发出文件的整个运行过程,是秘书日常文书处理的重要部分。

发文处理程序包括起草、审核、签发、复核、登记、印制、校对、用印、核发,秘书在发文办理中应遵循相关原则与要求。

一、起草

文书起草是文件拟制人员根据单位领导或承办部门负责人的发文意图撰写文稿的过程。它是发文办理过程的首要环节,必须遵循撰写文书的基本要求,以确保文书的质量。

拟稿要符合国家法律法规以及党和国家的路线方针政策,完整准确地体现发文机关意图,一切从实际出发,分析问题实事求是,所提政策措施和办法切实可行。文种选用正确,格式规范;主题明确,观点鲜明,结构严谨;内容简洁,表述准确,条理清楚,文字精练。公文涉及其他地区或者部门职权范围内的事项,起草单位必须征求相关地区或者部门的意见,力求达成一致。机关负责人应当主持、指导重要公文的起草工作。

二、审核

审核是公文文稿签发前,应当由发文机关办公厅(室)对文稿的内容、格式进行全面的审核和检查。审核一般由部门主要负责人、办公厅(室)主任负责,审核的重点包括以下四个方面:

(1) 行文理由是否充分,行文依据是否准确;

(2) 内容是否符合国家法律法规和党的路线方针政策,是否完整准确体现发文机关意图,是否同现行有关公文相衔接,所提政策措施和办法是否切实可行;

(3) 涉及有关地区或者部门职权范围内的事项是否经过充分协商并达成一致意见;

(4) 文种是否正确,格式是否规范,人名、地名、时间、数字、段落顺序、引文等是否准确,文字、数字、计量单位和标点符号等用法是否规范。

需要发文机关审议的重要公文文稿,审议前由发文机关办公厅(室)进行初核。经审核不宜发文的公文文稿,应当退回起草单位并说明理由;符合发文条件但内容需作进一步研究和修改的,由起草单位修改后重新报送。

三、签发

本机关负责人应对以组织名义发出的文稿进行最后的审定,批注发文意见并签字。除按有关规定由会议批准的公文外,签发是绝大多数公文生效的法定程序,公文草稿一经签发即成定稿,具备正式公文的效用,成为缮印正式文本的标准稿本。签发是机关领导人履行职权、承担责任的体现,必须依法、依职进行。

公文应当经本机关负责人审批签发。重要公文和上行文由机关主要负责人签发。党委、政府的办公厅(室)根据党委、政府授权制发的公文,由受权机关主要负责人签发或者按照有关规定签发。签发人签发公文,应在发文稿纸的相应栏目内签署发出意见、姓名和完整日期;圈阅或者签名的,视为同意。联合发文由所有联署机关的负责人会签。

四、复核

复核是对已经签发过的文稿进行核实并批注缮印要求的工作环节,一般由秘书部门负责完成。复核的重点是:文稿的审核、签发手续是否完备;内容是否正确完整;格式是否统一、规范;附件材料是否齐全,注意附件的份数、页数是否符合正文要求。需作实质性修改的,应当报原签批人复审。秘书只有在对文稿复核无误的情况下才能将文稿送印刷厂或打印室进行排版印刷。

五、登记

登记,是指由秘书部门将待发文件登记造册,以备存查。对复核后的公文,应当确定发文字号、分送范围和印制份数并详细记载。发文登记的形式有活页式、簿册式等。登记的项目一般包括发文日期、发文字号、保密等级、文件标题、收文单位、附件、份数等。如果是回复对方的文书,还需注明收文编号。秘书要对发文进行认真登记,因为这是文书管理、查考的重要依据。常见的发文登记簿内容样式参见表7-1。

表7-1 发文登记簿

序号	发文日期	发文字号	密级	文件标题	收文单位	共印份数	发出份数	存档份数	拟稿单位	签发人	附件	备注
1												
2												

六、印制

公文印制是对签发、复核过的文稿进行誊抄、印刷制作正式公文的过程。公文印制必须确保质量和时效,涉密公文应当在符合保密要求的场所印制。印制时还应当注意:

(1) 印制文件必须以签发的定稿为依据,不得擅自改动;

(2) 文件的装订注意检查有无缺页、倒页等;

(3) 当排版后所剩下空白页不能容下印章时,应当调整行距、字距,务必使印章与正文同处一面,不得采取标志"此页无正文"的方法解决。

七、校对

校对是将印制出的首份打印稿与签发、复核过的最终定稿进行核对、校订,确保文书各方面都准确无误后才能完成所需要份数的印制。校对一般由秘书和文书制作部门共同完成。校对的内容如下。

(1) 校订错字、别字、漏字、多字,同时规范字体、字号等;

(2) 检查版式、标题是否端正,页码是否连贯,行字距离是否匀称,版面是否美观;

(3) 依据定稿核对引文、人名、地名、数据、计量单位、专业术语是否有误;

(4) 依据定稿检查版式是否与文种格式统一,有无需要调整和改版之处。

八、用印

对已缮印好的公文正本加盖发文机关的印章,文件一经盖章即生效。公章是代表机关单位职权的一种凭证和标志,用印是一件极为严肃的事情。

(1) 文件用印要与发文机关一致,用印份数应与签发复核批注的份数一致,多余的份数不能盖章。

(2) 文件用印要端正、清晰,印章要居中下压发文机关署名和成文日期,使发文机关署名和成文日期居印章中心偏下位置,印章顶端应当上距正文(或附件说明)一行之内。

(3) 联合行文用印格式参照 GB/T 9704—2012《党政机关公文格式》相应要求执行。

九、核发

核发是秘书将制作完毕的公文进行装订封装、核查发出的工作。核查的重点是文件份数、有无附件及其数量、是否用印、封套与文件内的收文单位是否一致。此外,还应注意:

(1) 检查封套填写是否规范,如邮政编码、地址、名称是否书写正确,机关单位的名称是否用全称或通用简称;

(2) 若发出的文件是密件、急件、亲启件,应检查封套标记、戳记是否注明;

(3) 一般公文邮寄用挂号或特快专递,重要公文应通过机要途径传递,单位内部一般性公文可以直接送达各下属机构或部门的办公室;

(4) 文件装封后应及时发送。

发文处理

1. 情景描述

为响应总公司的号召,早日实现进入"规模500强,品质400优"的目标,中国天地保险股份有限公司南京分公司(以下简称南京分公司)决定从2014年6月1日起开展"扎实基础、提升品质,促进企业持续快速发展"的活动。主要活动是头脑风暴会、主题演讲会和合理化建议征文。各部门和各分支机构必须在2014年7月28日前上报活动开展情况。按照活动方案要求:头脑风暴会是指每月邀请著名专业顾问前来讲座;演讲会每月一个主题,全体员工必须积极参与;合理化建议活动全体员工必须参与,每月评选出3篇优秀征文上报;按期上报活动组织和进行情况。

2. 实训要求

根据上述内容,南京分公司要制发一份通知,完成4个场景演示。

场景一:2014年2月12日,南京分公司总经理王凯将秘书钟苗叫到办公室,对她说明了这次活动的目的与要求,让她马上写一份通知,发到分公司各部门和各分支机构,告知有关活动事项。钟苗用记事本将王总经理的话记录下来,走出经理办公室,回到自己的办公室后,立即开始拟写通知。请演示领导交拟和秘书撰写通知的过程,并请拟写通知的初稿。

场景二:初稿完成后,钟苗将这份通知写在统一的发文稿纸上,拿给王经理审核,王总看完后签字同意发出。请演示领导审核签发的过程。

场景三：钟秘书将这份通知编上发文号，即"天地字〔2014〕10号"，写在发文稿纸的相应栏内，再检查一遍通知的正文内容，在确定无误后，把这份发文稿拿到文印室，交给打字员小刘打印成正稿，打印份数为30份。小刘让钟秘书明天下午14:00来取。请演示秘书编号印制文件的过程。

场景四：5月13日下午14:30，钟秘书将打印好的通知正稿从文印室取回，逐一盖章，并在发文登记簿上填写好内容，再分别将每份通知用信封套好，封上口。请演示秘书发文登记和装封的过程。

3．实训提示

学生每4人为一组，教师为4名学生编上号数，即1—4号。实训在模拟公司办公室进行。

首先，制作文稿。每位学生都必须制作一份通知正稿。要求用办公自动化设备完成，A4纸打印，格式完整，完成时间不超过30分钟。

其次，文稿完成后，再按场景顺序进行演示。4个场景演示总过程不能超过30分钟。

场景一：由1号学生扮演钟秘书，2号学生扮演王总经理。

场景二：由2号学生扮演钟秘书，3号学生扮演王总经理。

场景三：由3号学生扮演钟秘书，4号学生扮演小刘。

场景四：由4号学生扮演钟秘书。

每组在实训过程中还必须制作和填写发文登记簿。

4．实训考核

（1）提前拟写并印制通知文稿，发文登记簿的填写正确规范，占30%。

（2）情景模拟步骤清晰，重点突出，礼仪规范，占40%。

（3）职业素养与团队合作，占20%。

（4）创新设计，占10%。

任务三　收文处理

传阅的文件为何不见了

天地公司办公室收到一份上级主管部门的《关于加强安全保卫工作的通知》，行政经理批示，由保卫部牵头，办公室、宣传部协助开展安全保卫工作。钟苗先将文件交宣传部负责人传阅，并让其阅毕后转交保卫部负责人。保卫部负责人阅毕后，将文件传交办公室负责人时，由于其到湖北参加会议，便由该部门的小张暂时保管并代为转交。隔了几天，当钟苗过问文件的传阅情况时，文件却找不到了。

收文处理,是指秘书对来自单位外部的文件所进行的处置与管理活动。秘书通常负责处理涉及领导和相关职权范围的各类文书。收文处理程序包括文书的签收、拆封、登记、初审、拟办、批办、承办、传阅、催办、答复。

一、签收

签收是对收到的公文逐件清点,核对无误后签字或者盖章,并注明签收时间。文件签收时应注意以下事项。

(1) 应认真清点数量,核对来件套封标明的收文单位或姓名,是否写明给本单位、本部门或在自己的职责范围内,确认无误后方可签收。

(2) 签收时,应在送件人的投递单上签名并注明日期。一般来件要注明收到的年、月、日,急件还应注明收到的时、分,以备查考。

(3) 若发现来件有开封、散包现象或者登记件数与实际件数不符,应立即与对方联系,并采取补救措施。

二、拆封

拆封是把收到的文件、信函拆开,将文件取出。此工作由有权拆封的秘书完成,除有关主管同意外,其他人员不能拆封。密件一般由秘书部门的负责人拆封;标有具体领导人"亲收""亲启"字样的信件,秘书不得拆封,或经授权后方可拆封。拆封不能损坏封内的文件或信函,应保持原封套完好。

三、登记

登记是对公文的主要信息和办理情况作详细记载。凡属正式往来的文件和需要答复办理的文件要逐件登记,如实地记录文件的来源、密级、缓急程度、内容和处理情况等,以利于文件的保存、管理和使用。一般要求急件随到随登,平件当日到当日登。登记的形式一般有簿式、卡片式、联单式三种。常见的收文登记簿内容样式参见表 7-2。

表 7-2 收文登记簿

序号	收文日期	来文单位	来文字号	文件标题	密级	缓急时限	份数	附件	承办情况	复文	归卷日期	备注

四、初审

对收到的公文应当进行初审。初审的重点是:是否应当由本机关办理;是否符合行文规则;文种、格式是否符合要求;涉及其他地区或者部门职权范围内的事项是否已经协商、会签;是否符合公文起草的其他要求。经初审不符合规定的公文,应当及时退回来文单位并说明理由。

五、拟办

拟办，是指秘书对来文应如何处理提出初步意见，签注在收文处理单上，供领导批办时参考。文件的拟办工作一般是由秘书部门的负责人完成，对来文提出初步办理意见或建议性意见，这是秘书"辅助决策"在办文工作中的具体体现。

（1）拟办的意见要写在《收文处理单》上，包括承办部门、阅读范围、拟办人签名、拟办日期等。如注上"请××部门阅办""请××部门传阅"等。

（2）拟办意见应简洁明了、切实可行，以节省领导处理文件的时间。对内容复杂的文件予以摘要，同时查询附录文件中涉及的有关指示或规定，为领导批办提供依据。

六、批办

批办是领导对秘书部门拟办后的公文批示办理意见和具体要求，这是文件收到后能否落实和如何落实的关键。批办意见签署在《收文处理单》的"批办意见"栏，并签上批办人的姓名和批办日期。《收文处理单》内容样式参见表 7-3。

表 7-3　收文处理单

来文机关		来文字号		文件标题	
收文日期		份数		收文人	
拟办意见					
批办意见					
办理结果					
归卷日期			归卷人		

七、承办

承办，是指按照来文的内容、要求和批办意见对文件进行具体办理的工作，这是收文处理的重要程序。承办来文应注意以下四个方面的问题。

（1）阅知性公文应当根据公文内容、要求和工作需要确定范围后分送。批办性公文应当按批办意见办理或者转有关部门办理。

（2）需要两个以上部门办理的，应当明确主办部门，主办部门应与有关部门领导协商会签。

（3）坚持先主后次、先急后缓的原则，紧急公文应当明确办理时限。承办部门对交办的公文应当及时办理，有明确办理时限要求的应当在规定时限内办理完毕（对难以办结的文件，承办部门应在 15 天内向来文单位说明办理情况）。

（4）文件办理结束后，应在《收文处理单》上注明办理结果情况并将其及时整理归档。

八、传阅

根据领导批示和工作需要将公文及时送传阅对象阅知或者批示。办理公文传阅应当随时掌握公文去向，不得漏传、误传、延误。

九、催办

催办是对文书办理情况的督促、检查,是防止文件积压、加快办文速度的重要措施。秘书应及时了解掌握公文的办理进展情况,督促承办部门按期办结。紧急公文或者重要公文应当由专人负责催办。

十、答复

对公文的办理结果秘书应当及时答复来文单位,并根据需要告知相关单位。

收文处理

1. 情景描述

中国天地保险股份有限公司南京分公司收到中国天地保险股份有限公司的一份通知,发文字号为"中天保〔2014〕20号",内容为南京市保监办将于本周对南京地区的保险信用体系进行全面检查,以下是这份通知:

关于迎接南京市保监办保险信用体系检查的紧急通知

各分支机构:

根据2014年度江苏保险信用体系工作安排,南京市保监办将于本周开始对南京地区进行全面检查。希望各分支机构高度重视,对照2014年度保险公司信用考核指标,全面自查整改,并做好接受检查的准备。各分支机构应将自查报告于6月24日之前上报至中心分公司人事行政部。

特此通知

中国天地保险股份有限公司(公章)
2014年6月5日

2. 实训要求

场景一:6月8日,总经理秘书钟苗收到这份通知,将其拆启后,将文件取出,核对好份数、日期后,将文件的内容登记在收文登记簿上。请演示秘书收启文件和收文登记的过程。

场景二:钟秘书取出《收文处理单》,填上内容、提出初步的办理意见,再将《收文处理单》夹在通知原件上,拿到总经理的办公室,给王总经理批示。请演示秘书拟办文件的过程。

场景三:总经理办公室内,王总经理看了通知后,同意了钟苗的处理意见,指明此份通知中要求办理的事项具体应由人事行政部负责办理。之后,他立即打电话让钟秘书过来,让她将这份通知和办理意见传达给人事行政部。请演示领导批办文件的过程。

场景四:钟秘书将这份通知和办理意见交给人事行政部陈部长,请他负责办理。陈部长看过后,以电话的形式告知3个分支机构(樱花区营运部、碧螺区营运部、锦绣区营运部),要求他们对照本年度保险公司信用考核指标进行自查,并在6月20日将自查报告交至人事行政部。请演示承办文件的过程。

场景五:6月20日,3家分支机构的自查报告均按要求上报,陈部长在《收文处理单》上填好办理结果、方式和日期,然后和通知原件一起交还给钟秘书。高秘书将自查报告上报中心分公司人事行政部,请演示"答复文件办理结果"的过程。

学生每 5 人为一个组,分别编上 1—5 号。实训在模拟公司办公室进行。学生按场景顺序进行演示,5 个场景演示总过程不能超过 60 分钟。

场景一:由 1 号学生扮演钟秘书。
场景二:由 2 号学生扮演钟秘书,3 号学生扮演总经理。
场景三:由 3 号学生扮演钟秘书,4 号学生扮演总经理。
场景四:由 4 号学生扮演钟秘书,5 号学生扮演陈部长。
场景五:由 5 号学生扮演钟秘书,1 号学生扮演陈部长。

每组在实训过程中必须制作和填写两份材料:通知的收文登记簿和《收文处理单》。

3. 实训提示

拟办文件时要说明此件应由哪个部门办理,如何办理,办理时限,办理后文件是否应退回,由谁归档。

批办要由领导对文件的办理作出批示,需要办理落实的公文,应批明承办部门或承办人以及承办期限和要求。批办语言要准确、清楚,并签上姓名,写明日期。

承办是文件处理的核心和关键环节,对需向下传达的公文,以电话或转发的形式传达即可。承办必须快速及时地办理,不得延误、推诿,凡可用电话、口头联系等方法解决的问题,不必复文,但需做好记录。

公文办结时,由承办人在《收文处理单》上注明办理结果;电话或面谈方式承办的,应注明谈话人(通话人)的姓名、职务和谈话要点。

4. 实训考核

(1) 收文登记簿和《收文处理单》的填写正确规范,占 30%。
(2) 情景模拟办文步骤清晰,内容正确,重点突出,礼仪规范,占 40%。
(3) 职业素养与团队合作,占 20%。
(4) 创新设计,占 10%。

任务四　文书管理

文件为何缺少附件

星期三上午 10:00,天地公司总经理办公室,秘书钟苗在找王总要的今年一季度的那份文件。文件好不容易找出来了,钟秘书却发现缺了附件,怎么会缺了呢? 下午一上班就要送给王总,上午无论如何也得找到那份附件。过了 11:30,钟秘书才弄清楚,附件是单独装订的,年轻的初秘书将附件留在自己的手里未归卷,说是工作中还要用,在自己的手里比较方便。钟秘书接过附件时不由得叹了口气,看来需要赶快对初秘书进行文书管理工作的指导了。

文书在形成之后,立卷、归档之前,都保存在组织当中,这就存在着文书管理和利用的问题。文书管理得好,文件的运转和利用、立卷和归档才能顺利进行;文书利用得当,才能提高组织的工作效率。

一、文书管理的含义和意义

(一) 文书管理的含义

文书管理,是指通过严格规范的制度和科学有效的方法对文书的数量、质量和运作过程进行的监控和掌管。广义的文书管理,是指对文书从生成到变成档案或销毁的整个生命周期的所有工作环节的全程管理。狭义的文书管理,是指对文书的保管、利用和清退等方面的管理,主要由组织内专门从事文书工作的人员和部门承担。本文所说的文书管理是指狭义的文书管理。

(二) 文书管理的意义

1. 有利于提高文书工作的质量和效率

科学高效的文书管理,可以使文件数量合适、内容准确简要、格式规范、运转顺畅、安全保密,这些都会大大提高文书工作的质量和效率,更好地服务于组织工作,提高整个组织的活力和行政效率。

2. 有利于保证文书的安全

科学有效的文书管理工作,可以使该收集的文件收集齐全,并得到妥善的保存、保管。保证文件不丢失、不损坏,内容不泄露、不泄密。

3. 为档案工作奠定坚实基础

文书和档案关系密切,现在的文书就是明日的档案。文书在内容和形式方面是否科学合理、符合规范,将直接影响未来档案的质量,直接影响档案工作在什么样的基础上进行。

二、文书管理的原则

(一) 统一管理原则

社会组织要统一按照党和国家有关文书工作的法规和政策实施管理,不能各自为政;同一系统内的组织要统一按照上级组织的文书管理制度实施管理,做到上下一致,不能各行其是;同一组织要统一文书管理的制度。

(二) 分类管理原则

实施分类管理是为了保证文书管理工作的条理性,它贯穿于文书工作的全过程。分类的依据可以是文书的性质、内容、种类,也可以是密级、保管期限等。

(三) 安全保密原则

保证文书的安全,要做到及时收集,避免文件的丢失;要做到集中保管,专人管理,实行借阅登记制度;要保证文书存放的安全,避免文件受到损害。保守文件的机密,要制定严格的保密制度;要选用业务过硬、政治素质高的人员专门从事机密文件的管理工作;在文书从制作到传递再到利用的诸环节上,都要采相应的保密措施。

(四)方便利用原则

文档管理工作的根本目的是为本组织和社会各方面提供服务,所以要处理好严格管理和方便利用的关系,既要严守机密,又要方便利用。严格管理是方便利用的基础和前提,没有严格的管理,可能会造成文件数量不全、结构混乱、文件残破,结果无法利用。

三、文书管理的内容

(一)文书的保管

1. 文书保管的含义

文书保管,是指文书从生成或收到开始到归档或销毁之前,在组织内的保存和管理。由于文书最终要归档或销毁,在组织内的保存只是暂时的,因此文书的保管又称文书的暂存。

小型组织每年形成的文件数量较少,大中型组织一年内形成的文件可能数百上千,甚至多至上万份。处于该阶段的文书,情况复杂,如果得不到合理保管,就会造成混乱、丢失、破损或失密,对工作造成不利影响,也将直接妨碍后续档案工作的顺利开展。

2. 文书保管的方法

(1)分类保存

文书分类的方法有很多,如按密级分类、按作者分类、按时间分类、按内容分类等。一个组织无论使用何种分类方式都要注意:第一,暂存文件的分类要与组织档案分类方案相一致,这样不仅使文件类目清晰、系统完备,而且与档案工作相衔接,有利于文件的立卷和归档工作;第二,注意区分归档范围,把应该归档和不应该归档的文件区分开来,这样做有利于年终的整理归档工作。

(2)平时归卷

平时归卷就是文书工作人员平时在文件办理完毕以后,按照事先编制好的分类方案,分门别类、"对号入座"地将文件归入相应的类目或案卷之中。

(3)整理入盒

把不同的文件分门别类地放入不同的文件盒(夹)中,有利于保证文件的条理化,便于查找和利用;也可以避免因反复查找造成的文件破损,保证文件的完整和安全;将文书分类整理入盒,年终整理归档时,只需在此基础上稍加调整,即可形成案卷,极大地方便了归档工作。

在文件盒(夹)的封面和脊背上应根据分类方案标明类目,文件盒(夹)内要编写文件目录,登记序号、发文机关、日期等项目,以便查找和管理。

(4)存放有序

保存文件的设施有文件盒(夹)、文件柜、文件保管室等。对文件进行有序化保管,要将一个文件盒(夹)中的文件用目录的形式按顺序固定下来,文件盒(夹)之间、文件柜之间、保管室之间通过编号的方式使其按顺序固定下来,而且这些顺序必须与机关的文件分类方案中的类目相对应。

(5)严格借阅制度

文件保管的目的在于借阅和使用,为保证文件的齐全、安全、保密和条理,必须严格文件借阅制度,做到归还及时,并对借出的文件实施有效的监控。

3. 文书保管制度

文书保管的内容复杂,涉及机构和人员众多,没有规范严格的制度是不行的。在文书保管过程中,要制定一系列的规章制度,具体包括文书的借阅制度、阅文室制度、翻印转发制度、保密制度等。

(二) 文书的借阅

1. 借阅范围

凡属发文单位规定可以阅读该文件范围的人,都可以借阅;不属于应阅范围的人,须经有关领导批准才可借阅,借阅人不得向外泄露文件的内容。政府机关和其他部门的文件,多属业务性的,是为解决一定问题而形成的,一般不受级别的限制,文件内容所涉及的主管部门的人员都可以阅读。

2. 借阅登记

借阅文件需要登记,借阅登记簿一般包括借阅时间、文件标题、文件字号、借阅人、批准人、退回时间等项目。

3. 阅后退还

借阅人阅毕文件,要按照借阅登记的时间及时退回。对到期没有退回的借出文件,秘书要及时提醒收回。

(三) 文书的复制和汇编

文件的复印和汇编要严格按照有关规定进行。复制、汇编机密级、秘密级公文,应当符合有关规定并经本机关负责人批准。绝密级公文一般不得复制、汇编,确有工作需要的,应当经发文机关或者其上级机关批准。确因工作需要汇编的,应当经发文机关或者其上级机关批准。复制、汇编的公文视同原件管理。复制件应当加盖复制机关戳记,注明复印的机关名称、日期。汇编本的密级按照编入公文的最高密级标注。

(四) 文书的保密

1. 保密范围

一切标有密级的文件,都在保密范围之内,不得随意扩大阅读范围。即使是没有标密级的文件,如果扩大阅知范围会带来不良影响,应该限制阅读范围。

2. 保密措施

(1) 文书制作阶段

机密文件要指定专人打印,文印人员不得泄露文件的内容,校对文稿时不能高声朗读,对机密文稿的废纸要单独保存,指定专人销毁,不能将其与普通文稿的废纸混在一起。

(2) 文书传递阶段

机要文件的收发、编号和登记要和普通文件分开。签收密件要加盖机关的公章和收件人的图章,发现收件封口未封或有破损、异样时要追查原因。

向外发送机要文件时,必须通过机要交通或专人传送。必须封装并在封套上标注密级,绝密文件还应粘贴密封条或加盖密封章。除非特别重要和紧急的事项,一般不用电报拍发

密件。机要文件不得用普通传真机传递。严禁使用普通电话机(尤其是手机)交谈机要文件的内容,也不得在办公室外口述。不得在未采取数据保护和网络安全保密监控管理技术措施的计算机网络上输入、保存和传递机要文件。

(3) 文书办理阶段

传阅密件要按发文机关规定的传阅范围或领导人批准的范围排定次序,在限定的时间和地点阅读,并做好收发登记。

机要文件、重要资料不得带回家或带到公共场所。如遇特殊情况,必须随身携带绝密文件、资料时,事先须经本部门主管领导批准,办理登记手续,并要两人同行,严密看管,须放在公文包中并乘坐有安全保障的交通工具。严禁将机要文件当作废品出售或处理。

(4) 文书保管阶段

存有机密文件的机要室、阅文室和办公室不准会客。如因工作需要,必须在办公室会客,应将文件收好。机要文件要存放在保密柜里,不得遗失。

借阅机要文件必须办理借阅手续,当面点清,登记签收,按期归还。

机要文件管理人员要相对固定,调动工作或长期离职时,必须将其保管的机要文件正式移交并办理移交手续,不得擅自找人代理。

(五) 文书的清退和销毁

1. 文书的清退

文书清退就是文书部门根据有关制度和规定,对办理完毕的文件进行清理,退回原发文组织或本组织文书部门的工作。清退是保证发文组织文件齐全完整、收文组织文件精练的重要方式,也是保守文件机密的重要举措,还是保障整理归档工作顺利进行的重要措施。

(1) 清退范围

涉密文件:凡是机密文件,都应当按照发文机关的要求和有关规定进行清退或者销毁。应该由收文组织立卷归档的密件不在清退之列。

有重大错误的文件:已经制成或发出的文件,如果发现有重大错误,为减少影响,必须清退。

送领导传阅的文件:重要文件要送领导传阅,由于领导工作繁忙,常有不能将文件及时交回的情况。所以,清退领导传阅文件是一件经常性的重要工作。

注明"清退"字样的文件:有些机密文件、领导人的重要讲话、重要会议材料、密码电报等会标注"清退"字样,这类文件都应及时清退。

征求意见的文件:发文组织送来的征求意见的文件,要连同意见一起发回发文机关,如无意见也需注明。

(2) 清退方法

需要清退的文件,发文组织在发送文件上要注明"清退"字样,尤其是机密文件更要这样处理。将上一年需要清退的文件编写目录,附在文件清退通知之后,在每年第一季度向收文单位发出。收文单位应该按照通知要求将目录中规定的文件按时退回。

传阅的文件,如果需要退回,要在文件上加盖"阅后退回存档"的图章,提醒相关人员及时清退文件。

工作人员离岗离职时,所在机关应当督促其将暂存、借用的公文按照有关规定移交、清退。

机关合并时,全部公文应当随之合并管理;机关撤销时,需要归档的公文经整理后按照有关规定移交档案管理部门。

2. 文件的销毁

文件的撤销和废止,由发文机关、上级机关或者权力机关根据职权范围和有关法律法规决定。公文被撤销的,视为自始无效;公文被废止的,视为自废止之日起失效。不具备归档和保存价值的公文,经批准后可以销毁。销毁涉密公文必须严格按照有关规定履行审批登记手续,确保不丢失、不漏销。个人不得私自销毁、留存涉密公文。

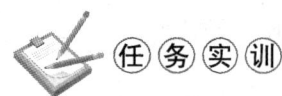

文书立卷

1. 情景描述

高叶在中国天地保险股份有限公司南京分公司里已经工作了2年,一直担任总经理的直属助理。她的工作内容包括为总经理收集资料,准备商务谈判文件,替总经理安排出差日程等多项工作。其中有一项惯例性的工作就是办公室文件的立卷工作,公司一年形成的文件都由高助理负责整理立卷,然后进行移交。但是,公司一年形成的文件数量大、种类多,如果不做好充分的准备,在短时间内是无法将其整理归档完毕的。为了提高工作效率,高助理采用平时立卷的方法来完成这项工作。通常她会在特定的时间,拟好新一年的归档类目条款,根据类别的多少,准备相应数量的卷夹,用于平时文件的随时归卷。每天,高助理都会留出一段时间,将办理完毕的文件分门别类地归入相应的卷夹,对号入座。这样的日常积累工作,为年终立卷奠定了基础。在年终立卷时,一年的文件都已经基本归入了相应的卷夹,只要再对各案卷稍做调整,归档工作就基本完成了。

请你代高叶将本项目任务二、任务三"任务实训"中的两份文件整理归卷。

2. 实训要求

实物准备:准备一定数量的卷夹和卷盒,一些标签,各种颜色的笔;准备两份以上的文件,使其在文种、发文者等文件特征方面各有特点。

实训时,5人分为一组,共同制作完成中国天地保险股份有限公司南京分公司归档的类目,使其结构合理、内容明确,条理清晰,完成时间为40分钟。

通过分工合作,完成立卷卷夹的准备,完成时间为20分钟。

小组成员共同商议,将两份文件归入正确的位置,完成时间为10分钟。

3. 实训提示

根据情景描述中公司的具体情况,拟好新一年的归卷类目,编制成表,注意类目条款的编制要合理,排列要有序。

拟好归卷类目后,再根据所归类目的条款,准备好卷夹(宗),并在卷背上标明条款名称和条款号,为了醒目,可以用不同的颜色。然后,将卷夹按条款顺序排列于文件柜内。这样,办理完毕的文件材料,随时可以"对号入座"。

4．实训考核

（1）归卷类目编制结构合理、内容明确、条理清晰，占25％。

（2）立卷卷夹的准备与制作标准规范，占25％。

（3）两份文件正确整理归卷，占20％。

（4）职业素养、团队合作、创新设计，占30％。

 拓展提高

（一）文书处理相关表格

表 7-4　文件传阅单

文件字号（或收文号）：

月	日	姓名（或部门）	签　字	批　示

表 7-5　公司承办时限规定

工作行为	承办时限
回复信件	收到信件后2个工作日内发出，紧急信件应该在收到信件后当天发出
回复电子邮件	收到邮件后12小时内发出，紧急电子邮件立即发送
处理投诉	接到后立即处理，在收到投诉信24小时内发出回函
文书的具体办理	一般文件，3～7天办完；紧急文件当日或当时办理
文书的整理	当日完成，周末清理，不积压
复印	一般文件24小时内提交，紧急文件在收到3小时内提交

表 7-6　收文催办记录单

来文单位		日期		字号	
内容摘要					
附件		主办单位			
催办记录					
归卷日期		归卷人			

（二）知识链接

传真与电子邮件的礼仪

秘书在日常工作中，选择传真和电子邮件的方式来进行沟通已越来越普遍。根据沟通的目的和内容的不同，选择相应的书写格式，这一点与写作传统的纸质文书没有多大的差别，但由于它们都是采用电子传输，人们的阅读习惯又与传统的阅读方式有所不同，所以，为了达到有效沟通的目的，秘书在书写传真和电子邮件时，一定要注意相关的发送礼仪。

一、传真礼仪

(一) 开头

在传真首页的上方应注明发送者和接收者双方的公司名称、人员姓名、日期、联系电话、总页数等,这样可以让接收者一目了然,分清是哪个公司、什么时候和由谁发来的,以便及时进行沟通;如果传真页数较多的话,那就要有页码标注,以方便对方阅读;如果有所漏发或某页不清楚,对方就可以马上要求补发。另外,传真上的电话应该是发传真的人的电话,不应该只是公司的总机或公司统一对外的宣传电话,这样,接收方一旦有什么疑问就可以马上进行联系。

(二) 内容

传真正文要像写传统书信一样有礼貌,称呼、问候语、致谢语等都不可缺少,特别是结尾的签名一定不能少,否则就是很不礼貌,因为签名就代表这封传真是某人发的,此人对传真内容负全部责任,否则任何人都可以轻易冒名发传真。

(三) 其他事项

传真纸张必须规范。除非一些票据的复印件、图纸和特殊文件,传真的正文要用规范的传真纸,它一般是A4纸,呈白色。如果用其他颜色的纸,不仅显得不礼貌,而且有可能使对方收到的传真发黑,影响传真效果。传真内容的字体应该比普通打印的文件字体稍大一点,以保证对方收到的传真文字清晰。发送传真之前,可以向对方通报一下,以免发错;如果传真页数较多,要特别告诉对方,以让对方考虑是否发传真或采用其他方式;发送之后,要再次和对方确认一下所发传真的页数及内容是否清楚等。同样的道理,如果收到传真后对方没打电话来确认,那就要尽快通知对方,以让对方放心。

二、电子邮件礼仪

(一) 主题明确

电子邮件一定要注明标题,因为许多收件人是以标题来决定是否仔细阅读信件的内容。电子邮件与信笺的一个重要区别是电子邮件有邮件主题。在电子邮件的主题栏里,发信人要用短短的几个字概括出整个邮件的内容,让收件人能权衡出邮件的轻重缓急。因此,邮件的标题必须明确,尽量具体,最好不要超过15个字,让人一目了然,并便于保留。如果标题含糊不清,比如使用"嘿""收着"之类的标题,只能让收件人把它当"垃圾邮件"对待,一删了之。正是因为电子邮件对"主题"的这种要求,所以,一封电子邮件最好只有一个主题,如果有两件事那就最好写两封邮件。

(二) 称呼礼貌

如果写的是一封比较正式的邮件,特别是在替上司起草邮件时,那就一定要像写正式信函一样,开头用"尊敬的"或者是"先生/女士,您好!"结尾要有祝福语,并使用"此致/敬礼!"这样的格式。当然,如果是与公司熟悉的同事或朋友交流,可以用类似于口语交谈式的风格,问候语可以随意一点,如"你好""嘿",或者仅仅是一个简单的称呼,结尾也不用那么正式,比如用"以后再谈""祝你愉快"等;也可什么都不写,直接写上自己的名字。

(三) 内容正确

秘书在发工作邮件时,要斟词酌句,把握好内容,特别是那些需要回复及转寄的电子邮件,每一个字、每一句话都要推敲,因为秘书发邮件往往是在执行上司的旨意,稍有不慎,就有可能影响上司及公司的形象。

项目七 文书处理

（四）篇幅简短

大多数人工作很忙，在查看邮件时，都不太有耐心，所以，邮件要写得尽量简单扼要、条理分明，避免长篇大论。另外，为了便于阅读，电子邮件的语言要流畅，尽量避免生僻字、异体字；引用数据资料时，最好标明出处，以便收件人核对。

（五）页面清洁

在回复邮件时，为了减少拼错对方邮件地址的可能性，提高工作效率，可以使用"回复"功能，但是，一定要注意清理页面上对方邮件的内容，这样既显得页面清洁，又表示了对收件人的尊重。

（六）少用附件功能

在一些用户的电子邮件系统中，缺乏某些打开附件功能，也有一些人由于害怕附件携带病毒，不愿打开邮件中的附件，所以，在平时应尽量少发带附件的邮件。另外要注意的是，附件越大，下载时间就越长，占用收件人的电脑空间就越多，因此，即使要发附件，也要尽量控制附件的容量。[①]

[①] 谭一平：《我是职业秘书》，北京：机械工业出版社，2008年版，第118页，有改动。

项目八　信息工作

> **▶ 学习目标**
>
> **知识目标**　通过学习,熟悉信息工作的基本要求,掌握信息收集、整理、传递、存储方法与要求;认识保密工作的重要性,秘书工作保密的范围和保密措施。
>
> **能力目标**　通过学习,能够掌握和运用基本的工作方法,形成一定的信息工作能力,能够及时、准确地收集、筛选、校核、传递、存储信息,做好信息的服务工作;做好信息的保密工作。

任务一　信息工作

情景案例

沙里淘金

小张是刚从大学毕业分配来的某厂办公室秘书,虽然他早就听人说过信息是资源、是财富,但究竟它的价值有多大,对领导决策起多大作用,总感到说不清。在一次领导办公会上,办公室卢主任让小张做记录,他才对信息工作有了切身的理解。

会上,管设备的副厂长提出技术改造方案,以提高企业的竞争力,要求把刚刚收回的一大笔资金,重点投放到购买机械设备上。管财务、管生产的副厂长都表示支持。当厂长正要拍板决断时,卢主任说他想向各位领导汇报一个新情况,供领导们参考。领导们的目光一起转向了他。

"我先说几条信息请领导们参考:一是我国粮食进入市场后,粮价上调的趋势十分明显;二是国际上几个主要粮食进口量大的国家今年均遭自然灾害,国际性粮食歉收趋势已定;三是供应我厂工业粮食原料产量区今年都遭到严重的水灾;四是今年又是乡镇企业发展很快的一年,这些乡镇企业不少是利用其资源优势从事投资少见效快的食品和酿酒业,都将以粮食为原料。根据以上情况,我预计,近期粮价必上涨,而且上涨幅度较大,可能每千克上涨0.20~0.30元。我厂每年工业原料用粮10万吨,按每千克原料用粮上涨0.30元计算,每吨将上涨300元,10吨就是3 000元,全年就是3 000万!因此,我建议当务之急是在粮食涨价前购进原料,这样可以降低成本,提高竞争力,获得可观的经济效益。然后再把获得的盈利投入技术改造;由于经济实力增强了,我们进行技术改造的起点可以更高些,最好能达到国际先进水平。这样,就为我们的产品参与国际市场竞争打下了坚实的基础……"

项目八 信息工作

卢主任的发言结束后,会场一片寂静。领导们有的拿出计算器仔细地算着;有的掏出钢笔,在本子上写着;还有的托着腮在沉思……

过了一会儿,厂长的发言打破了寂静:"卢主任提出了一个值得我们深思的问题。我同意他对粮食价格变化所作的分析和预测。摆在我们面前的问题,是先搞基本建设和技术改造,还是先购进即将涨价的原料,取得经济效益后再以更大的投入进行高起点的技术改造。请大家对这两个方案再议一议。"

大家七嘴八舌讨论起来,会议气氛十分活跃。经过反复比较、分析、论证,厂领导最后一致同意采纳卢主任的建议,即先购进粮食原料,再进行技术改造。

后来的事实证明,卢主任的预测是完全正确的,他的方案使企业获得了巨大的利润,整整多赚了一个亿!

小张敬佩地对卢主任说:"看来信息是金钱的说法一点不假!您是怎样获得这些信息的呢?"

卢主任说:"信息变化极快,信息工作无止境。这次我们虽然从大量信息中淘出了一些金沙,但不知还有多少金矿等待我们去开掘、去淘洗、去利用。稍一马虎,它就会从你眼皮底下溜走。"淘金,把小张引入了对信息工作的深层思索。

秘书信息工作主要是指秘书根据上级与主管部门的要求,了解情况,掌握动态,发现问题,然后进行筛选处理,综合分析,提供信息资料给领导参考。信息工作是秘书做好辅助管理的一项重要工作。

一、信息工作的基本要求

(一)准确

在处理信息工作的过程中,秘书要坚持实事求是的作风,尊重客观事实,绝不能为迎合个别领导人的意图而将情况任意夸大或缩小,人为造成信息失真。

(二)及时

信息流动得越快越及时,其在实践中的价值就越高,发挥的作用就越大。任何部门、任何单位要想与时俱进求发展,都要注意获取最新信息,及时发布信息,快速反馈信息。

(三)全面

全面即指信息的收集和处理要注意广泛性,能真实地反映事物各个方面的情况。只有全面地反映情况,才能使各级领导根据各方面的信息,权衡利弊,择善而从,作出正确的判断和决策。

(四)适用

适用,是指信息工作要有针对性,要适合领导利用。秘书在做信息工作时,要针对所处不同组织的领导决策的需要,以是否适合不同单位、不同层次的领导的需要为出发点,而且还要注意不同时期的"热点""难点"和"重点"问题,为领导提供适合领导工作需要的信息。

二、秘书信息工作的作用

（一）辅助领导科学决策必须依靠信息

决策是领导的主要职能,是领导工作的主题。信息是决策的依据,是决策的必要条件。没有信息,就没有科学决策。

（二）起草文件必须依靠信息

秘书撰拟公文,不能闭门造车,而是要在掌握各种信息的基础上,根据领导意图,经过分析、综合,形成更系统、更准确的新的书面信息。可以说,秘书撰拟公文就是运用信息为组织服务。

（三）信访咨询工作需要依靠信息

秘书在接待群众来访、处理群众来信时,必须运用所掌握的政策精神、规章制度、领导意图、实际情况等信息,经过分析、判断去回答来访、回复来信或者将其转有关部门处理。

（四）做好日常管理工作必须依靠信息

秘书要办好组织各项公务,不仅要依靠领导意图、个人学识,还必须依靠各种信息作依据、作借鉴。

总之,秘书工作的一切方面都离不开信息,新时期特别要求秘书强化信息意识,研究并掌握信息工作的规律。

三、秘书信息工作的程序

信息工作的程序主要包括信息的收集、整理、传递、利用和反馈、存储几个环节。这是一个相互衔接、相互联系、相互作用的系统。

（一）信息的收集

信息的收集是整个信息工作的起点与基础,是指秘书为满足使用者的需要,根据一定的目的,通过不同的方式收集、获取信息的过程。

1. 信息收集的范围

（1）上级信息

上级信息,是指上级机关下达的信息资料,包括上级机关下发的含有党和国家有关方针政策、法律规定以及其他指示精神等的各种文件、资料、简报、内部通信和刊物等。

（2）内部信息

内部信息,是指本机关管辖范围内各单位的信息,一般包括来自本机关的信息和来自基层的信息。

（3）平行信息

平行信息,是指本机关以外其他行业的相关信息,包括与自身行业相关的行业信息。

（4）社会信息

社会信息主要是指社会上具有普遍性、倾向性的新问题、新倾向和重大社会动态以及群众的愿望、意见、呼声和要求等,其他诸如历史变革、经济状况、民俗风情、人文地理、人口气候、自然环境等也属于应当注意收集的社会信息。

(5) 国际信息

国际信息,是指发生在国际社会中的有关政治、经济、军事、科技、文化、管理等各个方面的信息。

2. 信息收集的原则

(1) 针对性原则

信息工作人员要根据机构的性质、任务和服务对象确定信息收集的范围和重点。

(2) 时效性原则

信息收集时要做到:一是及时收集已发生的或出现的种种情况和问题;二是以最快的速度传递给决策者,减少一切不必要的滞留时间。

(3) 系统性原则

对某一活动系列动态和变化的特征,必须进行系统地收集,并使信息的传递具有衔接性和连续性。

(4) 全面性原则

收集的信息内容要全面,它涉及所要了解对象的全貌以及相关的多种情况,如事情的过去、现在和将来,事物的正反优劣等,防止以点带面,以偏概全。

(5) 真实性原则

真实性是信息的生命。真实就必须坚持实事求是的原则,力戒主观臆断,不搞人为地夸大缩小,拔高贬低。

3. 信息收集的方法

(1) 阅读法

阅读法是秘书收集信息最常用的方法。秘书要坚持不断地阅读大量的文书、报刊、简报等文字材料,并从中获取有用的信息。

(2) 视听法

视听法,是指秘书对广播、电视、电话、电脑网络以及录像、光盘等采用视听的方法收集信息。

(3) 调研法

调研法,是指秘书到实际工作中调查了解情况,从中获取信息,对在获取信息中发现的带有普遍意义的重要问题要进行专题调研,以证实信息、扩充信息,还可以挖掘和开发深层次的信息。

(4) 交换法

交换法,是指利用信息网点交流的信息,从中交换、选择可为自己所用的信息资料。

(二) 信息的整理

信息的整理是将收集的大量原始信息进行筛选和加工,使之成为完整的、可利用的高级信息资料的过程。

1. 信息的筛选

信息的筛选是对收集来的大量繁杂的原始信息通过鉴别,去粗取精,去伪存真,摒弃虚假和无效的信息,提取真实、有价值的信息。信息的筛选工作的四点要求如下:

(1) 注意选择与实际工作相关的、有实际指导意义的信息;

(2) 注意选择带有倾向性、动向性或突发性的信息；
(3) 能预见未来发展趋势，为决策提供超前服务的信息；
(4) 剔除虚假的、过时的、重复的、缺少实际内容的信息。

2. 信息的加工

信息的加工，是指对筛选出来的信息进行具体的分析，在分析的基础上再加以综合和提炼，以揭示出事物的普遍联系和内在本质，提高信息的层次和利用价值。

信息加工的方法有以下四种。

(1) 文字加工，就是用文字概括出信息中实质性的内容，提高其利用的价值。

(2) 信息提要，就是从大量的信息中提炼出要点，供深度加工或提供给领导辅助决策。

(3) 信息分类，就是按不同的内容、不同的性质和作用对信息进行分类，使其系统化、条理化，以方便信息的检索和利用。

(4) 信息整合，就是对众多的信息通过比较、分析、综合等进行深层加工，获得预示事物发展方向的新信息，提出解决问题的新方案，从而提升信息的利用价值。

(三) 信息的传递

信息的传递，是指把筛选和加工后的信息通过各种传播途径提供给接收者和使用者。

1. 信息传递的方式

(1) 口头传递

口头传递是将信息变成语言传递给信息接收者，具有简便、灵活、快速的特点。

(2) 书面传递

书面传递是将信息变成文字、符号、图表传递给信息接收者，其特点是能避免失真，可进行远距离传递、多次传递，而且便于利用和储存。

(3) 电讯传递

它是人类先进的信息传递方式，已有一百多年的历史。目前，中国内地秘书部门的电讯传递有电话、电报、传真等多种方式，其特点是传递信息迅速、逼真，但难以同时大量地传递信息。

(4) 网络传递

网络传递是通过互联网或组织内部网络的各种信息发布工具传递信息的一种方式，如组织网站的信息发布平台、网络聊天工具，具有信息传递量大、传递快捷等特点。

2. 信息传递的要求

(1) 迅速

信息对于领导或领导机关是否有用，除了信息本身的质量外，还取决于信息传递的速度。因此，要尽量简化周转层次、审批手续，争取运用直达的、先进的通信手段，以提高信息的时效性。

(2) 准确

准确，是指信息在传递过程中不能失真。信息传递本身具有客观可靠性，即不受传递者的主观随意性的影响。减少传递层次，开辟多种传递渠道，是保证信息准确性的重要措施。

(3) 保密

领导机关发出的信息不少具有机密性,而现代化的信息传递手段往往增加了保密的难度。重要的机密信息应通过机密的通道传递,并尽量缩小传递的范围。

(四) 信息的利用与反馈

信息的利用是将获取、处理的信息应用于实际工作,使信息的价值得以实现的过程。秘书部门应成为整个组织的信息中心,为各方面提供信息咨询服务,发挥参谋助手作用。

信息反馈工作是查考信息的利用程度和信息工作的效益状况及存在的问题,以检验信息工作效果如何的重要环节。

(五) 信息的存储

信息的存储就是用科学的管理方法将有保存价值的信息系统保存和积累,以便查找和利用。

1. 信息存储的方式

(1) 原件存储

原件存储,是指文字信息、录音带、录像带、胶卷底片等的存储。文字信息的存储用具为文件夹,文件夹为折叠式的硬壳,在对折处及封面可写上所夹信息资料的名称或类别。

(2) 目录、索引存储

对于大量的信息材料,秘书应当另外编制目录或索引卡,与原始信息一并存储,以便检索利用。

(3) 软件存储

随着计算机技术的广泛应用,秘书可将信息资料制成软件,存储在软盘、光盘或其他电子介质中。

2. 信息存储的步骤

(1) 登记

通过登记建立信息的完整记录,可系统地反映存储情况,便于查找和利用。

(2) 编码

信息资料编码的方法有顺序编码法和分组编号法两种。

(3) 排列

经过科学编码的信息资料还需有序存放和排列。

(4) 保管

保管中应防止信息资料的污损和丢失,要实施科学保管,要及时剔除失去保存价值的信息资料和卡片,建立查阅、保管制度等。信息的保管主要包括:防损坏,如防火、防潮、防高温、防虫害等;防失密、泄密、盗窃等;定期或不定期地进行清点,以便及时发现存储中的问题;及时存储更新,不断扩充新的信息。

3. 信息存储的要求

存储信息必须有专用的柜、架或保险箱,要注意防盗、防火、防潮、防虫,以保持整洁。存储的信息应科学地存放并排列,如可按信息的来源、内容、形式、产生形成时间排列。

平时资料积累与临时紧急事务[①]

华南化工股份有限公司成总经理出国考察了一次,与法国某公司签订了出口某化工产品的意向书。由于此产品科技含量很高,外方总经理将来公司考察生产流程后方才签订合同。但我方得知这一消息时,时间只剩3天了。成总经理立即招来袁秘书和李秘书,要他俩在2天内写出两份内容扎实的材料:一份是介绍华南公司建厂几十年的发展情况;另一份是详细说明华南公司在改革开放后积极创新,改善管理,树立质量意识、品牌意识,在市场营销等方面所做的努力,两份材料均要用准确、全面的数据来加以说明。成总经理再一次强调,要把材料组织好,尽快完成任务,又问:"你们要不要找人帮忙收集数据?"袁秘书表示不需要,而李秘书回答:"最好找个人帮忙。"

袁秘书担任公司秘书已近5年,一直留心收集公司的各种资料,有关化工行业的、本公司的各种统计数据均细心收集保存,并分门别类,装订成册,平时经常翻阅,早已烂熟于胸,所以接到任务后,他翻出所需资料,一个晚上就草拟好了稿子。第二天一早,袁秘书把材料交给了成总经理审阅。可到下午3点钟,还不见李秘书交来材料,总经理派人去催问,回答是有些数据还没有找到,有些数据需要核实。总经理只好找来袁秘书,要他再辛苦一下,帮李秘书把那份材料赶出来。

【讨论分析】

(1)李秘书为何不能像袁秘书那样及时提交材料?

(2)此案例对秘书平时做好信息工作有哪些启示?

文秘招聘信息

1. 情景描述

张颖是文秘专业的学生,为了了解当今社会对文秘人才的市场需求与要求,她利用网络、报刊等收集了各种有关文秘招聘的最新信息,并对这些信息进行了整理加工。

2. 实训要求

请收集近2个月的文秘招聘信息20条,并对信息进行加工处理,提炼归纳出文秘专业岗位招聘的基本特点,进一步了解用人单位对文秘人才的具体要求。

3. 实训提示

(1)应注意收集那些处于不同地区、不同城市(如大城市和中小城市、东部与西部),具有不同性质(如国企、民营、合资、外资、私企等)及不同规模,属于不同行业的招聘单位发布

[①] 孙荣,杨蓓蕾:《秘书工作案例》,上海:复旦大学出版社,2005年版,第132页,有改动。

的招聘信息。可以分组从以上不同角度收集招聘信息,进行加工整理,提炼出有用信息。

(2) 注意分析招聘信息中的"硬件"要求(如年龄、性别、文凭、户口、英语和计算机等级等要求),"软件"要求(如综合素质、能力、技能方面的要求)以及第二专业要求(所在行业的专业要求)。

4. 实训考核

(1) 收集至少20条文秘招聘信息,占20%。

(2) 所收集的信息兼顾了区域、行业、单位性质等方面的不同特点,占20%。

(3) 对信息进行加工提炼时,既有对区域、行业、单位性质等方面的对比分析,也有对"硬件"和"软件"要求的比较分析,占60%。

任务二　保密工作

煮熟的鸭子为什么飞了

皇朝贸易公司总经理办公室的秘书李丽聪明能干,在公司深受重用。她经常与罗浪斯公司的总经理秘书陈珍妮在一起游玩。两家公司都进行皮革进出口贸易。虽然两人的性格完全不一样,李丽热情开朗、乐于助人,陈珍妮温柔沉静、内向含蓄,但两人几乎是无话不谈的好朋友。

在一次闲聊时,陈珍妮说最近的心情不太好,因为公司生意一直不佳,总经理急得茶饭不思,并且把气出在她的身上。李丽说:"你也不要太在意,我们做秘书的要自己调节心情。我们公司的成绩倒不错,我们经理在今天上午就签订了一个合作意向书,有上千万元。如果这笔生意做成,可以赚进一百万元。我没法告诉你详细情况。但这次谈判确实非常顺利。"李丽一边说,一边沉浸在谈判成功的喜悦之中。

过了几天,李丽跟随总经理去白天鹅宾馆与德国某贸易代表团签订正式合同时,过了约定时间,还不见代表团的影子。后来德国某公司长驻中国的代表打来电话说:"代表团已于昨天回国,就在昨天上午与贵市的罗浪斯公司签订了购货合同,价格低于贵公司10%。"

皇朝贸易公司上下都非常沮丧,李丽更是懊恼无比,她懊悔没有提醒总经理及时采取快速行动,也责怪自己没有时时注意德国代表团的动向。令她百思不得其解的是:罗浪斯公司怎样获取德国代表团的情报的?他们是如何抢走生意的?[①]

秘书部门是机关单位的枢纽部门,参与机要事务,保管机密文件,组织并参加重要的会议;秘书尤其是在领导身边工作的秘书,接触的秘密更多,因此,秘书必须做好保密工作。

---

① 孙荣,杨蓓蕾:《秘书工作案例》,上海:复旦大学出版社,2005年版,第52页,有改动。

一、秘密、保密和保密工作

(一) 秘密

秘密,是指在一定时间内只限一定范围内的人员知悉的事项。构成秘密的基本要素有三点:一是隐蔽性;二是莫测性;三是时间性。一般来说,秘密都是暂时、相对和有条件的,这是由秘密的性质所决定的。

(二) 保密

保密,是指把人们把不让外界知悉的事项加以保守和保护,使之不外泄。保密具有以下三个方面的特点。

1. 封闭性

保密的封闭性是由秘密的隐蔽性决定的。秘密就是情报,保密就是对秘密情报进行封锁,防止失密、泄密。

2. 利益性

保密的根本目的就是保护某种利益,使之不受或少受损害。保护国家秘密是保护国家利益,保护政党秘密就是保护政党利益,保护企业秘密就是保护企业利益。维护某种利益是确定秘密和保守秘密的根本出发点,也是保密工作的根本目标所在。

3. 相对性

相对性,是指保密有一定的范围和时间。

(1) 任何秘密都有时间性,此时的秘密事项到彼时可能就是公开的消息。

(2) 任何保密都有空间性,再绝密的事项都有一定的知密范围。

(3) 密与非密都有一定的界限,超过了一定的界限,保密也就失去了价值。

(三) 保密工作

保密工作,是指特定的组织和成员为达到保守秘密的目的而采取的一切手段和措施。要做好保密工作,就要防止失密、泄密、被窃密的现象发生。

二、秘书保密工作的范围和重点

秘书掌握大量的秘密,必须谨言慎行,时刻绷紧保密这根弦。无论是党政机关还是企事业单位的秘书,都应该做好保密工作。要做到不该说的机密,绝对不说;不该问的机密,绝对不问;不该看的机密,绝对不看;不和家属、亲友谈论机密;不在私人通信中涉及机密;不在不利于保密的地方存放机密文件、资料;不携带机密材料游览、参观、探亲和出入公共场所,不在公共场所讨论机密。此外,凡是领导没有委托、授权发布、传播的信息都是属于保密的信息,秘书没有经过领导的允许,私自发布信息以及接待记者也都是不允许的。

(一) 秘书部门保密的范围

秘书保密的范围主要有两大类内容:一是国家秘密,一是工作秘密。

1. 国家秘密

所谓国家秘密,就是关系国家的安全利益,依照法定程序确定,在一定时间内只限一定范围的人员知悉的事项。

2. 工作秘密

所谓工作秘密,就是在公务活动中产生的,不属于国家秘密而又不宜于对外公开的秘密事项。对于高管秘书来说,工作机密是比较常见的。

工作秘密分为两类:一是商业技术秘密;二是属于领导层内部不宜公开或暂时不宜公开的事项。就秘书工作而言,其保密的范围具体体现为以下七个方面:

(1) 文件保密;

(2) 会议保密;

(3) 新闻报道和出版的保密;

(4) 科技和涉外保密;

(5) 电信设备及通信保密;

(6) 经济情报的保密;

(7) 电子计算机的保密。

(二) 秘书部门保密的重点

秘书部门保密的重点包括文件保密、会议保密、人事保密三个方面。

1. 文件保密

文件是方针、政策、措施的物质形式,党政机关的文件是党和国家秘密的一种存在形式,往往记载、涉及一些重大决策以及政治、经济、军事、外交、科技等方面的重要国家机密。文件历来是保密与窃密斗争的一个焦点。秘书部门是各级机关、企事业单位公文处理的主要部门,在公文制作、保管等各个环节中必须严格遵循国家保密法律法规和有关规定,以确保文件安全。

2. 会议保密

会议是一种重要的决策方式,其内容直接涉及党政、经济、科技等多方面的国家秘密,一旦泄露出去,将会危及国家安全和利益。秘书部门和秘书必须重视会议的保密工作。

3. 人事保密

各级各部门领导人,尤其是党和国家领导人的行动和公务活动应当保密,同时各部门人员组成的调整、职务的任免在未公布前也应当严守机密。

总之,秘书在保密工作中位置特殊,责任重大,必须有强烈的保密意识,要严格遵守《党和国家工作人员保密守则》的具体规定。

三、保密工作措施

(一) 配备必要的保密设备

(1) 文件碎纸机。

(2) 现代保密文件柜。

(3) 部门或家庭无线防盗报警系统。

(4) 各种商业密码保密装置。

(5) 网络安全防火墙。

(6) 电子防盗报警系统。

(7) 网络安全隔离计算机。

（二）严格遵守保密制度和保密纪律

(1) 加强保密教育，重视保密工作。
(2) 建立保密制度，严格遵守保密纪律。
(3) 要掌握一定的保密知识。
(4) 正确处理好对外开放与保密工作的关系。
(5) 认真处理好信息披露和对外宣传报道的关系。
(6) 方法上要灵活巧妙。

（三）进行保密检查

保密检查，是指保密主管部门或有关机关、单位的领导部门依据保密法规，采取一定的形式和手段，定期或不定期地对涉密单位和个人履行保密义务和责任的情况进行检查的一项活动。保密检查包括以下六个方面的内容：

(1) 检查保密工作的方针政策及保密法规的贯彻执行情况；
(2) 检查保密工作的相关的制度建设及落实情况；
(3) 检查保密组织的机构落实及建设的情况；
(4) 检查保密设施的配置和保密环境的安全情况；
(5) 检查有无泄密的隐患以及泄密后的应急准备；
(6) 检查有无泄密事件的发生及涉密事件的查处情况。

（四）处理失密事件

发生失密事件后，要进行及时处理。处理失密事件包括两方面的内容：一是采取补救措施，防止产生更加严重的后果，减少和挽回损失；二是发现泄密事件后，及时调查，确定责任人，并对责任人依法追究行政、法律责任。

女秘书出卖可口可乐公司的商业机密

商业机密关系企业的生死存亡。美国可口可乐公司有一个经营信条：保住秘密，即保住了市场。然而它也有失误的"不乐"之时。2006年，美国可口可乐公司前女秘书何亚·威廉斯，因涉嫌窃取公司机密欲出售给竞争对手百事可乐公司被判8年监禁。

2006年5月19日，百事可乐公司向可口可乐公司提供了一封信的复印件，那封信的原件装在可口可乐公司的商业信封中，收件人是百事可乐公司。寄信人在信中自称"德克"，是"可口可乐公司高层工作人员"，可以向百事可乐公司出售"特别详细的秘密信息"。可口可乐公司立即将此情况报告给了联邦调查局。经调查发现，所谓的"德克"是一个叫迪姆松的纽约州男子，他这些秘密信息的来源是由在可口可乐公司当行政助理的女秘书何亚·威廉斯提供的。联邦调查局马上展开了诱捕行动，先派一位特工扮成百事公司的接头人从迪姆松的手里购买了14页文件，经鉴定，这些文件确实是可口可乐公司的。迪姆松自以为得计再度开价7.5万美元出售新产品样品，特工随即与他约定到亚特兰大机

场交货。同一时间,可口可乐公司的监控录像显示,威廉斯翻找了很多文件后将其中一些放进手包中,还在包中放了一罐新饮料样品。7月5日,威廉斯和其同伙在约定地点准备交易时被捕。2007年5月,美国亚特兰大地区法院以窃取商业机密的罪名,判处威廉斯8年监禁,超出了联邦检察官建议的最高6年半的刑期。

威廉斯之所以受到重判,是因为她窃取的商业机密事关一个公司的生死存亡。在竞争激烈的商场上,出卖自己所在公司的生产信息给竞争对手,无异于置该公司于绝境。①

【讨论分析】

请结合上述案例,谈谈你对"保守机密是秘书重要职责"的看法。

情报比导弹更重要

"情报比导弹更重要",美国在"9·11"事件后深刻而沉痛的反思现在常常被人们应用在评价商业信息收集的重要性上。商场如战场,作为企业核心竞争力的重要组成部分,情报竞争力的强弱在很大程度上决定企业的兴衰成败。据统计,全球500强企业中,几乎所有的企业都设有专门部门负责竞争情报的收集,其中95%以上已经建立了较为完善的竞争情报系统。

日本是商业信息收集和利用方面的佼佼者。第二次世界大战后,日本之所以能在战争废墟上迅速崛起,靠的不仅是自强不息的精神,而且是大量具有实用价值的重要竞争情报。三井物产、三菱商事、住友商事等日本著名的九大综合商社先后在海外设立了690个办事处,并凭借这些遍布全球的信息网络及时获得世界各地的科技、经济情报,在分析研究的基础上作出准确的判断预测,适时采用有效的战略对策。以三井物产为例,自20世纪六七十年代开始,该公司从世界各地送到总公司的情报,仅电报平均每天就达2万封左右,相当于750页报纸的版面。互联网问世后,该公司有5个电脑控制的通信中心,同派驻海外136个国家、地区的各分公司或办事处联结,各通信中心之间通过人造卫星进行联系,每天的通信总量达2万次以上。而这个遍及全球的信息网有时还供日本政府使用。

美国施乐公司作为世界复印机行业的巨人之一,于20世纪60年代在世界上首次推出了办公用复印机(型号为Xerox914),并因而此垄断世界复印机市场长达十多年时间,但是施乐公司忽视了全球性的竞争威胁情报研究,没有看到理光、佳能等日本企业在复印机市场的迅速发展,到20世纪80年代初,施乐公司的复印机全球市场份额从82%下降到35%。吃惊之下,施乐公司开始对竞争对手的情报进行收集,发现日本公司生产的复印机在保证质量的基础上凭借导入市场时间短、设备安装时间短、投入人力少、成本低等因素,已经抢占了复印机市场的大半江山。为了夺回已失去的市场份额,施乐公司加强了对竞争对手情报的收集、处理和分析工作,成立了专门的竞争情报研究部门和竞争评估实验室。这些竞争策略的实施使施乐公司最终从日本佳能公司那里夺回了其应有的市场份额。②

---

① 李步奇:《保密是秘书工作者的天职》,载《秘书工作》,2009年。
② 王玉霞:《办公室事务管理》,北京:清华大学出版社,2010年版,第123页。

项目九 调查研究工作

> **▶学习目标**
>
> **知识目标** 通过学习,了解调查研究工作的概念、类型、特点和作用;熟悉调查研究工作的基本方法;掌握调研的准备、实施、分析、综合归纳等基本工作程序。
>
> **能力目标** 通过学习,熟悉调查研究的工作程序和方法,能够确定调查课题、采用正确的调查方法,能够设计调查问卷,能够实地开展调查研究工作,撰写调查报告。

任务一 调查研究工作认知

小刘去基层搞调研

刘勇在公司信息部工作已经一年多了。刚来时,他对工作有很强的新奇感,热情很高,但过了一段时间,情绪就逐渐低落了。尤其是最近,各下属单位和部门报送来的信息几乎千篇一律,都是"工作一切正常,完全按计划进行"之类,使他既无法整理加工,又无法上报和下发。在百无聊赖之中刘勇又有些惶惑。信息部主任是一位对下属很和蔼的人,发现小刘情绪上的变化后就耐心地开导他,让他到基层去搞一搞调研,认为他一定会有很多收获。小刘觉得主任说得很有道理,当日就出发到了朝阳分公司。朝阳分公司办公室的杨主任很热情地接待了小刘,当了解了小刘的来意后,立即表示全方位支持,让他想看什么就看什么,想问什么就问什么,找谁都可以。这倒使小刘为难了,先要了解什么呢?通过什么途径了解呢?这一切他原来都没想过。所以,小刘只好请办公室主任拿主意。杨主任主张小刘先全面地看看公司生产车间的一般情况,并安排了一个工作人员给他做向导。向导带着小刘从材料制备工段看起,按流水线顺序,一个环节一个环节地往下看,小刘看得很全,向导讲得也很仔细。就这样,小刘和向导整整跑了3天。3天后小刘整理笔记,觉得收获颇丰,自己原来对生产流程一点也不懂,这回起码有了基本的了解。可是从信息的角度一考虑,又觉得一点收获也没有。小刘觉得照这样下去很可能白白浪费时间。于是赶快返回了公司,把情况向信息部主任作了汇报。信息部主任听完后笑了:"你这样事先一点准备也没有,漫无目的地去看,当然得不到有价值的信息。应该先确定一下调查题目,即准备调查哪一方面的问题,然后再拟订一个计划,按照计划去实施调查。"信息部主任还给小刘找来了一些与调查工作相关的书刊让他学习。小刘这之后才明白了调查必须掌握科学的方法,还要按计划有程序地进行。①

---

① 杜军:《调查研究与信息工作基础》,北京:中国人民大学出版社,2005年版,有改动。

随着社会的不断发展与进步,信息已经成为人类社会发展的基础性要素。能否更快更多地获取并有效地运用信息,往往是关系企业生存与发展的大事。秘书如何出色地完成信息工作,当好领导的千里眼和顺风耳,辅助领导决策的途径之一就是做好调查研究工作。

一、调查研究的含义

调查研究是人们在科学的方法论指导下,运用现代化手段,对客观事物进行有目的、有系统地考察和分析,从而把握客观事物的内在本质及其发展规律,寻求解决方法和对策的一种社会活动。

调查研究包括调查和研究两个方面。调查,是指采用各种科学方法和手段以取得客观材料的过程,是了解客观现实真相的一种感性认识活动。它强调深入现场进行考察,以获得客观实际的第一手资料。研究,则是指对调查得来的材料进行分析、比较、归纳、演绎的一系列过程,是认识客观事物的本质及其发展规律的一种理性认识活动。它强调探求事物的真相、性质和发展规律,为实际工作的有效开展提供经验和指南。可见,调查是为了掌握事实和规律,是手段;研究是从事实和规律中发现问题并找出解决问题的办法,是目的。调查是研究的前提和基础,研究是调查的发展和深化。

调查研究是秘书深入实际、获取信息、当好参谋助手,实现辅助决策服务的重要途径之一。秘书的调研工作主要是通过广泛而有目的调研,掌握大量真实可靠、富有价值的信息,通过对信息的分析研究,认识事物的本质规律,为组织高层或领导提供解决问题的意见和建议。调研是秘书工作的一项重要工作内容,它贯穿秘书工作的方方面面,是秘书部门一项非常重要的辅助决策业务。

二、调查研究工作的特点

秘书调查研究工作有其自身的特点。

(一) 切合领导工作需要

秘书调查研究工作要本着为领导工作服务的目的,主动去适应、切合领导工作的需要。首先,要满足领导决策的需要,在日常工作中表现为领导要研究某项工作或某一问题,秘书应事先提供相应的材料,这种材料不是一般性的信息资料,而是有情况、有分析、有建议,有一定深度的调研材料或报告,而这只有经过调查研究才能完成。其次,在日常工作中,秘书若发现某种与领导工作有关系的问题或现象,而且搞清这些问题或现象有利于领导工作,那么秘书也应该主动进行调查研究,以利于领导及时决策,解决问题,从而促进工作的顺利进行。

(二) 具有一定的临时突击性

秘书部门经常要对一些突发性、临时性的事件进行调查,并将调查结果报告给领导,使领导采取相应的处理措施。因此,秘书的调查研究并不是按某一时期的工作计划来进行的,它常带有一定程度的突击性。

(三) 与信息工作的关联性

信息工作贯穿于秘书工作的全过程,无论是"办文""办会"还是"办事",都伴随着信息工作。调研工作并非是独立于信息工作之外的工作,而是与信息工作具有较强关联性的工作,甚至可以说它是一种目的性较强的信息工作。秘书做信息工作,不可能事事都直接进行调查研究,但秘书在进行一般性的信息收集和整理过程中,若发现需要进行调研的课题,就应当进行深入细致地调查研究,这种调查研究本身就是获取对客观事物更具体、更全面、更深刻的信息,以形成包含对客观情况透彻分析和建立在分析基础上的有利于领导决策的政策性建议的高层信息资料。

三、调查研究工作的意义

调查研究是秘书工作的重要内容和方法,其意义主要表现在以下几个方面。

(一) 秘书有效工作的基本手段

秘书工作离不开对实际情况的调查研究,否则秘书工作就难以进行。如秘书经常撰写公文,不通过调查研究就得不到真实全面的材料;秘书接待来访,也不能只听来访者的"一面之词",而不去调查核实情况。调查研究应是秘书经常性的工作,秘书只有认真做好调查研究,才能提高工作效率,减少和避免工作失误,促进工作的顺利进行。

(二) 秘书发挥参谋辅助作用的保证

随着社会的发展,秘书的职能发生了变化,秘书的参谋辅助作用越来越大,要求也越来越高。可以说,辅助领导决策已成为现代秘书的重要职能。领导者的科学决策,依赖于深入细致的调查研究。但是,由于领导者工作繁忙,不可能事必躬亲;另外,领导者到基层去调研往往会受到一些干扰。所以,调查研究这项工作大多由为领导工作服务的调研部门、秘书部门来完成。秘书的调查研究贯穿于领导者决策的全过程,它是当好参谋助手的关键环节。秘书要站在领导者的角度,本着为领导者决策服务的目的,自觉地、扎实地搞好调查研究,不断提高调查研究水平,提供高质量的调查研究成果,真正在领导者决策中发挥参谋作用。

(三) 秘书提高自身素质的有效途径

现代社会要求秘书应该具备较高的综合素质,如专业知识、社会阅历、政策水平、思想方法、工作技能等,而这些素质都可以在调查研究的过程中得到提高。例如,不进行调查研究,不去向社会学习、向生活学习、向群众学习,就不会有丰富的阅历;不去对实际问题进行调查了解、分析研究,就不会提高分析问题和解决问题的能力,也不可能养成实事求是、联系群众的优良作风。

四、调查研究工作的基本内容

秘书部门是综合性部门,秘书的调研范围非常广泛,内容也是多方面的。从内容上讲,它主要包括以下六个方面。

(一) 基本情况调研

基本情况调研主要包括对某地区、某单位、某部门、某行业、某系统的某一方面的基本情况或某个事件、某个问题、某项产品的基本情况的调查。如某公司为了做好公司的战略规划,需要了解所属行业的未来市场发展情况,需要组织人员进行调研,这种调研就属于基本情况调研。

(二)重大决策调研

党政机关及企业的重大决策出台之前都需要进行相关的调查研究。而调查研究工作做得是否到位,往往决定决策是否科学,是否有利于工作全面开展,并取得预期效果。秘书和秘书部门辅助领导决策,必然要经常参加制定重大决策的调查研究,如政策性调查、战略性调查。

(三)中心工作调研

任何一个地区、一个单位、一个部门,在某一阶段总有一项或几项中心工作要做。为了做好中心工作,必然要开展与之相对应的课题调研。

(四)专题性调研

秘书部门作为综合性部门,承担着大量的专题调研任务,如对突发事件的调研、对领导交办事项的调研,对上级机关布置的调研,对企业某一核心产品市场竞争力或本企业所属行业市场环境的调研等。

(五)反馈性调研

信息反馈是领导对管理系统实施控制的必要手段。秘书辅助领导工作时,利用各种手段,通过各种途径,进行调查研究,及时掌握各项工作任务的贯彻执行情况,以利于领导修正或追踪决策。这是秘书经常性的工作。反馈性调研不仅对决策的修改完善具有重要意义,还可能为制定新的决策提供依据。反馈性调研要特别关注工作中出现的新情况、新问题、新动向,不能浮在面上,而应深入下去做扎实的调研工作。

(六)预测性调研

秘书可以通过多种渠道和手段,对社会的发展趋势、行业的发展前景、某种产品的生命周期、某一市场的未来走势以及新事物、新产品产生的条件及其市场接受的程度等诸多问题进行预测性调研。预测性调研也是领导进行决策的重要理论依据和客观依据,在领导决策中起着重要的作用。

五、秘书调查研究活动的原则

(一)客观性原则

调研者要尊重事物的客观性,实事求是地进行调查,准确真实地按照客观事物的本来面目反映情况,而不能从个人的主观意志出发。

(二)结论后于调查的原则

有些调查研究往往是先主观地确定了一定的结论,然后在客观现实中寻找相应的佐证,这样的调研就失去了实际意义。因此,秘书的调研工作要遵循人们认识事物的基本规律和基本逻辑,坚持结论后于调查的原则。

(三)坚持实践性原则

调研的项目和课题一定要切合实践的需要,回答实践中提出的问题,把调研结果应用于实践。

(四)综合性原则

调查应该多方位、多角度、多层次进行。只有这样才能得到调查对象的全面的、立体的、完整的信息以及符合客观规律和发展趋势的第一手材料。

（五）辩证分析原则

调研工作也要掌握正确的思维方式,要坚持正确的方法,必须运用全面的、联系的、发展的唯物辩证法的观点认识问题,反对片面的、孤立的、静止的形而上学的观点。

六、调查研究的类型与方法

（一）调查的类型

1. 个案调查

个案调查,是指对个别对象的调查。此类调查一般针对性很强,主要对于特定的个别事件和人物进行调查。如对大城市"蚁族"生活状况的调查,对社会群体性事件的调查。

2. 普遍调查

普遍调查,是指对总体对象中每一个具体的单位都进行调查。此法适用于重大的基本情况调查,如全国人口普查。

3. 典型调查

典型调查,是指从调查对象总体中选取具有代表性的单位或个人,有针对性地、深入细致地进行调查,并将调查结果推广到总体或同类的对象。

4. 重点调查

重点调查,是指对在调查对象总体中发挥重要作用的单位进行调查,并将结果推广于其他一般单位的调查。

5. 抽样调查

抽样调查,是指从调查对象的总体中抽取部分样本进行调查,并用调查结果推测全体的方法。

（二）调查的方法

1. 面访法

面访调查是调查人员直接向被调查者口头提问,并当场记录答案的一种面对面的调查。也就是说,面访调查一般都是访问者向被访问者做的面对面的直接调查,是通过与调查对象直接沟通和交流获得深层次信息、资料的调查方法。

2. 座谈法

即由一个训练有素的主持人,以一种无结构的自然会议座谈形式,同一个小组的被调查者交谈,从而获得对一些有关问题的深入了解的调查方法。

3. 问卷调查

问卷调查,是指将需要了解的问题设计成书面的问卷或表格,由被调查者作答而获得所调查对象信息的调查方法。在一般进行的实地调查中,问卷调查采用最广。

问卷形式有多种样式,例如：开放式问卷,即采用填空、问答形式的问卷,可让答题者自由回答而不受限制;封闭式问卷,即问题设置成选择、是非形式的问卷,只能让被调查者进行有限的选择。

4. 电话调查

在问卷调查中,如果问卷调查回收率太低,就需要采取措施进行补救,补救措施之一就是电话调查。在通信技术发达、电话较普遍的情况下,电话调查也是一种独立的调查方法。

5. 网络调查

网络调查,是指在互联网上针对调查问题进行调查设计、收集资料及分析咨询等活动。网上调查主要有两种方式:一种是利用互联网直接进行问卷调查,收集第一手资料,称为网上直接调查;另一种是利用互联网的媒体功能,从互联网收集第二手资料,称为网上间接调查。

6. 实际参与

实际参与,是指调查者亲身深入调查现场,参与被调查者的工作或活动,进行实际的体验、感悟,从而获得深层信息的方法。

7. 观察法

观察法,是指调查者深入调查现场直接观察,收集第一手资料的方法。此方法侧重于被调查者的外观形态和表象实际。观察者根据特定的研究目的,利用感觉器官和其他的科学手段,有组织、有计划地对研究对象进行考察,以取得研究的所需资料。如市场调查人员到被访问者的销售场所去观察商品的品牌及包装情况。

8. 文献法

文献法,是指调查者通过查阅各种文献资料,了解被调查者的历史信息及发展规律的方法。此法为间接调查法。

其中,面访法、座谈法、电话调查都属于访问法的范畴。网络调查与问卷调查相类似,只不过发放问卷与收集问卷的形式和媒介不同而已。

(三) 研究的方法

1. 比较研究法

比较研究法,是指将有某种联系的事物加以对照,从而认识其异同,进而认识事物本质和特点的研究方法。比较是鉴别的基础,通过比较可以把握事物的特点。比较研究法是认识事物的基本方法。

2. 归纳法

归纳法就是将多个同类的个别事物归在一起,从中概括出共同的属性或者特征而加以深入研究的方法。归纳法有完全归纳法和不完全归纳法之分,前者根据的是同类全部个体,后者只选择部分个体。运用不完全归纳法,要注意选择具有代表性的典型对象,要避免"以偏概全"。

3. 演绎法

演绎法就是从一般的理论或普遍法则出发,依据这一理论推导出一些具体的结论,然后将它们应用于具体的现象和事物的研究方法。最常用的演绎法是三段论。

4. 综合法

综合法又叫系统研究法。这种方法是将调研对象作为一个整体加以研究，探究其结构、层次、功能等要素及其相互关系和变化规律。任何事物本身是一个相对独立的系统整体，同时又是其他更大的系统之中的一个子系统，系统之中的各要素相互联系、相互作用。综合法既要将研究对象作为一个子系统，考察其构成要素的状况及相互联系，又要将其作为其他更大系统中的一个子系统，考察其所受到的影响和相互之间的联系，从而认识研究对象的地位、性质、作用，形成对调研对象的全面而深刻的认识。

5. 动态研究法

动态研究法是通过研究调研对象的发展变化过程来探究其本质和规律的研究方法。任何事物都是发展变化的，要真正了解事物的现在，就要考察它的过去，研究它是怎样形成和发展的，经历了哪些阶段，每个阶段有哪些特点，又是怎样发展变化的等；同时还应根据现在的状态预测未来的发展趋势和发展前景。

秘书研究的方法除上述几种方法之外，还有诸如统计分析研究法、概率分析研究法和以探讨因果关系为主的因果分析研究法等。秘书在进行研究时，要根据研究的目的和调研对象情况选择合理的研究方法，同时应注意综合运用多种研究方法，以实现对事物本质和发展规律的充分揭示。

七、调查研究工作的基本程序

调查工作的一般程序，是指对实际问题进行调查和解答的全过程，通常可分为：准备阶段、调查阶段、研究阶段和提炼总结阶段四个阶段。

（一）准备阶段

准备阶段应做好以下四个方面的工作。

1. 确定调研课题

调研课题是调查研究要解决的问题。确定调研课题是整个调查研究活动的起点，它决定了调研工作的目标和方向，决定了调查研究的对象和范围以及方法和步骤。

2. 选定调研对象

调研对象，是指向调查者提供信息的组织和人员。要根据调研调课题认真确定调查研究的具体单位和组织及要调查的具体人员。调研对象要有一定的典型性和代表性，选定的单位和组织应是与课题有密切联系的单位和组织，人应是最知情的人，这样才可以收到事半功倍的效果。

3. 收集相关资料

调研课题确定之后，要围绕调研课题收集相关信息资料，做好知识和材料的准备。如与调研课题有关的方针、政策、上级指示、相关理论和专业知识以及有关调查对象的历史和现实资料，技术参考资料等。

4. 制订调研计划

调研计划是实施调查研究的方案，是对整个调查研究提出的设想与安排。它一般包括的内容有：调研的目的和要求；调研的对象和范围；调研的项目；调研的方式、方法；调研的时间和步骤;调研的组织和分工;调研的手段、工具以及经费;调研的要求和其他注意事项等。

(二) 调查阶段

调查阶段是整个调查研究活动的实质性阶段,其根本任务在于通过具体的调查活动,获取与调研课题相关的第一手材料,为下一阶段的分析研究打下基础。在调查开始前要做好相应的问题设计或问卷设计,在调查进行中则要做好相应的记录。调研人员必须以实事求是的精神和科学的态度深入到生活实际中去做艰苦细致的调查工作,其掌握的材料越多,下一阶段的分析研究越能顺利进行。

(三) 研究阶段

研究阶段是调查研究工作的重要环节,这一阶段的任务是运用科学的研究方法,对所获得的大量的第一手材料进行分析、综合、概括、判断,通过"去粗取精、去伪存真、由此及彼、由表及里"的加工,力争获得正确的结论,以达到对调研课题的理性认识和理论把握。

(四) 提炼总结阶段

提炼总结阶段的基本工作主要是撰写调查报告,总结调查工作,评估调查结果。一方面要经过综合提炼,找出问题的解决方法,做好现状描述和对未来发展趋势的预测;另一方面还要提出意见和建议以供领导决策参考。提出意见和建议时要注意三点:一要切合实际;二要论据充分;三要突出重点问题。

需要注意的是,调查报告撰写完毕后,对调查收集的原始信息材料以及经过整理加工形成的高级信息材料,无论使用与否,都应进行全面的清理,对确无价值的材料加以剔除,对有价值的信息材料应进行妥善处理、保管。

秘书岗位调研

1. 情景描述

某高职学院为推动秘书教学改革,需要开展一次广泛的秘书岗位知识、素质、技能市场需求情况的调查。本次调研活动的对象是某学院所在地区的同类高职学院的秘书专业教师和学生,以及本地区的中小企业秘书岗位工作人员及人力资源或人事部门的相关人员。通过本次调研了解某学院所在地区中小企业对于秘书岗位知识、素质、技能的需求,了解该地区秘书职业教育培养模式下秘书培养目标与市场需求之间的差距。在此基础上分析差距产生的原因,并提出提高秘书职业教育质量的意见和建议。作为文秘专业的学生,你参加了本次调研工作。

2. 实训要求

(1) 分组拟写本次调查研究的调研计划。

(2) 分组设计本次调查研究的调查问卷及采访的问题。

(3) 分组实施调查,撰写调研报告。

3. 实训提示

可以分两组分别调查：一组对本地区同类高职学院秘书专业教师和学生进行调查；另一组对本地区的中小企业秘书岗位工作人员及人力资源部门相关人员展开调查。

应按调研工作程序分阶段，分步骤拟订具体计划，以保证调查研究工作的顺利进行。

应根据调研目的科学、合理、有针对性地设计问卷及采访的问题，以便获得全面、真实的材料。

应在充分调查的基础上，对两组调查获取的相关信息资料进行深入的综合分析与研究之后，再进行调研报告的写作，写作重点应在于分析原因、提出建议方面。

4. 实训考核

（1）调研计划具体可行，调查问卷设计规范，采访问题有针对性，占20%。

（2）调研报告内容科学，结构合理，语言准确流畅，排版规范美观，占40%。

（3）调研过程中保留的活动记录、照片、汇报PPT，占20%。

（4）汇报效果、团队合作、创新设计等，占20%。

任务二 市场调查

钟秘书设计市场调研方案

秘书钟苗所在的日用品公司新近希望开发一种新牙膏产品，以巩固公司在我国的北方市场的竞争优势。公司总经理为了能够将新产品成功地推向北方市场，决定先做好市场调研工作，并要求钟苗协助完成市场调研前期的准备工作。为此，钟苗通过多种渠道完成了市场调研方案设计。钟苗将市场调研方案提请总经理审阅。总经理阅后，觉得钟苗的市场调研方法选择以网络和文献形式进行，不能真正地把握市场的实际运行情况。同时总经理建议钟苗借助公司分销商的力量，完成调研工作，以获得市场运行的基本材料。钟苗按照指示，重新去设计了市场调研方案。

一、市场调查的概念

市场调查作为一种调查研究类型，是指经济部门或者企业单位运用科学的方法，有目的、有计划、有系统地对市场的容量、发展现状、发展前景、顾客情况、购买力、购买对象和购买习惯等方面情报资料进行收集、整理、分析、研究，从而得出合乎市场客观规律或客观事实的结论的活动。市场调查报告则是在市场调查研究的基础上写成的报告文本。

市场调查报告作为市场调查研究成果的表现形式之一，对于企业经营者和经济政策部门具有特别重要的参考意义。市场调查报告是进行市场分析和预测，制定经济政策和管理规章制度,作出建设项目或经营决策、拟订各项措施和计划的重要依据。它对于提高政府的经济管理水平和宏观调控能力,提升企业的应变力和竞争力,促进生产和销售,搞活企业,增加经济效益等,都具有重要作用。

二、市场调查的内容

市场调查的内容涉及市场营销活动的整个过程,主要包括以下五个方面。

(一)市场环境调查

市场环境调查主要包括经济环境、政治环境、社会文化环境、科学环境和自然地理环境等。具体的调查内容可以是市场的购买力水平,经济结构,国家的方针、政策和法律法规,风俗习惯,科学发展动态,气候等各种影响市场营销的因素。

(二)市场需求调查

市场需求调查主要包括消费者需求量调查、消费者收入调查、消费结构调查、消费者行为调查,包括消费者为什么购买、购买什么、购买数量、购买频率、购买时间、购买方式、购买习惯、购买偏好和购买后的评价等。

(三)市场供给调查

市场供给调查主要包括产品生产能力调查、产品实体调查等。具体为某一产品市场可以提供的产品数量、质量、功能、型号、品牌以及生产供应企业的情况等。

(四)市场营销因素调查

市场营销因素调查主要包括产品、价格、渠道和促销的调查。产品的调查主要有了解市场上新产品开发的情况、设计的情况、消费者使用的情况、消费者的评价、产品生命周期阶段、产品的组合情况等。产品的价格调查主要有了解消费者对价格的接受情况,对价格策略的反应等。渠道调查主要包括了解渠道的结构、中间商的情况、消费者对中间商的满意情况等。促销活动调查主要包括各种促销活动的效果,如广告实施的效果、人员推销的效果、营业推广的效果和对外宣传的市场反应等。

(五)市场竞争情况调查

市场竞争情况调查主要包括对竞争企业的调查和分析,了解同类企业的产品、价格等方面的情况以及他们采取了什么竞争手段和策略,从而做到知己知彼,帮助企业确定企业的竞争策略。

三、市场调查的方法

市场调查的方法主要有以下四种。

(一)观察法

观察法,是指调查者在调查现场有目的、有计划地对调查对象的言行表情、外观形态等进行观察记录,以取得第一手资料的调查方法。观察法的最大的特点是在自然条件下进行,所得材料真实生动,但也会因为所观察的对象的特殊性而使观察结果流于片面。

(二)访问法

访问法是将所要调查的事项以当面、书面或电话的方式,向被调查者提出询问,以获得

所需要资料的方法。它是市场调查中最常见的一种方法，主要有面访调查、电话调查。面访调查能直接听取对方的意见，富有灵活性，但成本较高，结果容易受调查人员技术水平的影响。电话调查速度快，成本最低，但只限于在使用电话的用户中调查，整体性不一定高。

(三) 实验法

实验法通常用来调查某种因素对市场销售量的影响，这种方法是在一定条件下进行小规模实验，然后对实际结果作出分析，研究是否值得推广。它的应用范围很广，凡是某一商品在改变品种、品质、包装、设计、价格、广告、陈列方法等因素时都可以应用这种方法，调查用户的反应。

(四) 问卷法

问卷法是向被调查者发放事先设计好的问卷，由被调查者作答后收回而获取所需信息的方法。这种方法可以由调查人员当面交给被调查人员问卷，说明方法，由其自行填写，再由调查人员收回；也可以通过互联网络的途径来发放和回收问卷，既方便快捷又省时省力。

四、市场调查的程序

市场调查的工作程序一般要经过制订调查研究计划、开展调查研究、进行信息资料分析、提交调查报告四个步骤。其具体程序有：(1) 提出市场调查项目；(2) 确定企业自行调查或委托专业机构调查；(3) 制订调查的总体方案，包括调查费用估算、制定调查进度表等；(4) 提交调查项目申请，有关领导审批；(5) 设计问卷或调查表格；(6) 市场调查员实施调查；(7) 调研资料整理与统计分析；(8) 撰写并提交调查报告；(9) 调查效果追踪及再调查。

五、市场调查问卷设计

在市场调研中，市场调查问卷是一种非常有用的信息采集工具。其设计是否妥当，直接关系调查的效果和取得资料的真实性、准确性和针对性，也关系调查报告的内容与结论。问卷精心设计成一系列的开放式或封闭式问题，由调查者通过各种渠道传达给调查对象，调查对象对问卷问题进行回答后由调查者回收。调查者根据问卷承载的被调查者信息和数据，进行分析和提炼，从而形成调查成果。

问卷的基本结构如下。

(一) 封面信

即一封致被调查者的短信，作用在于向被调查者介绍和说明调查者的身份以及调查的内容、目的、意义等。封面信的篇幅比较短小，但要说明调查者的身份（包括单位、地址、电话号码、联系人的姓名），调查的基本内容和调查目的，以及调查对象的选取方法和对调查结果保密的措施。在信的结尾处，一定要真诚地感谢被调查者的合作与帮助。当然，有的简短的调查问卷则省略了封面信，如本章"拓展提高"里的案例《关于大学生就业问题的调查问卷》。

(二) 指导语

指导语是用来指导被调查者填写问卷的一组说明，以此指导被调查者能够无障碍地填写问卷。指导语有卷头指导语和卷中指导语。

（三）问题和答案

问题和答案是问卷的主体部分。按照调查内容逐步逐项列出调查的问题与可供选择的答案，这部分内容的好坏直接影响整个市场调查价值的高低。

（四）其他的资料

如问卷的名称、编号、问卷发放及回收日期、调查员、审核员的姓名、被调查的者住址，以及问题的预编号等。

云南白药牙膏市场调查

1．情景描述

云南白药集团在推出其牙龈止血功能牙膏之前，进行了深入的市场调研，包括对市场中不同品牌功能牙膏的价格、功能、消费者品牌认可度、忠诚度的调查，并在此基础上找出云南白药牙膏与其他品牌牙膏之间在功能定位、价格定位、消费者群体定位、宣传策略定位等方面的诸多差异，从而为云南白药功能牙膏在激烈的市场竞争中获得一席之地奠定了基础。鉴于此，某牙膏企业欲开发某功能牙膏投放市场，需要进行本市区内的市场调研。秘书钟苗接到任务后，决定到所在城市大中型商场、超市，运用观察法、面访法和问卷调查实地调查某一种功能牙膏的基本销售情况，包括品牌、功能、价格、市场销售情况、消费者品牌认可度、品牌忠诚度等。你作为调研团队的一员，请将上述材料记录后，按照公司的要求独立完成一份市场调查报告。

2．实训要求

（1）通过调查，掌握市场调查的基本方法，尤其是观察法、面访法、问卷调查。

（2）能够结合实际调研需要独立设计调查问卷。

（3）能够根据调研的材料独立撰写调查报告。

3．实训提示

（1）首先选择某一种功能的牙膏（如清新口气、牙龈止血）作为市场调查的对象，选择调查方法，设计调查问卷。

（2）确定需要的调研范围，即确定哪些属于本市区大中型的超市，安排好调查顺序和路线。

（3）依次对功能牙膏进行价格、包装、品牌、消费群定位、品牌认可度、忠诚度等的调查。根据不同来源的信息，进行分类整理，撰写调查报告。

4．实训考核

（1）调研计划具体可行，调研方法得当，调查问卷设计规范，问题有针对性，占20％。

（2）调研报告内容科学，结构合理，语言准确流畅，排版规范美观，占40％。

（3）调研过程中保留的活动记录、照片、汇报PPT，占20％。

（4）汇报效果、团队合作、创新设计等，占20％。

（一）调查问卷示例

关于大学生就业问题的调查问卷

同学：

　　你好！随着中国经济的不断发展，整个社会对高等学校毕业生的需求进一步扩大。近些年，我国高校大规模扩招，大学生就业市场出现了新的形势。为了更好地了解当前大学生的就业心态，以便为广大同学在求职时提供更好的参考意见，我们特别组织了这次调查，希望能够得到您的支持与合作，本问卷不对外公开，请如实填写。

1. 你所在年级为（　　）。
　　A. 大一　B. 大二　C. 大三　D. 大四　E. 研究生
2. 你认为现在的就业形势如何？（　　）
　　A. 形势严峻，就业难　B. 形势正常　C. 形势较好，就业容易　D. 不了解
3. 你对基本就业程序了解吗？（　　）
　　A. 是　B. 否　C. 一般
4. 你有过多少次求职的经历？（　　）
　　A. 没有　B. 1～2次　C. 2～3次　D. 3次以上
5. 你学习的专业是____，你认为所学专业的前景如何？（　　）
　　A. 很有前途　B. 较有前途　C. 无所谓　D. 较无前途　E. 很无前途
6. 你认为自己的专业技能如何？（　　）
　　A. 很强　B. 强　C. 一般　D. 较弱　E. 很弱
7. 你有本专业的职业资格证书吗？你认为重要吗？（　　）
　　A. 有，非常重要　B. 有，但不怎么重要　C. 没有，重要　D. 没有，不重要
8. 你认为在就业时什么最重要（　　）？
　　A. 专业　B. 学校　C. 个人能力　D. 其他
9. 你愿意放弃自己的专业，选择一个能够解决就业问题的工作吗？（　　）
　　A. 是　B. 否　C. 不知道
10. 第一份工作你最想从事什么职业？_____
11. 如果专业不对口，你会选择跳槽吗？（　　）
　　A. 会　B. 不会　C. 不知道
12. 你有选择第二专业吗？你认为重要吗？（　　）
　　A. 有，非常重要　B. 有，但不怎么重要　C. 没有，重要　D. 没有，不重要
13. 你想过自主创业吗？（　　）
　　A. 是　B. 否
14. 如果是自主创业，你认为你最需要的是（　　）。
　　A. 资金　B. 政策支持　C. 技术　D. 经验　E. 其他
15. 你愿意到中小城市或西部去发展吗？（　　）
　　A. 是　B. 否

16. 你有出国深造的打算吗？（　　）

　　A. 是　B. 否

感谢您的支持与合作！

（二）调研报告示例

青岛市外贸企业电子商务应用状况调研报告

近年来，电子商务发展迅猛，其在优化资源配置、促进国民经济发展、产业整体优化升级等方面起到的作用日益显著。2008年，青岛市为应对经济危机冲击，贯彻落实国家"保增长、保民生、保稳定"的有关要求，大力扶持引导外经贸企业运用电子商务手段提高市场开拓能力、降低商务运行成本，先后与阿里巴巴、环球资源网、中国制造网、中国电子商务网、环球市场、中国供应商、香港贸发网等电子商务运营商合作，联手搭建电子商务应用平台，推出青岛专区，共享信息资源服务。同时与中东地区最大的电子商务平台——迪拜特佳易共同启动"特佳易电子贸易青岛电子贸易港"；与中国国际电子商务中心合作建立"青岛国际电子商务应用平台"，并在政策上按照企业使用第三方贸易平台所支付费用的50%予以补助，为全市外贸企业创造良好的发展环境。

2009年，全市已有超过3 000家外贸企业应用电子商务平台开展业务，占全市外贸出口企业的1/3强。近期，市商务局对外贸企业应用电子商务状况进行了问卷调查，共发放问卷2 000余份，收回有效问卷900余份，对全市外贸企业电子商务应用状况有了比较全面深入的了解。现将调研有关情况汇总如下。

一、我市外贸企业电子商务应用的主要特点

（一）私营中小型外贸企业是电子商务应用的主力

利用第三方平台开展电子商务主要以外贸出口主导企业为主，占全部被调查企业的76.5%，员工在100人以下的中小企业占比接近2/3，500人以上企业开展电子商务企业只占1.7%。资产总额在100~500元之间的企业占58.5%。私营企业占81.3%，国有和集体企业只占4.3%，这表明"低成本、高收益"的电子商务业务新模式已被越来越多的中小外贸企业所认可和接受。

（二）传统优势行业参与电子商务热情度逐渐提升

此次调查共涉及我市27个行业领域的企业，其中化工、纺织服装、机械设备以及农产品生产加工企业分别占被调查企业的20.6%、19.9%、13.5%和8.9%，其他产品如轮胎、汽车零部件、钢材等也是应用电子商务的有力支持者，而其他新兴行业如物流、环保等行业在被调查企业中占比较少。

（三）电子商务销售额占企业总销售额比重逐步扩大

在被调查企业中，2008年企业销售额在500万元以上企业占74.2%，其中利用电子商务带动销售额占比近3成，较2007年18.3%的比重有大幅提升，表明在金融危机的冲击下，电子商务模式对危机中的中小企业有效规避无效成本起到了促进作用。进口方面，电子商务新模式也发挥了重要作用，2008年，利用电子商务模式进口产品企业占被调查企业的39.4%。

（四）多数企业电子商务应用水平仍处于初级阶段

在被调查企业中，32.1%的企业只是利用平台进行品牌推广、察看行业动态、查找客户或产品信息；41.1%的被调查企业利用平台进行业务洽谈、采购和销售；而电子商务应用中高级阶段的售后、物流、网上支付、融资等服务仅有14.8%的企业有所涉及。

（五）中小企业内部管理的信息化水平提升较大

随着信息技术的迅速发展,企业在信息化建设方面的投入较大,62%的企业投入内部信息化建设资金在100万元左右,有力推动企业内部管理水平出现质的飞跃,绝大多数的企业由初期的办公自动化管理(OA)、财务管理系统迅速延伸到企业生产销售的各个层面,如制造执行、分销管理、订单管理、客户资源、物流仓储、供应链管理系统等在被调查80%以上的企业有所运用。

（六）企业运用电子商务拓展业务的自觉性较高

通过调研,34%的企业拥有自己的门户网站,42%的企业加入2家以上的第三方电子商务平台。通过媒体宣传和同行业之间的比较,绝大多数企业对电子商务是一场贸易革命有了更加清晰的认识,企业开始自觉自愿应用自身平台或第三方平台拓展业务空间。虽然部分企业依靠政府的扶持资助,加入电子商务应用队伍,但通过一段时间的使用,电子商务给企业的益处也得到了企业的充分认可,这为企业加大在电子商务应用的投入奠定了良好的基础。

二、存在的主要问题

通过调研,78.6%的问卷调查企业认为:应用电子商务使得企业与客户间沟通以及企业内部协作都更加通畅,运营和管理成本有所降低;能够迅速把握市场动向,加快了产品研发速度;原材料采购以及寻找合作伙伴更加便捷;库存更容易预测等切实的益处。同时,部分企业还反映了使用第三方电子商务平台中存在的两个主要问题。

（一）平台有效客户数量欠佳

由于资金实力,35.2%的中小企业在电子商务的投入资本有限,因此享受到的第三方平台提供信息数量和质量不高,企业可以利用的资源较少。

（二）成本偏高

目前,我市电子商务平台企业遍地开花、良莠不齐,使用效果不能有效预测,投入产出比无法控制,因此,66.3%的中小企业认为每年5万~10万元的电子商务应用投入偏大,同时希望政府加大补贴力度、完善电子商务服务体系,指导企业选择信誉良好的平台进行投入,提高投入回报。

三、发展电子商务的意见与建议

当前,电子商务在我市国民经济和社会发展各领域的应用面不断扩大,壮大以电子商务为主导的现代服务业,普及电子商务应用规模和应用水平对青岛经济社会发展的促进、支撑和带动作用将日益显著。此次调研,企业提出的意见与建议将对下一步我市大力推动电子商务发展提供有益帮助。

（一）政府在电子商务应用的指导培训上应担负起责任

政府部门或聘请专家将有效利用电子商务的方式方法在不同类型企业中进行宣传推广和指导,及时提供一些好的、有效的电子商务手段更新和交流。

（二）研究成立行业电子商务协会

努力推动成立行业内电子商务协会或团体,搭建行业内部电子商务使用的沟通和对话平台,对行业电子商务应用全面掌控,抱团发展。协会及时出台健全的行业电子商务应用自律制度和规范,并加强与专业网站合作,形成网上行业集群,扩大影响力。

（三）政府牵头搭建青岛特色的综合电子商务平台

增强电子商务信息的安全性和可靠性,网站及时对国际市场行情综合分析,包括不同行业及主要进出口国家,给企业真实可靠的指导性意见建议。及时更新主要国家进出口所需的证书、要求以及办理流程等并提供在线交流平台。

(四)政策适当倾斜中小型科技创新、品牌企业

逐步减少对 OEM 企业、附加值低、劳动力密集企业的政策扶持力度,加大支持科技创新型中小企业和自主知识产权品牌企业,鼓励中小企业依靠创新和品牌优势做大做强。

(五)支持中小企业提升内部管理的信息化水平

根据企业类型或产品特点,实现通过自身建站管理企业采购、销售、库存以及订单管理等环节。

(三)拓展案例

"小小神童"的奇迹

1996 年 10 月 18 日,海尔推出中国第一台"即时洗"小型洗衣机。这种叫"小小神童"的洗衣机,填补了市场的空白,成为引导消费的一个热门产品。

这种中国最小型的洗衣机的问世,完全来自市场的呼唤。海尔科研人员在市场调研中发现,每年的 6—8 月都是洗衣机市场的淡季。海尔认真分析了原因,得出的结论是销售最淡的季节恰恰是消费者最需要洗衣机的季节,但消费者为什么不购买洗衣机呢?原来,生活中存在这样一些问题:宝宝出世了,每天有一堆小衣服、尿布要立即洗,否则就"供应"不上,可年轻的爸爸太忙,不可能天天在家洗,月子中的妈妈又不能洗。夏日炎炎,回到家里最心烦的就是洗衣服,而不洗又要变味,若用大洗衣机洗,既费水又费电,可用惯了洗衣机的人谁还愿用手洗呢?海尔人敏锐捕捉到了这里的商机,打算生产"即时洗"小型洗衣机。于是向市场发出了"咨询问卷",没想到一下收到 5 万份回信,信里不单有热情洋溢的鼓励,还有渴盼能够尽快买到这种洗衣机的希冀,有的用户甚至迫不及待地把钱直接汇到厂里。用户的心声、市场的需求让开发人员心里有了底,他们加紧工作,经过 200 多个日日夜夜,终于让"小小神童"走下了生产线。

"小小神童"一经投放市场,就出现了抢购热潮,创造了当年洗衣机的销售神话。目前,"小小神童"产量已达几百万台,并于 1998 年被《中华工商时报》评为全国十大成功产品之首。日本、韩国等国家都从海尔进口这种洗衣机。

"小小神童"洗衣机很适合夏季家庭用或单身汉使用,它引导了现在大学生的生活新潮,就连城市家庭已经有了普通洗衣机的都愿意再买一台,不少星级宾馆也在浴室配上了这种"小东西",让客人出门在外也可以像在家一样随时洗衣服。这说明产品技术创新的市场需经市场调研作出定位,而定位一旦准确,不但能够满足一个层次的消费需要,而且还能延伸开来,引发其他层次的消费。

海尔洗衣机的技术人员并没有就此止步,他们时刻注意倾听市场的声音。有人说:"小小神童"虽好,可惜没有甩干功能,技术人员于是迅即推出带甩干功能的新型号,于是立刻形成又一个市场卖点。此后,不断有新一代的"小小神童"问世,无论是"喷淋手"还是"全瀑布",每一代产品都是经过充分的市场调研、顺应市场呼唤而诞生的,所以才能成为市场的宠儿。①

---

① 佘敏:《新编应用文写作》,徐州:中国矿业大学出版社,2010 年版,第 152 页,有改动。

项目十　协 调 工 作

> **▶ 学习目标**
>
> **知识目标**　通过学习,了解秘书协调工作的意义、特点、作用,掌握协调工作的原则与方法,掌握协调的基本步骤。
>
> **能力目标**　通过学习,能够针对不同的关系,运用恰当的方法与技巧进行协调;能够运用恰当的语言技巧进行协调。

任务一　协调工作认知

清场

　　张总上任第一天看到这些堆积如山的碎钢铁边角就不高兴,下令一周内清掉,如果找不到买主,就当垃圾处理。

　　工会主席反对,说这是工人搞增产节约运动从老远的工地上一块一块捡回来的,它是爱企业爱国家的体现。

　　运输科长表示,一周内处理掉,运输能力做不到,向外租车费用太高。

　　张总说,十天后外商来公司考察,这堆废料很可能影响上千万美金的外资项目。清场必须限期完成,任务交办公室副主任李瑛全权负责,不服从者,由部门一把手承担责任!

　　李瑛理解张总的决定,清场必须执行。她同样也理解工会主席,理解工人阶级的好传统。一头是新上任总经理的威信,一头是全体工人的优良传统;一头是前途无量的国际性开发,一头是价值数十万的财产和工人流下的汗水……都是为公,都是为了企业,为何如此对立?难道鱼和熊掌真的不能兼得吗?

　　李瑛调来张总的豪华车,翻开案头那本《企业名录》,飞快地记下了什么,乘车而去。

　　3天过去了,如山的边角料一块也未少。张总的心悬起来了,书记皱紧了眉头,工会主席的脸上失去了笑容。有人提议换干部,张总不同意,未到期限不能换人。

　　第四天,一队载重卡车进来了,很快满载边角钢铁碎料的汽车一辆接一辆地开了出去。公司办公室里,红星家具厂、郊区五金厂、将军锁厂的三位厂长一再感谢公司对他们的支援。

　　原来,李瑛从计划部门了解企业对钢材的不同需求,从物资部门了解各种钢材的价格,又到工地、市场寻找适合边角料钢材用途的买方。她以低于市场价格30%的好处吸引来许多买主,但她咬定一条,运输车辆自理,3天内运完。最后有3家签订了合同,为抢时间,不打招呼就来了。

不到两天,垃圾山不见了,公司省了运费,还进账数十万元。[①]

协调是管理的一大职能,是实现组织目标的重要手段。现代管理活动处处离不开协调,秘书只有具备基本的协调能力才能胜任本职工作。

一、协调与协调工作

协调,字面的意思就是同心协力、配合得当。一般来说,协调是一个系统内各部分之间为实现共同的目的而相互沟通,寻找共同点,以达到某种平衡的一种行为方式。现代社会中任何组织的管理活动都需要通过协调来消除误会、化解矛盾、融洽关系,达到政令统一、目标明确、步调一致,使组织形成整体的合力,实现共同的目标。

秘书的协调工作是指秘书在自己的职责范围内或在领导的授权下,调整和改善部门之间、人员之间、工作之间的关系,促使各项活动趋向同步化与和谐化,以实现组织目标的行为过程。秘书部门是一个组织内部的综合协调部门,协调工作是秘书部门的一项重要职责和经常性任务。

二、协调工作的内容

秘书协调工作的内容十分广泛,涉及秘书工作的方方面面,如在文书处理、会议组织、日常事务处理等工作中都包含经常的、大量的沟通协调工作;它涉及组织的各种关系的协调,既有纵向的上下关系的协调,也有横向的同级部门之间关系的协调;既有组织内部各种关系的协调,也有组织外部多种关系的协调。

对于企业来说,既要抓好内部管理,又要做好外部的沟通协调工作。秘书协调工作的主要内容既包括秘书与领导、职能部门、同事等内部关系的协调,也包括秘书与客户、媒体、政府部门等外部关系的协调。

三、协调工作的特点

（一）从属性

秘书协调工作是秘书部门辅助管理职能的体现,是经领导授权在秘书部门的职责范围内进行的,所以它具有从属性的特点。秘书协调工作应严格按领导所定的目标要求进行,要加强请示报告,不擅自做主。

（二）广泛性

由于领导工作的全面性,协调贯穿于组织的一切工作之中。而作为综合性部门,秘书部门的工作关系组织运转的方方面面,工作中时时、处处都会涉及协调,因此广泛性也是秘书协调工作的突出特点。

[①] 王晶:《秘书学》,重庆:西南师范大学出版社,2008年版,第111页,有改动。

（三）保证性

现代社会中组织发展面临各种错综复杂的关系与矛盾，协调工作在管理过程中就具有更加重要的意义，因为它在组织管理活动中始终保证着组织机构的正常运转以及工作目标、管理目标的顺利实现。

四、协调工作的作用

秘书部门的协调作用在于协助领导实施管理职能，促使组织系统发挥出最优化的整体效应，具体表现在以下三点。

其一，有利于组织目标能够促使单位之间、部门之间、人员之间在工作上分工合作，密切配合，化解矛盾，扫除障碍，统一步调，把各方面的力量凝聚成一种强大的合力，保证组织系统的正常运转及既定目标的顺利实现。

其二，能够使人际关系更加融洽，工作人员和睦相处、配合默契，形成一个上下和谐、轻松愉快的工作环境和运转高效的工作机制，有利于工作效率的提高。

其三，在为领导实施管理创设良好内部环境的同时，也为组织的生存与发展创造和谐的外部环境。

五、协调工作的原则

（一）政策指导原则

秘书部门在协调中必须坚持原则，严格依照法律法规及政策规章处理问题。秘书在进行协调时，要用合不合法、符合不符合政策来作为判断是非、处理问题的依据；在进行协调时，要以法律法规和政策为先导，把大家的意见统一到法令和政策上来，用政策法令去疏导、说明和教育当事者，避免以个人意志代替法律政策。

（二）调查研究原则

秘书部门在协调中要坚持实事求是，一切从实际出发。在进行协调工作之前，必须认真调查研究，掌握情况，弄清矛盾的焦点及其来龙去脉，分析矛盾产生的原因，研究矛盾的性质；对各方面提出的意见、陈述的理由，都要本着实事求是的态度进行分析。然后在此基础上向领导提出协调意见，作出协调决定，使协调工作尽量做到客观公正、合情合理、各方满意。

（三）服从全局原则

在实际协调工作中，各种类型的矛盾很多，秘书在协调这些矛盾时，必须坚持全局观念，说服有关方从全局和长远着想，正确处理好国家、集体、个人三者的关系，为整体利益放弃局部利益或个人利益，从而使各方积极协作，达到步调一致。

（四）平等协商原则

无论协调何种矛盾，都要尊重被协调的各方，一视同仁、平等相待；要理解被协调的各方，设身处地为他们的利益着想；要协助被协调的各方，诚心诚意为他们服务。即使在协调中出现了分歧和对立，也要坚持协商处理的原则。要创造融洽、谅解的协调环境，以利于协商或解决问题，达到协调的最终目的。

项目十 协调工作

（五）灵活变通原则

协调工作要求秘书既要坚持原则性，又要兼顾灵活性，做到两者的辩证统一，避免走极端。协调的原则性，是指对于一切危害全局、影响整体优化效应的思想和言行必须予以严厉批评，坚决加以纠正。协调的变通性，是指在保持整体效应的前提下，在条件允许的范围内，使有关各方作出相应的妥协或让步，仅满足其一部分的要求和利益，从而促使一些利害攸关、影响全局的关键问题得以顺利解决。

"史上最牛女秘书"

从北京、上海到成都、广州、南京……全国所有知名外企都在疯狂转发一封来自EMC（全球最大的网络信息存储商，总部在美国）北京总部的电子邮件：EMC大中华区总裁陆纯初和他的高级女秘书因工作琐事发生激烈争吵，女秘书瑞贝卡一封发给老板的邮件导致她被迫离职，瑞贝卡也因此在网络上赢得了"史上最牛女秘书"的称号。

一、下班锁门引总裁不满

2006年4月7日晚，EMC大中华区总裁陆纯初回办公室取东西，到门口才发现自己没带钥匙。此时他的私人秘书瑞贝卡已经下班。陆纯初试图联系后者未果。数小时后，陆纯初难抑怒火，于是在凌晨1:13通过内部电子邮件系统给瑞贝卡发了一封措辞严厉且语气生硬的"谴责信"。

陆纯初在这封用英文写就的邮件中说："我曾告诉过你，想问题、做事情不要想当然！结果今天晚上你就把我锁在门外，我要取的东西都还在办公室里。问题在于你自以为是地认为我随身带了钥匙。从现在起，无论是午餐时段还是晚上下班后，你要跟你服务的每一名经理都确认无事后才能离开办公室，明白了吗？"（事实上，英文原信的口气比上述译文要激烈得多）陆纯初在发送这封邮件的时候，同时转给了公司几位高管。

二、女秘书回邮件咄咄逼人

面对大中华区总裁的责备，一个小秘书会怎样应对呢？两天后，瑞贝卡在邮件中回复说："第一，我做这件事是完全正确的，我锁门是从安全角度上考虑的，如果一旦丢了东西，我无法承担这个责任。第二，你有钥匙，你自己忘了带，还要说别人不对，不要把自己的错误转移到别人的身上。第三，你无权干涉和控制我的私人时间，我一天就8小时工作时间，请你记住中午和晚上下班的时间都是我的私人时间。第四，从到EMC的第一天到现在为止，我工作尽职尽责，也加过很多次的班，我也没有任何怨言，但是如果你们要求我加班是为了工作以外的事情，我无法做到。第五，虽然咱们是上下级的关系，也请你注重一下你说话的语气，这是做人最基本的礼貌问题。第六，我要在这强调一下，我并没有猜想或者假定什么，因为我没有这个时间也没有这个必要。"

本来，这封咄咄逼人的回信已经够令人吃惊了，但是瑞贝卡选择了更加过火的做法。她回信的对象选择了EMC北京、EMC成都、EMC广州、EMC上海。这样一来，EMC中国公司的所有人都收到了这封邮件。

三、女秘书被迫离开公司

瑞贝卡曾认为,"这只是我和 EMC 之间的事,跟别人没关系"。可就在她回邮件后不久,这封"女秘书 PK 老板"的火爆邮件就被数千外企白领接收和转发,其中流传最广的版本署名竟达 1 000 多个,而这只是无数转发邮件中的一个而已。

邮件被转发后不久,陆纯初就更换了秘书,瑞贝卡也离开了公司。目前,EMC 内部对此事噤若寒蝉,一些参与转发邮件的员工挨个儿被人事部门找去谈话。前天早上,记者刚在电话中表明身份,瑞贝卡就明白了,"这事儿闹得太厉害,我已经找不到工作了"。她没有料到邮件会被转发出去,也没有料到目前的局面。陆纯初授意远在美国的 EMC 公司大中国区市场部经理吴薇发出声明表示:"最近这位北京员工的离职完全是一个个人行为和独立的事件,EMC 中国区的员工都充满了信心与 EMC 一起取得更大的发展。"①

【讨论分析】

(1) 请从秘书协调工作的角度分析秘书瑞贝卡的行为的不当之处。
(2) 请为瑞贝卡设计一种收到总裁"谴责信"后比较妥善的处理方式。

任务二 与领导关系的协调

给上司台阶下

高叶是宏远公司总经理办公室的秘书,这天上午她从会展中心回来,刚进走廊就见同事钟苗哭着冲进了洗手间,同时办公室里传来李主任的骂声:"你这个管档案的是怎么管的?赶紧把××文件给我找出来!"见钟苗跑了出去,李主任的火气更大了,怒不可遏地:"连个文件都找不到,要你这种秘书有什么用?!"

高叶在钟苗之前负责过档案管理,所以,她进办公室后一边找文件,一边问李主任发生了什么事。原来,就在十来分钟之前,公司老总来电话,让人马上把上周与西安方面签的几份投资意向书送过去。当时办公室只有李主任一个人在,他平时不管文件档案这类具体工作,所以找了一阵也没找到,因此老总在电话里大发雷霆:"你这个主任究竟是怎么当的?连个文件放在什么地方都不知道,你一天到晚到底在干什么?"

高叶赶紧从文件柜中把那几份文件找了出来,但她并没有递给李主任,而是说:"李主任,王总可能还在气头上,还是我送去吧。"李主任随口说:"好吧,还是你送吧。"高叶来到老总办公室,双手递上文件:"王总,这是您要的文件。""哦,高叶啊……"

---

① http://zd.54yjs.cn/renzaizhichang/20080303924114.html,有改动。

项目十 协调工作

秘书与领导的关系是秘书工作中最重要的人际关系,秘书能否妥善处理这一关系,在很大程度上直接影响秘书工作才能的发挥,影响秘书部门乃至整个单位的工作效率。因此,协调好与领导的关系,对组织运转与发展有着至关重要的作用。

一、秘书与领导的关系

秘书与领导的关系是一种多层次的立体关系,主要体现在以下三个方面。

(一) 上下级关系

从组织上来说,秘书与领导的关系是上下级的关系,它决定秘书必须服从领导,尊重组织上赋予领导的权力。

(二) 参谋辅助关系

从工作角度说,辅助管理、为领导服务是秘书的工作职责,所以,秘书是领导的参谋和助手,而非决策者。

(三) 人格平等关系

在人格上,秘书与领导是平等的,没有尊卑贵贱之分。秘书也有自尊心,在尊重领导、维护领导尊严的同时,也要捍卫自己的人格,做到不卑不亢。

二、协调与领导关系的原则

(一) 尊重原则

尊重领导是秘书协调与领导关系的基础,是沟通双方的情感、建立融洽的人际关系的前提条件。

领导是秘书公务服务的主要对象,秘书一定要尊敬领导,维护领导的威信和形象;要正确对待领导的缺点和错误,背后不议论和贬低领导。秘书应努力做好本职工作,积极配合领导,才能取得领导的信任。

(二) 服从原则

服从领导就是遵循领导的指示行事。一个部门、一个组织都是通过对上级的服从来建立其秩序的,下级对上级的反抗必然会使各种秩序遭到破坏。对上级的指示与决定,只要没有原则性错误,秘书都应该贯彻执行。

当然,秘书服从上级并不是无原则的,不是一味地附和听从、一概的盲目执行,而应该以服从组织的最高利益为根本原则。对于领导明显的差错,秘书出于对组织的责任心不能听之任之;领导如有违法乱纪行为,秘书更不能一味迁就,而应采取适当的方式提醒、规劝,甚至辞职、举报。

(三) 辅助原则

作为下级,秘书的工作是围绕组织与领导的工作展开的,在处理与上级的关系中必须树立全局意识,想问题、办事情应从全局出发,才能辅助好上级,做好领导的助手。

秘书要站在领导的角度思考问题,多替领导着想,多为领导分忧解难。对领导的工作不

能求全责备,而应多出主意,为领导决策的实施创造良好的条件。

三、协调与领导关系的方法

(一)贯彻领导意图

秘书要正确领会领导意图,并且要全面、正确地贯彻执行领导意图,积极主动、及时周全地为领导服务。秘书在工作中要及时向领导汇报请示,加强与领导的沟通与交流,这既是秘书做好工作的需要,也是尊重领导的表现。圆满完成领导交办的各项工作,是秘书获得领导信任的基础,也是秘书处理好与领导关系的基本出发点。

(二)维护领导形象

作为秘书,在任何情况下都要积极维护领导的形象。秘书不能参与对领导的议论,不能散布有损领导威信的言论,不能作出有损领导威信的行为。如果领导在工作中出现了差错或失误,要积极采取补救措施消除影响,同时注意维护领导的自尊心;秘书给领导提意见时一定要注意场合,最好在私下里说明;秘书要有谦虚的态度,特别是在公开场合要避免顶撞领导;即使秘书本人因被领导误解而受委屈,也应从工作角度出发,泰然处之,不能因有不满情绪而影响工作。

(三)摆正自身位置

秘书对自己要进行正确的角色定位,要处理好对领导的依从性和独立性的关系,即始终把自己置于辅助地位,在辅助领导工作的地位上积极主动地为领导服务。秘书任何时候都不能越权越位,即使出发点是好的,一旦让领导感觉自己的权威受到了挑战,后果将十分严重,任何越权越位的行为都会从根本上动摇甚至破坏秘书与领导和谐关系的基础。在工作中秘书必须按职责规定办事,不能假借领导的名义发号施令,指手画脚;更不能打着领导的旗号狐假虎威、谋取私利。

如果领导在某些方面(如学历、能力、资历等方面)不如自己,秘书更要言行谨慎,要注意照顾领导的心理感受,尽量避免不必要的误会,切不可在领导的面前炫耀自己的优势,否则,往往会被视为目无领导、狂妄自大,对领导造成压力甚至构成威胁。这样的秘书肯定是不受欢迎的。

(四)全面了解领导

不管是为一位领导当秘书,还是同时为几位领导服务,秘书对领导的作风、性格、办事习惯、思维路子、语言特点、起居规律和生活爱好,甚至是领导的工作经历,都应当了解得清清楚楚。这样就可以把服务工作做得恰到好处,就容易与领导配合协调、节拍一致。只有熟悉、了解领导才能与领导在感情上有所靠近,与领导相处才会更加融洽。

(五)融洽相互关系

秘书要主动与领导沟通,消除彼此的误会,密切相互的关系,以便获取领导的信任,建立和谐融洽的上下级关系。秘书要积极地去帮助领导克服工作中的困难,多出主意,多提供服务,尽可能解除领导的后顾之忧。秘书要自觉地为领导服务,要有一种任劳任怨、不计名利的思想,真正做到和领导同甘苦、共患难,这样才有可能和领导密切关系,建立起深厚的感情。当然,秘书与领导个人感情的沟通一定要把握分寸,切不可自认为与领导亲密无间而得意忘形，如果使领导感到有损其权威的话，那将是很危险的。

（六）提高自身能力与素养

秘书要处理好与领导的关系，关键在于做好本职工作，为领导提供有效服务。首先，秘书要练好自己的基本功，提高办事能力，增强职业才干，这是做好秘书工作的基础。其次，提高品德素养也是秘书协调同领导关系的重要因素。所以，秘书除了要有高度的敬业精神之外，还要有良好的职业道德与操守。

四、协调与领导关系的艺术

（一）倾听的艺术

善于倾听的秘书不仅要听清楚领导说话的表面意思，更要听懂领导的言外之意。只有这样才能把握领导说话的重点，领会领导意图。

要耐心听领导把话讲完，不要随便打断领导的讲话，也不要轻易与领导争论，甚至顶撞领导、轻率否定领导的讲话。

领导交代任务时，秘书要注意全神贯注地聆听，并做好记录；没有听清的地方可以请求领导重复一下，或将领导的意思扼要复述一遍，以防错误领会领导意图。但要记住，领导赏识的是那些不需要反复叮嘱的悟性高的秘书。

（二）汇报的艺术

秘书在向领导汇报工作时要言简意赅。要做到这一点，秘书除了平时注意练习语言表达能力之外，在汇报前还要注意理清思路，突出重点，必要时可以写成书面提纲。

汇报前秘书要调整好心态，选择恰当的时间、地点，创造融洽的谈话气氛。对于汇报中偶尔出现的失误要及时与领导交流沟通，进行补充修正。

（三）建议的艺术

在工作中，有时领导组织需要有多种方案供其选择；有时领导决策出现原则性错误，如果不及时纠正，可能会影响组织的生存和发展，这些时候就需要秘书提供有针对性的建议。在向领导进谏时，秘书应特别注意维护领导的尊严，应特别注意场合、地点、时机及语言的选择。

1. 委婉提醒，适时规劝

当秘书发现领导作出明显错误的决定时，一般不应立即正面提出意见，尤其是有其他人在场时。一般领导年长于秘书，地位、权力、经验都高于秘书，秘书理应照顾到领导的自尊心，因此秘书应该采用委婉含蓄的提醒方式，让领导自己发现错误；或是等待一定的时间再作请示，让领导自己冷静下来，重新作出决定。

2. 先肯定，后建议

在提出建议之前，秘书要先肯定领导决策的可取之处，然后，用"但是"引出自己的想法。"但是，如果……这样是否会更完美、更好一些呢？"一般情况下，人们都愿意接受这样的建议方式。

3. 讲究语言艺术

一般来说，领导很在意别人反对他的提案，所以秘书在给领导提建议时要讲究语言技巧。例如，秘书可以礼貌地说："我对……有些想法，不知能否耽误您一点时间……"这样，领导会感到问题的重要性,从而友好地接受合理化的建议。同时,秘书要做到态度诚恳,口气婉转,切忌理直气壮、态度傲慢。

(四)中立的艺术

领导之间在感情上有距离,在工作上有分歧是正常现象。维护领导层的团结,事关组织的内部稳定和有效运转,这是每个秘书义不容辞的责任。学会协调处理好领导层间的关系,不仅对于做好秘书本职工作有益,而且对于增进上司之间的团结也有着极为重要的意义。

一个称职的秘书要尽力促进领导间的沟通和理解,使之统一认识,消除内耗,增进团结。秘书在行为上与领导成员要保持同等距离,在工作上一样支持,在组织上一样服从;在感情和态度上要保持中立,对领导成员一视同仁,不可亲此疏彼。如果领导之间的矛盾和分歧是原则问题,秘书只要坚持原则,立场鲜明地站在正确的一方就行了。如果领导之间的矛盾是非原则性的问题,秘书就要善当"和事佬",避免事态扩大,尽量缓和矛盾,促进矛盾化解。如果领导之间的矛盾完全暴露在秘书的面前,秘书无法回避,不得已而夹在其中。此时,秘书必须严守中立、不偏不倚、坚持不介入的原则。

当领导之间出现严重的原则分歧或感情对立,秘书在其中间转达意见时,一定要全面、准确、实事求是。秘书绝对不能以个人的情感和好恶取舍,以势取人,在领导之间搬弄是非、挑拨离间,扩大或激化矛盾,将问题复杂化。

当领导成员间发生争执,双方不够冷静时,秘书可借机转移其注意力,或以请示工作、接电话等方式让双方停止争执,待冷静下来后再进行深入讨论;当领导间因情况不明产生矛盾时,秘书应及时提供全面的客观情况,促成领导了解实情,统一认识。有时,为了促进领导之间的团结,消除领导之间的误解,秘书可以说点"假话","编造"一点理由,这是秘书的协调艺术,而不是品质问题。

(五)对待隐私的艺术

作为秘书,必须要了解自己的领导在工作和私人方面的交际范围。如果不了解领导的交际范围,分不清其朋友亲戚的亲疏关系,则秘书不仅在工作日程上不好安排,就是许多的电话也不好处理。在工作中,或者是在往领导家里送材料的时候,或者是在转接电话的过程中,秘书都不可避免地要了解一些领导的隐私。一般情况下,对于领导的隐私,秘书都应不打听、不散布。

但是,当隐私问题关乎组织的利益时,则又另当别论。比如,某个领导的工作作风出现问题,而秘书深知其中原委,当更高层领导向秘书追查这件事时,秘书就必须优先考虑组织的利益,而不是个人之间的关系。秘书就应该遵守职业操守,既不添油加醋,也不掐头去尾,如实向领导汇报,这是做秘书的天职,也是秘书做人的良知。

【实训一】

给上司创造再次决策的机会

1. 情景描述

小温是北京远方工贸公司总经理秘书。这天上午 10:00 左右她正在整理档案,老总来

电话让她去他的办公室。一进门,老总就说:"小温,我刚才起草了一封给深圳隆源公司钱总的一封信,你马上把它打印出来,用传真发给他!"

小温接过草稿,信的内容大致是这样的:钱总,你我两家公司打了这么多年的交道了,你怎能作出这种背信弃义的事来呢?我决定断绝我们两家公司的一切往来!

对于本公司与深圳隆源公司之间的关系,小温也知道个大概,因为钱总每次来北京都是她负责接待。她觉得钱总的一些做法虽有不妥之处,但老总也没有必要这样大动干戈,于是,她对老总说:"老板,您这么做是不是意气用事?"

见小温说自己是意气用事,老总更是气不打一处来:"你怎么知道我是意气用事?我就是意气用事又怎么了?"

"狗咬吕洞宾,不识好人心!"小温在心里嘟囔着,回到办公室马上把老板的信印出来,用传真发了出去。快到下班的时候,老总问小温传真发了没有。当他得知传真上午就发出去了之后,眼里露出了明显的悔意。小温也看出来了,老板对自己也非常不满……①

2. 实训要求

(1) 分组讨论

① 秘书小温发现上司意气用事之后,提醒老总的方式有什么问题?

② 为了企业的整体利益,勇于谏言,这是秘书忠诚的表现吗?本案例中的秘书小温是一个优秀的秘书吗?

③ 在上司意气用事的情况下,秘书应该怎么做?请为小温设计一个稳妥的处理办法。

(2) 情景模拟表演

各小组根据本组设计的处理办法,在实训室分角色模拟处理过程。

要求学生轮换角色模拟表演,进行不同角色的体验,训练重点在于秘书的行为表现。

3. 实训提示

企业的领导人每天面临激烈的竞争压力,他们不仅在生意场上会遇到挫折和失败,即使在企业内部也面临许多不顺心的事,因此,他们在工作中失去冷静,感情用事也是正常现象。

秘书发现上司有些意气用事之后提醒老总,这表现出了一个职业秘书应有的素质,没有这种"忠诚"就不可能成为一个好秘书,但仅有"忠诚"也不是一个好秘书。一个优秀的秘书不仅要有贯彻执行领导指示的能力,也应该清楚哪些指示应无条件地执行,哪些指示不能执行。如果当面顶撞领导,对于一个职业秘书来说,是一个绝对不能饶恕的错误。因为秘书作为领导的助手,在任何情况下都绝对不能干预领导的决策。

作为助手,秘书在发现上司失去了冷静之后,要仔细分析原因,了解上司真实的想法。比如小温的老总作为公司的最高领导人,他肯定有自己看问题的角度和思维方式,经常在权衡各方面的关系和利益。他之所以要与深圳隆源公司绝交,可能是他早就与隆源公司积累

---

① 谭一平:《我是职业秘书》,北京:机械工业出版社,2008年版,第11页,有改动。

了许多矛盾,只不过是小温不知道罢了。但当确信领导的决策出现了失误之后,秘书作为助手就应想方设法给上司创造再次决策的机会。老总之所以对小温不满,是因为他觉得小温作为自己的助手,在自己不冷静的时候也跟着不冷静,从而让自己失去了纠正因冲动而作出错误决策的机会。诸如此类领导与客户的矛盾还有很多,作为一个职业秘书要给领导创造一个最好的决策环境,协调好他们之间的关系。

4. 实训考核

(1) 能够具体分析温秘书提醒上司方式的不当之处,说明秘书给上司提建议应该注意什么问题,占30%。

(2) 能够为温秘书设计一个比较稳妥的处理办法,占30%。

(3) 情景模拟条理清晰,礼仪规范,效果良好,占20%。

(4) 职业素养、团队合作、创新设计等,占20%。

【实训二】

上司意见分歧

1. 情景描述

天地公司陈副总经理因一项对外业务工作与李总经理又争执了起来。后来,陈副总经理在与高秘书外出乘车中,埋怨李总经理主观武断,不尊重他人的意见,导致决策失误,给公司的经营造成了损失。高秘书知道总经理与副总经理因工作意见不同有些分歧。李总经理是一位有能力、有魄力、办事雷厉风行的人,但不太注意工作方法,伤了不少人,对此,职员颇有意见。陈副总经理考虑问题周到,群众关系好,也关心别人,但决断能力差些。从心底里讲,高秘书的个人感情更倾向陈副总经理。今天,陈副总经理谈起他与李总经理的分歧,分明是想得到高秘书对他的支持和同情。

高秘书此时该如何应对此事?

2. 实训要求

(1) 分析以下五种办法,讨论确定采取哪种办法好。

方法一:投其所好,表示对陈副总经理的支持、同情,并对李总经理的缺点颇有微词。

方法二:维护第一把手的权威,据理力争,摆出李总经理为公司的发展作出的种种努力、取得的显著成效。

方法三:直言快语,指出陈副总经理把领导之间分歧公开给下级的做法不利于班子团结,也使下级无所适从。

方法四:保持沉默,对陈副总经理的话不表态,或转移话题,谈其他方面。

方法五:耐心解释,说好话不说闲话,以弥合领导间的裂痕。

(2) 情景模拟表演:讨论分析后,选择恰当的一种方法分角色在模拟公司办公室进行情景模拟演示。

3. 实训提示

秘书与领导层非直接上司间的关系微妙复杂。虽然领导层在根本利益、根本目标和根本原则上大多能达成一致,但由于每个上司的分工不同,各自在思想观念、管理风格和个性特征等方面也存在差异,因此,他们之间自然会产生一些矛盾和分歧。一般来说,这些矛盾和分歧并不影响秘书工作的正常进行。但是当分歧扩大,或矛盾激化,或处理不当时,秘书会陷入两难的困境。作为秘书,不要介入上司的个人恩怨纷争中,对上司要一视同仁,一样尊重,不能因人而异。

4. 实训考核

(1) 能够具体分析每一种办法的恰当与否,占30%。
(2) 能够为高秘书选择或重新设计一个比较稳妥的处理办法,占30%。
(3) 情景模拟条理清晰,礼仪规范,效果良好,占20%。
(4) 职业素养、团队合作、创新设计等,占20%。

任务三 与职能部门关系的协调

周秘书协调部门关系

小周是北京海峡经贸公司总经理办公室的秘书,这天下午一上班,她就帮总经理收拾行李,因为总经理要赶下午15:30的飞机到上海出差。这时,财务部有人打电话来向总经理告状,说河南一家公司故意拖欠近百万元的货款,是市场部和销售部相互闹别扭人为造成的。放下电话,总经理对小周说:"你找个时间把这个问题了解一下。如果不是什么大问题,你就协调一下,把问题解决算了。"总经理走后,小周先给市场部的人打电话,又给销售部的人打了电话,问河南那家公司的拖欠货款是怎么回事。结果公说公有理,婆说婆有理,但小周还是把基本情况摸清楚了。

在小周的眼里,销售部的人平时一个个牛气冲天,很少买总裁办秘书们的账。所以,她决定利用这个机会教训一下销售部的人。于是,她接受了市场部的说法,让销售部的人在一个星期内把这100万要回来。销售部的经理说有困难,小周说:"那好,你自己去跟老板解释吧!希望你们不要拿自己的饭碗当玩具!"销售部经理当然知道小周这是在狐假虎威,但这事毕竟自己也有责任,所以,他只好忍气吞声地说争取在一周之后把货款要回来;但与此同时,他又在心里琢磨如何让这个小丫头片子知道自己的厉害!……①

秘书是领导与各职能部门联系的桥梁,很多事情领导都是通过秘书与职能部门联系沟通、协调办理的。秘书如果能协调好与相关职能部门的关系,就能获得职能部门的信任与支持,在工作中就会得心应手、游刃有余。

---

① 谭一平:《我是职业秘书》,北京:机械工业出版社,2008年版第28页,有改动。

一、与职能部门关系协调的原则

（一）从属性原则

秘书部门的地位和性质决定秘书是为领导当参谋、做服务工作的，因此，秘书对部门关系的协调实际上是协助领导做好协调工作，这就决定秘书部门协调工作的从属性质。秘书从事协调工作时必须摆正位置，做到既主动又不越权；既要充分发挥主观能动性，在领导确定协调事项后，在职权范围内积极主动地做好工作，又要严格按照领导意图去办事，同时对于自己把握不准的问题要多汇报、多请示，务必事先征得领导的同意，不要随便更改领导协调意见，不要对重大问题随意表态，贯彻落实中遇到新情况时不可自作主张、擅自决定。

（二）全局性原则

在实际工作中，许多部门往往站在自身的立场上维护本部门的利益。因此，秘书在代表领导做协调沟通的工作中，要积极引导部门在工作目标、思想观念和实际步骤上达成共识，把本部门的利益、目标与全局的利益、目标结合起来，使局部利益服从全局利益，各部门之间互相协调、积极配合，为实现全局目标做贡献。同时，担当协调角色的秘书应该设身处地地为部门考虑，作适当的利益平衡，这样方能稳定大局。

（三）调查研究原则

在协调中，秘书只有通过调查研究，抓住职能部门之间存在的主要矛盾，分析矛盾的性质与症结所在，找到问题的关键，有针对性地提出协调意见，才能使协调工作有效进行。

（四）灵活性原则

秘书应把握好政策的尺度，按政策办事，既要有原则性，又要注意灵活性。所以，协调的方法可以多种多样，协调的技巧要灵活多变。

二、与职能部门关系协调的方法

（一）公正无私

在各职能部门之间产生矛盾或冲突时，秘书部门应发挥综合部门的职能作用，加强各相关方面的沟通，促进各职能部门的理解与合作，在维护全面利益的原则下，寻找出各方面都可接受的解决办法，协调解决问题。在处理复杂的部门间的关系时要顾全大局、公正合理，避免拉帮结伙、公报私仇，如果将正常的工作矛盾转化为个人恩怨或人事纠纷，就会使事情越来越复杂，最后有可能变成死疙瘩。秘书只有公正无私地协调各部门间的关系，才不至于被各种是非"旋涡"所吞没，才能保持内部各部门的和谐一致。

（二）宽容理解

虽然秘书是组织的一名普通职员，但是在一些人的眼里，事情能否办成，全在于秘书肯不肯帮忙。许多人以为各种报告批不批，领导想见谁不想见谁，都是秘书部门说了算，所以事情办不成，职能部门就会向秘书部门发火。因此，当秘书每做一件事（特别是拒绝他人）的时候都应三思而后行。秘书在承受职能部门抱怨的同时，还应多些宽容与理解，以工作大局为重，切不可根据自己的好恶去处理与各部门的关系。

（三）加强沟通

由于各种原因，秘书部门与职能部门之间产生一些误会，甚至造成一些矛盾都是正常的。面对误会与矛盾，秘书不能针锋相对、以牙还牙，这样只会使误会升级；而是应该换位思考，充分理解职能部门的难处。秘书部门在办理各种事务的过程中，应与各职能部门加强沟通，充分尊重各职能管理部门的职权，虚心听取有关职能机构的意见，学习有关专业知识，切忌不懂装懂，干扰职能机构的正常运转。

（四）互相支持

在各科室的人眼里，秘书比较了解领导，所以他们经常希望能得到秘书的"关照"，了解领导的真正想法和意图。同样，对于秘书来说，有很多的工作也需要职能部门的支持，如领导让秘书起草个文件，就需要有关科室提供素材；领导外出办事，也需要各科室的配合。所以，要做好秘书工作，秘书不仅要得到领导的信赖，还要得到各科室的信任，而且是长期的信任。一个称职的秘书，在工作中应加强与部门科室的沟通，在不违反原则的前提下尽量多帮忙少树敌。秘书要学会与各种人打交道，不能亲此疏彼，排斥异己，否则最后受损失的还是自己。正所谓"种瓜得瓜，种豆得豆"。

部门关系协调

1. 情景描述

宏远公司总经理助理高叶的办公室，电脑和打印机摆放有序。

高叶看了一下手表，拿起电话拨打："喂，钟秘书吗？我是高助理，现在是 9:30，请通知销售部吴经理、公关部马经理，还有保卫处的方主任 10:00 到 1 号会议室开个碰头会。好，就这样。再见！"高叶挂上电话。

会议室的时钟指着 9:50，高叶身穿职业装和同事钟秘书在会议室调试投影仪。

1 号会议室，会议桌椅摆放整齐、美观。高叶主持会议，两边依次坐着钟秘书、马经理、吴经理、方主任等四人。

高叶："今天会议的内容是这样的，我们集团公司和威世公司正在谈判的合作项目已经进入关键阶段，这是我公司和威世公司已有的一些合作项目和合作情况，请大家看一下相关录像。"这时会议室的多媒体屏幕上出现相关图像。

高叶继续发言："下周一，威世公司亚太地区总裁要来我公司考察，王总委托我跟大家在此前一起筹备一个小型的展示会。这个展示会一定要给外商留下深刻的印象，而且要花费少。我们大家讨论一下。"

马经理："我有一个建议。作为公司内部的展示会，我们没有必要在外面租场地，可以把那个荣誉室布置成展示厅，这样既可以节约开支，又能让外商体验到我公司的工作气氛，效果一定好，事后恢复原样就行了。怎么样？"

高叶边记录边接着说："大家看马经理的建议如何……吴经理您觉得呢？"

吴经理："马上要开人大会议了，荣誉室是人大代表常参观的地方，这样换来换去不太方便。公关部出去租个地方并不费事呀。"

马经理听后,气冲冲地扫了吴经理一眼,从座位上站起来反驳道:"出去租地方就会离公司太远,既不合适又花钱。"说完要走,高叶连忙摆手示意他坐下。

高叶:"马经理是为了节约开支,吴经理是为了不影响荣誉室的正常工作,各有各的道理。从王总既要给外商留下深刻印象,又要花费少的要求来看,他也有把荣誉室暂时布置成展示会的意思,只是担心实施起来有困难。这就需要我们多想办法。我想,只要大家分工协作,展示会后能尽快恢复荣誉室,是完全能够做到产品展示和人大代表参观两不误的。吴经理、马经理、方主任,你们觉得怎么样?"

方主任:"没问题。"

高叶对着马、吴两位经理:"那你们二位呢?"吴经理有些勉强:"行。"马经理点头说:"可以。"

高叶:"那好。展览会的场地布置和宣传工作由马经理负责,吴经理负责提供相关的技术资料和产品样品,方主任负责接待外宾和保卫工作。大家有什么意见吗?"

大家说没意见。高叶边整理材料边说:"好,事情就这么定了。散会。"众人离席。

高叶:"吴经理,请稍等,能不能再麻烦您几分钟?您请坐。"

高叶示意吴经理坐下,说:"马经理年轻,有时说话比较冲,其实他还是动了脑子的。"吴经理:"小高呀,我在这个公司 20 多年了,你不是不知道,就没见过这么自以为是的人。他眼里还有谁呀?"

高叶端了杯水给吴经理:"吴经理,您喝水。这话又说回来了,谁都年轻过啊!我刚来的时候,不也和他差不多吗?要不是您手把手地教我,我哪有今天啊!"

吴经理:"真不愧是经理助理,都会拐弯抹角地做我的工作了。"

高叶:"哎,您是老同志,对我们年轻人还要多帮助。我有说得不对之处,您也别往心里去。咱别为一点儿小事影响了工作。"

吴经理:"嘿,我要不懂得这点道理,40 多岁就白活了。好了,我该走了。"

高叶站起:"那行,您多休息。今天还真谢谢您了。"

两人离开会议室。①

2. 实训要求

(1) 讨论分析:

① 在展示会场地的问题上,销售部与公关部两个部门经理的意见有分歧,宏远公司总经理助理高叶是如何进行协调的?在协调中遵循了哪些原则?

② 高叶为何留下吴经理?

(2) 情景模拟表演:在办公实训室分角色进行模拟表演,体验总经理助理高叶在具体协调工作中的感受与体会。

3. 实训提示

(1) 应重点讨论分析高叶在协调中遵循的原则与采取的方法。

(2) 可以进行多轮模拟表演,训练重点在高叶的成功协调上。

---

① 国家劳动与社会保障部职业资格考证(秘书三级)情景录像题。

4. 实训考核

(1) 能够具体分析高叶在部门关系的协调中所遵循的原则及采取的方法,占 40%。

(2) 场景布置符合会场的布置要求,占 10%。

(3) 情景模拟条理清晰,礼仪规范,效果良好,占 30%。

(4) 职业素养、团队合作、创新设计等,占 20%。

任务四　与同事关系的协调

琳达的困惑

琳达是新招聘进来的秘书,她天天围着经理转,基本上没有时间与同事交流和沟通,虽然大家都认识她,可她除了认识经理和办公室主任、人事部部长以外,其他能叫得出名字的同事不超过 4 个人,占公司总人数的 3%。

最近她很郁闷,进公司才 3 个月,同事中间就传开了她的负面新闻,什么清高啦、摆臭架子瞧不起人啦,更让她气愤的是,居然有人评价她走路的姿势,还有人造谣说她是靠"后门"进来的……

在秘书部门内部,秘书与秘书之间保持良好的人际关系是非常重要的。秘书工作经常需要同事的支持和帮助,如果同事之间能够和睦相处、关系融洽,不仅有利于整个团队的合作,也有利于秘书个人的身心健康。

一、协调同事关系的原则

(一) 一视同仁

秘书对待同事要一视同仁,不能区别对待,有远近亲疏之别,更不能结成小圈子排除异己。一个本来默默无闻的人可能会成为领导,一个被怠慢的人也可能会对组织的事业起到举足轻重的作用。但是秘书也不必诚惶诚恐地对待每一位同事,谁也不敢得罪。当同事提出无理要求时,秘书不要因不好意思而勉强答应,最后使自己陷于两难的境地。

(二) 真诚相待

秘书对同事要真诚相待,做到光明磊落、胸怀坦荡、宽以待人。当同事有求时,只要是正当的,秘书就应该尽量满足对方的要求;当同事有困难需要帮助时,秘书也要尽力关心、帮助他们。这样,同事相互之间就容易建立一种友好、亲密的关系。

(三) 宽容豁达

在工作中,难免有被同事误解、嫉妒、背后议论之类的事情发生。面对这种情况,秘书对

同事应多些宽容与理解,避免斤斤计较、睚眦必报,正所谓"退一步海阔天空"。

二、协调同事关系的方法

(一)主动了解同事

同一办公室的人往往形形色色,性格迥异。秘书如果不了解情况,不能洞悉周边的人际氛围,就很难快速融入新的团体,建立和谐的同事关系。每位同事的成长背景和工作习惯各不相同,应通过平时的交谈、观察,了解他们的家庭背景、人生态度、个人专长与能力,掌握他们的性格特点、爱好兴趣等,这样才能在交往中应付自如。

(二)恰当赞美同事

赞美是对他人人格的极大尊重和对他人人品的极高赞赏。在一定程度上,赞美满足了对方高层次的精神需求,能激起对方内心的愉悦感,从而使双方在愉快的氛围中交流。所以,作为秘书应该学会如何赞美。

赞美不等于恭维。恭维是虚伪的称颂,赞美则是发自内心的认同和肯定。赞美首先要善于挖掘对方身上的闪光点,让自己的赞美发自内心,出自真诚,否则给人曲意逢迎的印象,让听的人尴尬万分,难以起到和谐沟通的作用。为此,秘书在赞美同事时态度要诚恳,要区分对象,分清场合,要讲究策略,使赞美恰如其分而不是夸大其词。

(三)委婉拒绝

秘书要学会委婉地拒绝同事的不合理要求。在拒绝之前,秘书要注意倾听对方的诉说;在无法提供帮助时,可以提出有效的建议或替代方案,对方同样会感激你。在拒绝对方时秘书应委婉表达,这样会使对方更容易接受,如暗示对方如果自己接受了不合理的要求,就超出了自己的工作权限,违反了公司的相关规定。一般来说,同事都会知难而退,另想其他的办法。

(四)尽量避免争吵

避免与同事发生争吵,也是与同事建立良好关系的重要一环。争吵不仅破坏友好和谐的气氛,伤害同事间的感情,而且会影响同事间的合作,降低工作效率。所以,秘书应善于控制自己的情绪,要保持清醒的头脑,用平和的话语宽慰对方。有些问题不是当时就能达成共识,如果继续讨论容易造成更多更大的分歧,给双方的心里投下阴影,不如暂时搁置起来,留待时机成熟之时再来谈论。当自己的观点得不到赞同反而招致攻击时,秘书要学会放弃。

三、协调同事关系的禁忌

(一)忌拉帮结派

秘书要光明正大,切忌拉帮结派形成小圈子,这样容易引发圈外人的对立情绪。秘书更不能随意散布小道消息,甚至当面一套背后一套,在同事间挑拨离间、搬弄是非。这样只会使大家对秘书产生戒备心理,避之唯恐不及,结果只能是众叛亲离、孤立无援。

(二)忌趋炎附势

有些秘书在同事的面前推三阻四、爱理不理,表现出一副高高在上的神气;而在领导的

项目十 协调工作

面前则积极主动,极尽阿谀奉承、拍马溜须之能事。长此以往,必将造成人际关系的紧张,甚至影响工作的顺利进行。

(三) 忌过分炫耀自己

由于工作的特殊性,秘书主要与领导打交道,心理上容易形成一种优越感。如果秘书处处都张扬显示自己,在同事的面前炫耀自己的能力和本事,最终可能使自己陷入被动和孤立的境地。因为人们总是喜欢与谦逊豁达的人交朋友,而对那些妄自尊大、鄙视别人的人敬而远之。正如法国哲学家罗西法古所说:"如果你要得到仇人,就表现得比你的朋友优越;如果你要得到朋友,就要让你的朋友表现得比你优越。"

(四) 忌行为怪异

办公室是正式场合,秘书无论穿着打扮还是言谈举止,假如过于前卫,就会给人怪异和另类的感觉,会招致同事的排斥甚至耻笑,当然也就不利于和谐同事关系的建立了。

国庆节值班安排

1. 情景描述

人物:秘书高叶,不想值班的财务室职员1人,人事部职员1人。

国庆长假期间,宏远公司要秘书高叶安排值班。对此,高秘书颇感烦恼,一来自己不想值班,因为早计划好要和家人一起去新加坡旅游,二来其他的办公室职员都对她诉说种种理由不愿值班。如果你是高秘书,遇到这种情况你该如何处理?

2. 实训要求

实训在模拟公司办公室进行。学生每3人为一组,编上号数,即1—3号。先对案例进行讨论分析,再分角色进行模拟演示。

由1号学生扮演秘书高叶,2号学生扮演财务室职员,3号学生扮演人事部职员。

根据需要可以多进行几轮模拟表演,要求学生轮换角色,进行不同角色的体验,训练重点在于秘书高叶协调的态度与技巧方面。

3. 实训提示

在国庆长假期间安排值班向来较为棘手。由于大家都不会太积极地在假日期间值班,因此秘书就要运用自己的说服能力来使对方接受这项任务。在说服之前,秘书首先应排除几个确实有事不能值班的职员,然后做剩下的员工的工作。在说服的过程中,秘书可以采用现身说法的方式,做到以情感人,以理服人。

4. 实训考核

(1) 通过讨论分析,每组能够设计出至少两种值班安排方法,占30%。
(2) 情景模拟条理清晰,礼仪规范,协调效果好,占30%。
(3) 职业素养、团队合作,占20%。
(4) 创新设计,占20%。

任务五　与客户关系的协调

一个大发雷霆的来电

一个顾客正通过电话向一家大型制造公司的儿童体育用品部秘书大发雷霆:"你们是怎么搞的?你们保证过按时把这批尼龙儿童棒球衫以每件12美元的价格卖给我们。在这个星期的销售广告中我们已经做了大力宣传,可是你们公司的那个同事却通知我们这批货不符合要求,这下可好,你让我怎么办?"

秘书面红耳赤地坐在那儿听着,这个客户没完没了地抱怨,说得他直冒冷汗,也变得十分气愤,但他并没有显露出来,而是平心静气地对客户说:"您能稍等片刻吗?让我想想这事怎么办,好吗?"

运动衫不符合要求是生产问题,所以站在客户的立场上,制造公司是完全没有道理的,让顾客平息怒气的唯一办法就是以最佳方式向他道歉。

随后,这位秘书与领导紧急联系后,又重新拿起电话,先为让他久等而道歉,然后告诉那位客户:"我能理解您的心情,您有理由发火。我们公司会优先考虑按时提供一批类似的产品,仍按原价每件12美元给您。但现在我无法确定那批替代品的样式,我会落实一下,明天给您回电话。我们会努力解决这件事,直到您满意为止,而且尽量避免以后出现类似事件。"在秘书说这番话的时候,那个怒气冲冲的客户已经冷静下来,同意等到第二天看那些替代样品。

秘书部门是展示本组织形象的窗口。秘书是代表组织与客户打交道,协调好与客户的关系,能够为组织发展构建和谐的外部环境,有助于树立良好的组织形象。

一、协调客户关系的原则

(一) 正确区别客户

秘书工作中接触的客户是不同的,如有首次来访的客户,也有多次到访的客户;有同行客户,也有跨行客户;有长期客户,也有临时客户;有老客户,也有新客户等。秘书要学会正确区分和确认不同的客户,有针对性地与客户进行沟通协调。以接待用语为例,秘书对首次来访的客户可以说:"很高兴您选择了我们公司,我们不会让您失望的。"对长期交往的客户则应这样说:"您的每次到来都让我们高兴。"

(二) 准确了解客户的需求

不同客户的需求是不一样的,需要秘书详细了解公司、产品及服务;对具体工作有针对性需求;要求知道自己的需要何时能够得到满足等。

秘书了解客户需求的方法主要有以下四种。

1. 访谈法

即通过各种形式直接询问了解客户需求的方法,包括来访询问、电话访问、客户座谈、走访客户等。

2. 问卷调查

问卷调查,是指根据具体需要制作不同内容的调查问卷进行调查的方法。

3. 客户资料查询

客户资料查询,是指通过利用档案资料或网络资源等途径查询客户需要的方法。

4. 倾听反馈

倾听反馈,是指在与客户的直接沟通中及时捕捉客户的反馈信息,了解客户需求的方法。

(三)对待客户一视同仁

秘书要坚持"来者都是客"的服务理念,在接待来客时绝不能以貌取人,不能对快递员不理不睬,而对其他公司的老板就热情接待。现在有许多如送水公司、快递公司的人上门推销,的确会影响前台秘书的接待工作,但即使如此,也不能表现出不耐烦,只要婉言谢绝,这些人一般不会胡搅蛮缠。客人有先来后到,秘书也应遵循这一原则进行接待,不能厚此薄彼,怠慢了一部分客人。秘书今天用什么态度接待客人,客人明天就会用什么态度对待公司。在协调与客人之间的关系时,秘书一定要坚持以礼待人。

二、协调客户关系的方法

(一)礼貌致意

礼貌致意包括微笑致意、起立致意、举手致意、点头致意、欠身致意、脱帽致意等。在与客户打交道的过程中,秘书应注意根据不同的场合与情景运用恰当的方式向客人致意,要让客户感到自己受到了应有的礼遇,从而产生信任感。

(二)热情接待

秘书就是公司形象的代言人。许多客人对公司的第一印象,就是来自于他们所接触到的秘书的态度。他们往往会把秘书的态度当作公司对他们的态度,当作公司领导对他们的态度,所以秘书对待客人一定要时刻保持热情,在接电话时不应说:"你找我们有事吗"接待来客时不应说:"你预约了吗"这些话表面上很礼貌,实际上是一种冷淡。客人既然上门了,作为秘书就得无条件地热情接待,不能因为他们没有预约而怠慢他们。

(三)耐心倾听

秘书只有善于倾听客人的谈话,才能了解客人的身份与来访目的,并准确判断应该如何应对。全神贯注地倾听,让对方把话说完,这样不仅能把握客人的意图,而且也是对客人最起码的尊重。在倾听的过程中,秘书要有适当的目光交流,并适时地点头示意,还应根据需要做好记录,这样可以获得客人的充分信任,为沟通交流创造良好的气氛。

(四)严守秘密

由于几乎每天都在与公司的机密打交道,所以秘书要时刻保持警惕性。在接待那些不明身份而又没有预约的客人时,一定要让他们先自我介绍身份并说明来意;在没有了解对方的身份和来意之前,不能透露公司的任何信息,但态度又必须热情大方,不能让对方感到生硬和冷漠。

在接待的过程中,秘书要特别注意做好保密工作,重要的文件、资料要保管好。如果公司的文件在办公桌上乱放,起草完文件后随手丢弃底稿,在电脑上起草或阅读重要的甚至保密的文件未及时闭屏等不良行为都可能会让重要信息或机密泄露给来访的客人。与客人交流时应慎重,竞争对手可能从公司领导跟谁打网球或到什么地方出差的信息中寻找到对自己有用的情报,因此,秘书在与客户的交往中要加强保密意识,措辞周密委婉而有分寸,要最大限度地维护本公司的利益。

(五)巧妙挡驾

在秘书工作中,挡驾可是一门很高的学问。很多秘书面对此种情况时手足无措,或者更糟的是给领导带来不方便见的客人。如果客人点明要与某领导见面,秘书就应当立即通过恰当的方式与当事人联系。但在联系好之前,千万不要给客人肯定的答复,因为当事人可能不在,也可能不愿见这位客人。

秘书为领导挡驾时,不论是对公司内部的职员,还是对公司外来的客人,在拒绝之前都先要耐心倾听,尽可能地了解对方的处境与需要。耐心倾听能够让对方产生被尊重的感觉,当秘书表示拒绝时,也不会让对方觉得是在敷衍了事。总而言之,秘书要在挡驾之后还能保持与各方面的良好关系,这就需要秘书学会婉转拒绝的艺术。

迟到的玫瑰

美国某花店经理秘书接到一位顾客的电话,说她订购的20支玫瑰送到她家的时间迟了一个半小时,而且花已经不那么鲜艳了。

第二天,那位夫人接到了这样一封信:

亲爱的凯恩夫人:

感谢您告知我们那些玫瑰花在很差的情况下已经到达您家的消息。在此信的附件里,请查找一张偿还您购买这些玫瑰所用的全部金额的支票。

由于我们的送货车中途修理的意外耽搁,加之昨天不正常的高温,所以您的玫瑰我们没能按时、保质交货,为此,请接受我们的歉意和保证。

我们保证将采取有效措施以防止这类事情的再次发生。

过去的两年里,我们总是把您看作一个值得尊敬的顾客,并一直为此感到荣幸。顾客的满意乃是我们努力争取的目标。

请让我们了解怎样更好地为您服务。

您真诚的霍华德·佩雷斯

(经理签名)

【讨论分析】
(1) 作为公司秘书,如果你遇到这种情况会怎样处理?
(2) 案例采用的处理方式是否恰当?为什么?

任务六　与媒体关系的协调

南京冠生园破产事件

2001年9月,南京知名食品企业冠生园用陈馅做月饼一事被中央电视台报道,事件曝光后冠生园公司接连受到当地媒体与公众的广泛批评。这一事件中,作为一向有着良好品牌形象的老字号企业,冠生园公司在与媒体关系的处理中,可谓一错再错。

事件曝光后,南京冠生园9月18日在媒体上发表声明,声明中央电视台的报道蓄意歪曲事实,公司绝没有使用发霉或退回馅料生产月饼;又指责记者的报道别有用心,其意图就是破坏冠生园的名誉;声明同时表示:对毁损公司声誉的部门和个人,公司将依法保留诉讼的权利。

在否认其产品质量问题的同时,冠生园又自作聪明地企图将事件焦点转移到同行和消费者身上,最终惹来更大的麻烦。在接受记者采访时,南京冠生园老总却声称陈年馅月饼是普遍现象,是全行业公开的秘密,甚至指名道姓地提起这些厂家的名称。这种说法激起了月饼生产企业的强烈不满,一些月饼生产企业和经销商表示要起诉南京冠生园。

面对消费者,南京冠生园非但没有作出任何解释和道歉,反而开脱说陈年馅月饼的做法并不违反有关规定,并自欺欺人地表示"生产日期对老百姓来说只是看看而已"。如此言论,既降低了"冠生园"这个知名品牌的标准,又愚弄了广大的消费者。

一时间,媒体公众的强烈谴责、同行企业的严厉批评、消费者的投诉控告、经销商退货浪潮……令事态开始严重恶化,也导致冠生园最终葬身商海。

在媒体关系处理出现问题的时候,冠生园这个具有88年悠久历史的著名食品品牌毫无抵抗地被击倒。2002年3月6日,南京冠生园食品公司以经营不善、长期亏本等理由申请宣告破产。

在信息传播高度发达的现代社会,作为引导社会舆论的传播工具,媒体是所有企事业单位和其他组织都必须面对的,它是组织的外部环境的重要因素。维系好与媒体的关系对于任何一个组织来说都具有重要意义,特别是对于企业来说,与媒体保持良好的关系能够确保企业以更多的正面形象面对广大的消费者,可以极大地提升企业形象,赢得消费者的信赖。如果与媒体的关系协调不好,则可能直接影响企业的发展,严重的甚至可能危及企业的生存。

秘书部门是组织与外界沟通的桥梁,在很多企业和组织目前还未设立专门的公关部门

的情况下,秘书将会更多地涉及与媒体打交道和为客户服务的工作,因此,也就要求秘书应具备基本的公关能力,了解和掌握与媒体沟通协调的常识,努力提高与传媒打交道的专业水平,帮助组织与媒体建立友善的关系,这对树立组织形象,促进组织健康发展,具有十分重要的意义。

一、协调媒体关系的原则

(一) 保持经常联系

同媒体建立良好的关系是组织或企业发展的需要,秘书应自觉地参与媒体关系管理,与媒体建立日常联系制度。目前,我国很多的企业还缺乏与媒体主动沟通的意识,总是在各种事情发生之后才去和新闻媒介联系,这显然对企业的形象宣传缺乏通盘考虑。如果想要媒体对企业抱有好感,那就要让他们对企业多一些了解。如经常参与社会公益活动,定期邀请核心媒体上门参观和采访,尊重媒体记者,主动与记者建立良好的互信关系。

平时保持同媒体的接触,并不一定要媒体对企业发展的情况都予以报道,其实这也是一种感情投资,只要媒体对企业有了感情,那么在企业真正有了大新闻或者发生某种困难和危机时,媒体记者就能够以公正、客观的立场来采访和报道。

(二) 主动了解媒体

作为秘书,要主动了解不同媒体的操作风格、关注内容和受众特点,以便在同他们打交道时,主动地向他们介绍情况,施加影响。在此基础上,秘书应结合本企业的产品特点给领导提出建议,选择最具影响力的媒体,建立核心媒体关系,定期了解媒体的报道重点,有针对性地提供报道素材。此外,秘书还要依据媒体与企业的紧密程度,将媒体进行分类管理。

(三) 公开事实真相

目前,我国许多的企业缺乏应对负面消息的经验,往往一味地回避媒体报道,谴责甚至威胁媒体与记者,致使负面消息升级,最终可能导致企业破产关闭。公开事实真相是秘书与媒体沟通的基本工作原则,秘书在处理与媒体的关系中,更应对这一点特别加以注意。当企业内部发生不光彩的事情时,掩盖、隐瞒以及拒绝采访的做法是不明智的,秘书应该协助领导冷静进行处理,主动和新闻单位联系,向记者说明看法或者有关处理意见,介绍企业内部对此事总结分析和吸取教训的情况,为杜绝今后发生类似情况而采取的措施等。

二、协调媒体关系的方法

(一) 主动与媒体沟通

在处理与媒体的关系时,要想掌握主动权,唯一的办法就是第一时间主动与媒体沟通,提供尽可能多的正面信息。需要与媒体及时沟通的事项大概有两类:一是对外宣传或推介的事项,如企业推出新产品、企业经营方针发生改变等;二是需要对外说明、澄清的事项,如企业的产品质量出现了问题,企业出现了重大事故,消费者举报等。无论是哪一类事项,都需要尽快、尽早与媒体沟通,特别是第二类事项更不能拖延、隐瞒。作为秘书更要服务周到,迅速协调,及早向领导反映,尽快予以答复、解决。

(二) 做好采访准备

作为秘书,在领导拟接受媒体采访后,要做好相应的准备工作。如果是本企业邀请媒体

来采访,秘书就要为领导和记者准备采访提纲;如果是新闻媒体主动上门要求采访,则要索取对方的采访提纲,秘书要根据采访提纲提前为领导收集资料、拟写讲话纲要。

(三)统一宣传口径

如果组织内部没有统一宣传口径,不同部门提供的信息不统一,造成媒体报道存在矛盾,就会抵消宣传效果。所以,组织内部应协调统一,一致对外。

(四)把握谈话分寸

秘书要满腔热情地接待记者,表现出乐意帮忙的意愿,但不要对事情轻易表示赞成或反对,更不能在未得到领导的指示时而随意提供内部情况。

高秘书接待记者

1. 情景描述

人物:秘书高叶;胡记者;钱摄影师;于总;职员小马与小郑。

上午10:00左右,胡记者和钱摄影师来到宏远电器公司。公司的职员都慌了,因为他们还在布置会场,更何况于总还没有到。于是高秘书就打电话给于总,于总说:"怎么这么早就来了,我这边还在谈生意呢,你们先接待一下,请记者坐坐,说我马上就到。"这次记者来采访的是有关一位姓陈的顾客购买了宏远电器公司的空调,结果空调不知什么原因发生了爆炸,消费者陈某找到维修中心要求赔偿,却遭到了维修中心服务人员的拒绝。消费者陈某一气之下把这事告到了电视台。本来电视台说下午来采访的,没想到现在就来了。见于总经理没有在场,记者很不高兴,认为是于总故意避开他们,并表示如果于总再不来就走了。而于总至少还要30分钟才到。请问这时秘书高叶应该怎么处理?

2. 实训要求

实训在模拟公司办公室进行。请学生说明高秘书在这种情况下的处理原则,并分组分角色把处理的过程模拟出来。

学生每6人为一组,编上号数,即1—6号。学生先分角色,再按情景进行演示。

由1号学生扮演秘书高叶,2号学生扮演胡记者,3号学生扮演钱摄影师,4号学生扮演于总,5号学生、6号学生分别扮演职员小马与小郑。

根据需要可以多进行几轮模拟表演,要求学生轮换角色,以进行不同角色的体验,训练重点在于秘书高叶处理问题的态度与技巧方面。

3. 实训提示

在这种情况下秘书一定要设法稳住记者。如果记者没见到于总就拂袖而去,那么对公司会十分不利。在与记者的对话中,无论如何秘书都要保持真诚、冷静的态度,不能与记者发生口角,应尽量作出要与媒体交朋友的友好姿态。在于总到来之前,谈话中高秘书不要发表观点性的言论,不要用手挡着镜头。因为那样反而会给企业增加负面影响,落个不诚信的形象。

4. 实训考核

(1) 通过讨论分析,每组能够设计出至少两种接待记者的方法,占 30%。

(2) 情景模拟条理清晰,礼仪规范,协调效果好,占 30%。

(3) 职业素养、团队合作,占 20%。

(4) 创新设计,占 20%。

任务七　与政府部门关系的协调

中国首善

2014 年胡润慈善榜发布,新晋中国首富马云以 145 亿元的捐赠额刷新中国慈善纪录,成为"中国首善",并且成为"2014 大中华区最慷慨的慈善家",也超越了最近一年的美国首善 Facebook 的马克·扎克伯格(70 亿元捐赠额)。同时,在胡润百富榜刚刚颁发的"最受尊敬的企业家"奖项中,马云成为"2014 中国最受尊敬年度人物"。企业家对慈善事业的热衷程度,日益成为他们公众形象得分的关键。通过公益捐赠,企业家们往往能赢得政府和公众的认可,获得诸多荣誉与头衔,同时可以提高社会声望,进而获得发展便利等超额回报。把企业做好,给员工和社会带来物质财富和精神财富,本身就是广义慈善的一部分。企业利益和慈善公益是可以相辅相成的。

对企业来说,一般比较重视与客户的沟通协调,往往成立专门的客户服务管理部门,但是却常常忽视与政府部门关系的协调。特别是一些中小企业往往不单独设立公关部门,因此,很多与政府部门的沟通协调任务就自然由秘书部门来承担。

一、与政府部门关系协调的原则

(一) 利益一致原则

政府是公共利益的代言人,对企业负有管理、监督、服务的职能,尽管企业在主观上是以获取最高经济利益回报为直接目标,但是,客观上企业在创造物质文明、满足人们日益增长的物质需要方面与政府有共同的价值取向,所以,在与政府部门沟通时,既要理解政府部门对企业的管理和监督,又要看到企业与政府利益一致的地方。双方遵循利益一致原则就能找到沟通的突破口。

(二) 主动沟通原则

政府部门除了通过制定法律法规来约束企业的经营行为以外,还有可能通过制定政策来引导企业的经营方向,这些政策有些是通过公共媒体公开传播的,有些可能是通过文件的形式传达的,还有的可能是通过领导的讲话或发表社论来间接表达的。秘书要有高度的政

项目十 协调工作

策敏感性,要经常阅读报纸、登录政府网站,了解最新政策意向,及时地将政府调控精神向领导汇报,确保企业的经营不闯红灯。

(三)服务社会原则

虽然社会公共设施的建设和公共事务的管理是政府的职责,但是,很多成熟的企业在自身发展壮大的同时又主动回馈社会,帮助政府提供优质的公共服务,由此赢得了良好的声誉,也赢得了政府部门的信任。

秘书要注意了解政府倡导的活动,及时将信息传递给领导,根据企业的能力作出合适的选择。企业应本着服务社会的原则,积极响应政府的号召,参加社会公益活动,以实际行动打造诚信企业的品牌,若能如此,与政府部门的沟通就能水到渠成。

二、与政府部门关系协调的策略

(一)合乎政策法律

政府和企业在社会经济发展的终极目标上是一致的,只要吃透文件精神,正常的合乎法律规范的事情秘书应该理直气壮、堂堂正正地去办理。企业如果钻法律不健全的空子,做违纪违规的事情,最终受害的只能是企业本身。

(二)备齐文件资料

秘书必须了解要办理的业务所需要的相关文件、资料、审批手续、相关的报告等资料要求,这些都应事先准备齐全。这样不仅能够提高办事效率,而且也可以给政府办公人员留下良好的印象,使事情顺利办妥。

(三)注意礼仪规范

前往政府部门办事的秘书代表的是企业的形象,要注意个人仪容和服饰,做到大方得体,言谈举止恰如其分,礼貌周全,态度诚恳;切忌打扮妖艳、态度暧昧、与政府部门官员称兄道弟,以避免无形中产生不良影响。

(四)杜绝庸俗公关

只要企业合法经营,企业与政府的利益就是相同的。所以,企业在与政府部门打交道的过程中,应杜绝请客送礼等不正之风。作为经常从事企业与政府部门沟通协调的工作人员,秘书更应该坚持职业操守,做反腐倡廉的表率,为树立良好的企业形象贡献自己的一份力量。

新公司的申办

1. 情景描述

人物:秘书高叶;会计师事务所王经理;工商部门企办张主任;税务局企办税务登记处陈处长。

随着公司规模的日益壮大,宏远公司决定增开一家分公司,并希望借此能使公司的业绩更上一个台阶。经过周密的市场调查与分析,经股东大会商议,决定新增开一家生产校用实验设备的公司。在股东大会上还选出了新的董事会,确定了分公司的注册资金、出资比例、法人代表、固定经营场所、经营范围。这一家新公司命名为"伟华实验设备公司",将开设在离公司较近的人民路上,占地2 000平方米。其使用的厂房是原仪器厂的厂房,公司把它买下并进行了装修,现在它已是面目一新了。由于厂内事务较为繁忙,因此总经理把申办新公司的事务交给秘书高叶去完成。请问她应该准备什么资料以及去哪里办理相关的手续?

2. 实训要求

(1) 要求各小组在模拟实训室分角色模拟整个新公司申办的过程。

(2) 模拟之前,各小组应分工合作,查找相关信息,讨论并明确以下问题:

① 开办公司应具备的基本条件;

② 申办事务应该准备什么资料;

③ 申办新公司的具体流程以及如何办理相关的手续。

(3) 重点模拟训练秘书的工作态度和职业行为规范。

3. 实训提示

开办公司应具备的条件:具备公司章程,有固定的生产经营或服务场所;有与生产经营或规模相适应的资金和设备;配备与生产规模相适应的从业人员;有健全的财务制度和组织管理机构。

去办理前,公司应先召开一个股东会议,确定所有的事项。而在情景描述中,公司已经召开了这样的一次会议。因此,秘书应先找会计师事务所验资,然后带上相关文件材料去工商部门办理开业登记,有关公司文件及法律文件都应备齐。办理完这项手续后,即可领取营业执照,按照《中华人民共和国税收征收管理法》进行税务登记。最后,秘书还应去公安部门指定的单位刻制公司的各种印章,这样公司才能正式运营。

4. 实训考核

(1) 明确开办公司的基本条件及申办的具体流程,准备好申办材料,占40%。

(2) 场景布置符合具体要求,占10%。

(3) 情景模拟条理清晰,礼仪规范,效果良好,占30%。

(4) 职业素养、团队合作、创新设计等,占20%。

拓展提高一 秘书应该有"过滤术"

有一天,党委书记把工会秘书小张叫到办公室,问道:"听办公室的同志说,就差你们工会的学习计划没有报上来。刚才打电话找你们的工会主席也找不到,上次常委扩大会议工会主席也没有出席,你们工会这样拖拖拉拉的作风要改一改。"小张心想,工会主席最近因为儿子出差,小孙子患病住院,没有参加上次会议,也没有及时报学习计划。小张在书记的面前不便解释,只好回去向工会主席汇报:"党委书记批评我们工作拖拉,还说上次没有参加会议,计划也没交。"工会主席听了以后心中十分不快:"我小孙子住院一个多星期了,我也向党委办公室老李同志请了假,怎么党委书记迄今还不知道?他太官僚了!"

对于秘书来说,不论是"上传"还是"下达",都要忠实、准确、客观、全面,不能随意加进自己的意见,任意地发挥、解释甚至曲解领导的意见。但有时候需要"掐头去尾"或者变换方式的"过滤",原封不动地"上传下达",反而会造成不良效果。小张就因为不加过滤地传达领导的批评,结果使工会主席对党委书记的批评产生抵触情绪,一定程度上影响了领导意图的贯彻执行。

党委书记在不了解实情的情况下批评工会主席,显然是失当了。但是秘书在这时不能把党委书记的话一五一十地向工会主席传达,而应该换一种方式。例如,他可以向工会主席说:"书记问你上次怎么没有出席会议,显然他不知道你已经向党委办公室请了假。你有机会可以向他说明一下。书记催交的工作计划,听说就差我们了,这几天我会抓紧时间定下来。"这样既传达了书记的意见,又不至于加深误解、激化矛盾,这就是所谓的"过滤术"。

拓展提高二　心有灵犀一点通

小敏是北京龙辉公司常务副总刘军的秘书。前天她去刘总的办公室送邮件时,刘总正在打电话;见她进去之后,他马上捂住话筒对她说:"你赶紧把黄经理找来!"说完继续打他的电话。于是,小敏马上打电话给黄经理,说刘总有急事找他。当黄经理急急忙忙来到刘总的办公室时,刘总冷冰冰地问:"你有什么事吗?"原来刘总是南方人,说话"王""黄"不分,他要找的是王经理,却让小敏听成了"黄经理"。结果是小敏不仅挨了刘总的训斥,还把黄经理得罪了。

昨天上午,小敏去刘总的办公室送材料,刘总正在看资料。她进去之后,他头也没抬就对她说:"把那份资料给我拿来!"

"哪份资料?"小敏一头雾水,有些莫名其妙。

"哪份资料?"刘总有些诧异,抬起头来盯着她,似乎觉得她问得多余,她没有理由不知道自己要哪份资料。他愣了一下之后便说:"就是关于××公司的资料。"

小敏给刘总当秘书将近半年了,但是,直到现在只要一进刘总的办公室,她心里就有些紧张。她不知道自己要怎么样做才能与刘总"合拍",因此她想到调换工作,甚至跳槽。

小敏在工作上之所以难与刘总"合拍",是因为她对刘总缺乏起码的了解。如果秘书对上司缺乏起码的了解,在工作中就很难理解上司的意图;不能理解上司的意图,自然就抓不住自己工作的重点;所以,一些秘书经常费力不讨好,甚至给上司帮倒忙。

秘书要了解上司和上司的工作,只能循序渐进,慢慢地细心地去观察和了解上司,比如他每天见了哪些人,打了哪些电话,批了哪些文件;他在约见客人时,先后顺序的安排,谈话时间的长短,说话的口气,关注的问题等。通过这种日常观察,秘书就可以逐步了解上司,知道他内心真正在想些什么。同时,秘书也就基本把握了自己的工作重点,在工作中就有了提前量,在上司想要材料时,材料已经准备好了;在他想见要什么人时,秘书已经把对方的电话号码找了出来了……这样,即使上司的指示是含糊的甚至只是一个手势或一个眼神,秘书也能猜个八九不离十。如果秘书与上司能在工作中配合默契,那她就能让自己与上司的工作相得益彰。[①]

---

① 谭一平:《我是职业秘书》,北京:机械工业出版社,2008年版,第4页,有改动。

拓展提高三　秘书工作的一大特色——"出气筒"

早晨一上班,研发部的鲁天明来找我。他怒气冲冲地对我说:"我们部与美国吉姆公司合作项目的批文怎么还下不来?你们当秘书的办事,怎么这样拖拖拉拉?这个项目要是黄了,你来负这个责?""行,我帮你催催!"我和颜悦色地说。其实这个报告早就送给孙总了,但这几天孙总天天开会,根本没时间看。

看着鲁天明怒气冲冲的背影,玛丽有些幸灾乐祸地说:"什么项目黄了?就是怕夜长梦多,自己去不了美国!一天到晚都这么牛皮哄哄的,于姐,再晾他几天,让他着着急!"

"玛丽,你肚子里怎么那么多坏水?"我笑着问玛丽。玛丽是比我晚一届的师妹,所以说话比较随便。"我们也得替鲁天明想想。到美国去的报告老是批不下来,让他一直悬着,别说护照签证这些事不好办,就是项目本身的许多前期准备工作,他也不知该不该做,所以,他发火也能理解。"

下午16:00,孙总开完常务会,我去他办公室确认他明天上午的工作日程,顺便提起鲁天明去美国的报告:"孙总,今天研发部派人去美国的事,他们来找我,问报告的事,我找了一遍,不在我那里,是不是已送到您这里来了?"

孙总在一大堆文件里翻出研发部的报告,一目十行地看了一下便签了字。他把文件交给我,让我送到人力资源部去,并让我通知鲁天明,17:30到他办公室来一趟,他要了解这个项目的一些具体情况。

我把文件送到人力资源部后,就给鲁天明打电话。"鲁天明吗?我是秘书科的于雪,你的报告孙总已经批了,我已把它送到人力资源部去了,他们马上给你办手续。"鲁天明连忙说:"谢谢"。"另外,今天下午17:30,你去一趟孙总的办公室,孙总想跟你谈谈,了解项目的一些具体情况,请你好好准备一下。"

放下电话,玛丽就对我说:"像他这种不知好歹的人,你说一句'孙总找你'就得了,他已经占了那么大的便宜,还有必要跟他说那么多吗?"

"玛丽,别看鲁天明个头那么高,脾气那么大,可他实际工作时间不长,经验不足;如果在电话里我只对他说'孙总找你'这几个字,他心里说不定多紧张,甚至会以为孙总不让他去美国了;如果真是这样,作为一名新员工,他在毫无准备、心情又紧张的情况下去见孙总,他能把项目的情况说清楚吗?他如果说不清,让孙总不高兴,孙总真的有可能让研发部换人。因此,帮鲁天明消除紧张心理,让他提前做些准备,是我们秘书的责任;再说,我们也只是做个顺水人情。"

项目十一　秘书的应聘与资格鉴定

> **学习目标**
>
> **知识目标**　通过学习,了解秘书应聘与面试的要求、内容以及方法;了解秘书资格鉴定的种类、相关要求。
>
> **能力目标**　通过学习,掌握应聘与面试的要求,能够较为顺利地进行面试,为今后的工作打下基础;掌握不同级别的秘书资格考试的要求,取得相应的秘书资格等级证书。

任务一　秘书的应聘与面试

谁能够得到面试考官的青睐

张颖和李莉同到一家旅游公司面试,应面试官的要求,她们分别作了自我介绍。

张颖:"我今年22岁,刚从××大学毕业,所学专业是英语。我是广西人,父母均是高级工程师。我爱好音乐和旅游,性格开朗,做事一丝不苟,很希望能到贵公司工作。"

李莉:"关于我的情况简历上都介绍得比较详细了。在这儿我强调两点:我的英语口语不错,曾利用假期在旅行社做过导游,带过欧美团。再者,我的文笔较好,曾在报刊上发表过6篇文章。如果您有兴趣可以过目。"

那么,谁会得到面试考官的青睐呢?

随着社会经济的发展,秘书这一常青职业显现出无限的生机。文秘专业的毕业生,面对日趋激烈的市场竞争,如何才能谋取理想的秘书岗位,开启秘书职业生涯之旅呢?

一、收集招聘信息

文秘专业毕业生获取就业信息的途径有以下五种。

(一)学校的就业指导部门

学校的就业指导部门的就业信息具有量大、准确、可靠、多样、具体的特点,是毕业生获取就业信息的最直接、最有效、最主要的途径。学校收集的信息都会发布在学校网页的就业

信息栏中,并及时传至各系(院)。

(二) 各种类型的毕业生就业市场

为了做好每年的毕业生就业工作,各地方、各行业及各高校都要举办规模大小不等的"人才市场",这些"人才市场"所容纳的毕业生需求信息量非常大,毕业生应珍惜并抓好这些机遇。这些"人才市场"除过信息量大外,还可以使毕业生和用人单位直接洽谈,相互了解情况,有不少毕业生就是通过这一途径确定工作单位的。

(三) 网络、报刊、广播、电视等媒体

随着互联网的进一步发展和广泛应用,加之各级政府部门对毕业生就业工作的高度重视,网上求职、网上招聘已成为一种时尚。

近几年出现了包括《中国大学生就业》杂志,中国教育在线就业频道、江苏省高校毕业生就业网络联盟、中华英才网等就业信息网站,这些媒体非常及时地发布了大量可供毕业生选择的就业需求信息。

(四) 实习单位

实习单位一般都是对口单位。通过实习,毕业生对单位的了解或单位对毕业生的了解都会比别的需求信息更具有质的含量。如果说实习单位有意进人,很可能实习生就是其要考虑的第一个对象。通过实习落实就业单位的毕业生每年都有不少。

(五) 社会关系

在大多数情况下,有许多的单位更愿意录用经人介绍或推荐的求职者,他们认为这样录用的人更可靠、更放心,所以在求职时,毕业生千万不要忽视了周围的亲朋好友等社会关系。家人、亲戚、朋友、老师、同学、校友甚至老乡等如果能够提供就业信息,将是求职择业的一条捷径。

二、了解应聘岗位的要求

下面来看两则招聘启事,从中了解文秘专业的岗位要求,以便做好求职准备。

行政秘书招聘启事

工作地点:北京

有效日期:2014 年 1 月 16 日至 2014 年 2 月 15 日

招聘人数:1 人

职位性质:全职

行政秘书职位描述:

岗位职责:

1. 部门日常客户接待协助;

2. 票务预订:帮助部门出差人员订票;

3. 礼品采购管理:帮助业务部门选择采购礼品并做好日常管理;

4. 部门各类活动策划组织;

5. 会务支持：对各种会议提供会议资源协调的支持；
6. 工区环境维护管理；
7. 文具/文档管理；
8. 辅助部门经理完成其他日常工作。

任职要求：
1. 专科以上学历，市场营销、行政管理或文秘相关专业优先；
2. 3年以上相关工作经验；
3. 熟练使用计算机办公应用软件；
4. 具备良好的团队合作精神及人际理解能力；
5. 组织协调、沟通和执行力好；
6. 工作细致认真，有条理，主动性好，责任心强，活跃勤奋。

××公司秘书招聘启事

一、招聘对象：
1. 26周岁以下，身体健康，五官端正，形象气质好，无从业禁业限制。
2. 中文、文秘或行政管理专业，专科及以上学历，全日制统招院校毕业。

二、基本条件：
1. 文字功底好；
2. 普通话标准；
3. 悟性好，有较强的逻辑思维能力；
4. 有事业心；
5. 有较强的文字辨析能力；
6. 熟练操作各种办公软件，打字每分钟60字以上；
7. 有较强的组织、公关、策划、宣传等能力；
8. 有学校社团、社会工作经验者优先。

三、待遇：
试用3个月，试用期每月800元。试用期考察合格录用为正式员工，年薪约5万元，外加各项保险。

四、报名事宜：
1. 个人简历以及身份证、学历证、职业资格证和获奖证明材料A4纸复印各一份（用电子邮件联系人收）；
2. 以"如何做一个称职的行政秘书"为题，写一篇2 000字左右的文章以做参考。

五、联系人：（略）

从以上两则招聘启事中我们可以看出，招聘单位对秘书求职者的学历、语言表达能力、逻辑思维能力、外语水平和现代化的办公能力、沟通协调能力、职业道德和职业素养都提出了较高的要求。此外，还有行业知识的要求，在其他条件相近的情况下，对专业工作经验或

行业知识的掌握就显得十分重要。

三、制作求职材料

一份完整直观又有吸引力的求职材料是文秘毕业生获得理想职业的敲门砖,但是有的毕业生在制作简历的时候,内容安排得满满当当的,主次不分,什么都有。其实,简历真正的作用不是告诉企业"我是怎样的人",而是要清晰地表达出"我就是你需要找的那个人",做到有的放矢,才能从企业的手中那厚厚的简历堆里脱颖而出。

求职材料一般包括以下七个部分。

(一)封面

封面的制作一定要有特色,但不能过分花哨。封面上要突出求职者的毕业院校、专业背景、学历层次、姓名、联系方式,以便用人单位在收到求职者的简历的同时,就对其有一个最初步的印象,也便于用人单位在需要联系求职者时不用再翻开简历。

(二)个人简历

个人简介一般控制在一页之内,主要内容包括以下五项。

(1)个人基本情况:姓名;性别;出生年月;籍贯;学历;专业;政治面貌;体重;身高;爱好;特长;求职意向;半身彩色近照等。

(2)获奖情况。

(3)职业技能水平(外语、计算机等级,其他的职业资格证书)。

(4)在校工作经验。

(5)社会实践经历:可以综合地反映个人能力,包括所发表的各种文章、参与从事科研的情况(可以请负责此项科研的导师写出评价)及实习单位的鉴定等。

(三)求职信

求职信是求职者向求职单位介绍自己的基本情况,提出供职请求的书信。一封好的求职信在求职者的求职过程中起着巨大的促进作用,如果求职者的求职信能够吸引招聘人员,那么他的求职过程将有一个良好的开端。求职信应该展示求职者自己的优点,针对不同类型的单位应该有不同的表述。

(四)学校推荐表或推荐信

学校推荐表或推荐信一般由学生所在院系填写推荐意见,因为它是组织对个人的全面评价,招聘单位一般是比较重视的。

(五)学习成绩单

学习成绩单是反映毕业生大学学习成绩的证明,应由各院系教学部门填写、盖章。

(六)各种证书

如外语、计算机等级证书,各种荣誉证书、技能证书、获奖学金,以及各类竞赛的证书或驾照等。

(七)参加社会实践、毕业实习的鉴定材料

这些材料综合地反映了求职者个人的实践能力,招聘单位一般比较重视。

四、面试前的准备

(一)收集招聘单位的相关信息

面试之前文秘毕业生还应了解招聘单位的相关背景,具体了解的问题包括企业所在国家的背景、企业所处整体行业情况、企业产品、企业客户群、企业竞争对手、企业热门话题以及企业的组织结构等。

(二)准备妥当自己的资料

文秘毕业生对自己的个人信息,尤其是求职信中的相关内容,要事先在大脑中进行整理分类,做到在面试官提问时能从容应对。

(三)服装准备

参加面试给人的第一印象首先来自于个人的包装和造型,着装要力求简洁大方,一般要穿比较职业的服装。男士应着深色西装,女士应穿套装、化淡妆,可以适当佩戴首饰,但不宜多。总之,个人的着装要体现良好的秘书职业素养,给人以积极、踏实、干练的感觉。

五、参加面试的注意事项

(一)守时

文秘毕业生按照约定的时间面试,不必提早,早到了不必去打扰。一定不要迟到,万一迟到要说明情况并致歉。

(二)诚实

文秘毕业生对招聘单位所提的问题要诚实回答,不炫耀,不吹嘘。无论这份工作是否适合,都应当给人以诚恳朴实的印象。

(三)把握分寸

文秘毕业生对要求表态的问题,面试前要预先有所考虑,回答时要留有余地,一时不能答复的可以明确请求"请让我考虑一下"。

(四)自然展示秘书素养

文秘毕业生优雅而不做作、自然而不庸俗地展示自己的专业素养是十分必要的。

六、面试的一般程序

(一)面试开始

面试开始时文秘毕业生应面带微笑,看着对方的眼睛;如果要与面试考官握手,则应紧紧地与其握手,显得兴致勃勃、信心百倍,并适当地进行寒暄。个人给面试考官的第一印象,从言谈举止到穿着打扮将直接影响被录用的概率。

(二)正式面试

这一阶段的主要任务是互相了解情况,加深印象。

1. 自我介绍

一般来说,面试者会被要求作自我介绍。

(1) 面试者应礼貌地向所有的面试考官示意,再开始作简短的自我介绍,要注意语言要清晰,语速要适中。

(2) 面试者注意掌握时间,一般一分钟左右。如果面试考官规定了时间,一定要注意时间的掌握,既不能超时太长,也不能过于简短。

(3) 面试者介绍的内容不宜过多停留在诸如姓名、工作时间、经历等方面,这些在简历表上已经有了,应该多谈一些跟所应聘职位有关的工作经历和所取得的成绩,以证明自己确实有能力胜任所应聘的工作职位,就对方感兴趣的介绍。

(4) 面试者要把握好分寸,态度要亲切自然、充满信心,内容要实事求是,不能骄傲自大、过分夸大自己的优点,但也不要过于谦虚或自卑。

(5) 面试者保持适当的神情与体态,眼睛不要东张西望、四处游离,显得漫不经心,这会给人做事随便、注意力不集中的感觉。面试者应与面试考官有目光的交流,但也不能目不转睛地长久注视,尽量少加一些手的辅助动作,保持一种得体的姿态是很重要的。

2. 回答问题

这一环节,面试考官一般将面试者的简历快速浏览一遍,目的是对面试者有个大概的了解。所以,面试者千万不要在简历里作假或夸大其词,否则很容易被当场戳穿。

(1) 对简历中的可疑部分提问

面试考官会避免直截了当地提问,而把具体的疑问藏于貌似不经意的小问题之中。

(2) 套取信息

面试考官会寻找轻松的话题,当面试者聊兴正酣、滔滔不绝时,其个人信息也在不知不觉中传给了面试考官。到底应该透露给对方多少自己的信息,要靠面试者自己斟酌和实践。

(3) 试探性提问

面试考官提问一般围绕一些敏感、重要或很棘手的问题,其目的是要了解面试者对业务难题或一些重大问题的看法。这些问题通常业务性很强,回答得好与坏可以充分反映出面试者的专业水平,以及其敏感度、逻辑思维性、分析问题的能力和语言的组织能力。

面试考官主要是想了解:面试者是否适合这项工作;如果面试者成为他们的一员,能否作出成绩。面试者也可以利用这一环节打听一些关于公司及工作的情况,看看这份工作是否真的适合自己;还可以从面试考官的嘴里寻找线索,了解他们到底需要什么类型的人。

有的面试还可能要求面试者进行职业技能操作测试、发散思维测试或心理测试等,以考察面试者的综合能力与素质。

(三) 面试结束

此时,面试者应该做的事情主要包括以下四点。

(1) 表现出对该单位和该岗位的兴趣。

(2) 对参加面试的考官表示感谢。

(3) 如果结果还没有确定下来,面试者可以问:"我哪些地方符合贵单位招聘的要求?哪些地方不符合?"或者"我有希望被录用吗?"这些问题表达了对面试岗位的兴趣,可以增加面试考官对面试者的兴趣,从而加大中选的可能性。

(4) 要善于觉察面试考官暗示面试结束的种种迹象,如他开始整理纸张或不再继续提问。这时,面试者要意识到面试要结束了。

七、试用期间的工作技巧

作为试用秘书,尤其是初次走上职业岗位的秘书,应当注意以下六个问题。

(1) 坦率地讲明自己必须说明的情况,以免出现问题,造成误解。

(2) 如果有些关心的问题在面试中没搞清楚,在试用之前,就要向有关人员询问清楚,如报酬(试工期和录用期的)、待遇、具体的工作部门和工作内容等。

(3) 详细了解单位有关的规章制度和纪律要求,尽快进入角色、熟悉工作,尽量减少因为自己生疏和不熟练所造成的工作不顺利。

(4) 保持沉稳,避免过度热情,做事要适可而止,注意观察体会工作环境和氛围。

(5) 思考自己是否适合这份工作,这个供职单位是否有发展前途、这份工作是否有发展前途。

(6) 适当的时候,可以向自己的直接领导表达自己对这份工作的兴趣,表达自己希望被录用的意愿。

张颖应聘秘书

1. 情景描述

场景一:张颖是即将毕业于某职业技术院校文秘专业的大学生,她通过网络了解到天地房地产开发公司将招聘秘书一名,招聘要求如下:

(1) 思想品德端正,遵纪守法,综合素质较高,工作认真负责,具有良好的服务意识和团结协作精神;

(2) 熟悉文秘工作,有较强的语言文字表达能力;熟悉办公软件,能熟练使用计算机处理文字及日常办公事务;

(3) 大专以上学历,文秘及相关专业,年龄在22~28周岁,身体健康,形象良好。

张颖认为自己的条件符合这一岗位要求,于是她认真准备了求职简历和求职信并投递过去。

场景二:天地房地产开发公司的面试现场,主考官行政部经理苏明、人力资源部经理张惠。面试者张颖准备好了相关的应聘材料前来应聘秘书一职。

2. 实训要求

(1) 请根据招聘单位的要求结合自己的实际情况,制作一份求职简历,包括封面、个人简历、求职信、学校推荐表、成绩单、各种获奖证书以及参加有关社会实践的证明材料等。

(2) 通过模拟训练,熟悉秘书应聘与面试方法与技巧,并以此培养和提高交际、沟通、协调、表达等各方面的能力。

学生4人1组,分别编上1—4号进行情景模拟。由1号学生扮演张颖,2号学生扮演天地房地产开发公司经理苏明,3号学生扮演人力资源部主任张惠,4号学生扮演会场服务人员。

3. 实训提示

（1）制作这份求职简历应有很强的针对性，应体现自己能够符合招聘单位要求的条件，如良好的服务意识和团队协作精神，工作认真负责，较强的语言文字表达能力，办公自动化的操作能力。最好是有证明材料，如获奖证书或取得的等级证书等，这样更有说服力。

（2）面试答辩中的注意点：面试自始至终要讲究措辞文雅、态度自然，言语中充满善意和感情，用清新、流利的话语表达出自己的意思和观点；面试答辩时话语中带有的俚语、乡音、破句、病句、口头禅和太多的手势都是语言修养低微的表现，尽量避免；要特别注意的是不仅要表达流畅，用词得当，言之有物，而且更重要的是还要讲究说话的方式和风格，如发音清晰，语调适中，声音自然，音值饱满，语速适宜等。

4. 实训考核

（1）制作的求职简历符合要求，占 30%。

（2）面试现场布置合理，模拟面试过程流畅，面试者仪态大方，态度自然诚恳，语言表达准确清晰，占 40%。

（3）职业素养、团队合作与创新，占 30%。

任务二　秘书职业资格鉴定

张颖的应聘优势

张颖应聘一家企业的秘书岗位，通过了首轮面试，今天她前往复试。与张颖一同复试的其他两位应聘者的表现也很出色，但最终张颖被成功录用。张颖的优势除了具有优秀的职业素质与能力外，还在于她通过了秘书职业资格鉴定，获得了秘书职业资格证书。随着社会对人才的要求越来越高，行业从业标准也会越来越规范，持证上岗将是秘书职业发展的必然。

《中华人民共和国劳动法》第六十九条规定："国家确定职业分类，对规定的职业制定职业技能标准，实行职业资格证书制度，由经过政府批准的考核鉴定机构负责对劳动者实施职业技能考核鉴定。"《中华人民共和国职业教育法》第八条第一款明确指出："实施职业教育应当根据实际需要，同国家制定的职业分类和职业等级标准相适应，实行学历文凭、培训证书和职业资格证书。"职业资格证书是反映劳动者已具备某种专业（工种）所需要的专业理论知识和实际操作技能水平的凭证。目前，关于秘书职业资格鉴定制度比较有代表性的有如下六种。

一、国际职业秘书协会（IAAP）秘书资格考试

国际职业秘书协会（IAAP）成立于 1942 年，是世界著名的跨国性的职业组织。它的原

名为美国全国秘书协会,1981年改为现名。国际职业秘书协会举办秘书资格考试,目前在北京和上海等大城市已经设立了培训点和考点。其报考资格为:高中生有6年秘书工龄,大学生有共6年的大学学龄和秘书工龄,有学士学位的人须满1年工作经验才能报考。考试科目包括企业法、企业行为科学、企业管理、人际学、秘书会计学、秘书技能、办公室秘书工作程序等。考试连续进行12个小时,合格者获"特许职业秘书"资格(CPS)。

二、伦敦工商会考试局(LCCIEB)秘书证书考试

伦敦工商会考试局秘书证书考试于1995年引进中国,目前在18个省市设有办事机构。伦敦工商会考试局的秘书二级考试包括商务英语(二级)、商务管理和文本产生三门;三级考试除了上述后两科的三级外,还要考核商务实践。商务英语则可由考生自选二级或三级。每科考试50分及格,考生通过单科考试可获得单科目证书,首次报考后24个月内通过所有的考试,可获得伦敦工商会考试局的英文证书。考试形式为笔试,全球统一命题、统一考试,我国的考生也需采用英文试卷。该考试对报考人员没有资格限制。

三、剑桥秘书证书考试

剑桥秘书证书考试是教育部考试中心和英国剑桥大学考试委员会(UCLES)合作,在我国实施的社会化职业证书考试项目,由教育部考试中心中英中心(SBC)具体负责项目管理和推广。

剑桥秘书证书考试采用模块化学习方式,分不同级别的核心模块和选修模块。考生不受年龄、职业、学历等背景的限制,可根据其学习和工作的实际情况,选择不同级别模块的考试。

考试分为初级(一级)、中级(二级)和高级(三级)三个级别。其核心模块包括"文字处理""办公室管理""沟通和项目管理";选修模块包括"速记""客户服务技巧""人际商务技巧""组织会议和活动""信息与沟通技术"。

参加培训并考试成绩合格者可获由教育部考试中心中英中心和英国剑桥大学考试委员会联合签发的写实性证书。在通过相应考试的基础上,证书共分以下五种形式。

(1)剑桥秘书核心模块合格证书:完成全部核心模块。
(2)剑桥秘书单科模块合格证书:完成单个选修模块。
(3)初级剑桥秘书证书:完成3门初级核心模块和1门初级选修模块。
(4)中级剑桥秘书证书:完成3门中级核心模块和2门中级选修模块。
(5)高级剑桥秘书证书:完成3门高级核心模块和2门高级选修模块。

四、上海市现代通用秘书岗位资格证书考试

该项目为中共上海市委组织部、上海市人事局、上海市教育委员会、上海市成人教育委员会组织的"上海市紧缺人才培训工程"项目之一,由上海市干部培训中心负责实施。考试对象为政府机关、各类企事业单位从事办公室文秘或相关工作人员。

考试内容有"秘书学概要""秘书实务""秘书写作"3门科目,考试形式为笔试。

该考试采取单科累计制,单科成绩有效期为2年。若3门科目考试合格,上海市干部培训中心将颁发由中共上海市委组织部、上海市人事局、上海市教育委员会、上海市成人教育

委员会联署的上海市紧缺人才培训证书——《上海市现代通用秘书岗位资格证书》，作为办公室文秘人员能力的体现和上岗的依据。

五、上海市职业秘书专业技术水平认证考试

该考试由上海市人事局和上海市职业能力考试院共同组织。考试分初、中、高三级，主要内容有文书撰写与文书处理、会议策划与会务实施、办公室日常工作管理及秘书英语能力等。认证以笔试、面试、情景模拟和计算机测试等方法进行。凡热爱秘书工作，遵守国家有关法律、法规，具备中等教育程度及以上学历者均可报名参加考试。考试全部合格者颁发《上海市专业技术水平认证证书》。

六、人力资源和社会保障部秘书职业资格证书考试

（一）考核认证的内容和等级

该考试分秘书（涉外）和秘书（普通）两个种类，每个种类分国家职业资格五级、四级、三级和二级共四个级别。其中，秘书（涉外）专业外语考核设英语、日语、俄语3个语种，报考人员可根据自己的专业语种，任选一种语言应试。

考试内容以《秘书国家职业标准（2006版）》和《秘书国家职业资格培训教程》为依据，包括职业道德、基础业务素质、案例分析、工作实务等四个基本内容。涉外秘书增加外语考核部分，秘书职业资格二级增加业绩评估部分（详情见本书附录）。

（二）考核的方式

1. 书面应答

考生对标准化书面试卷上的问题在答题卡上作答，题型分为单选题和多选题两种题型。

2. 情景模拟

考生根据所观看的情景录像，就书面问题进行笔答。

3. 任务解决

考生对书面提出的工作任务进行书面回答。

4. 综合测试

涉外秘书的英语考试包括听力题、选择题、写作题。

5. 业绩评估

专家对考生提供的个人工作业绩记录进行综合评审。

（三）报名时间及考试时间

本秘书资格认证考试为一年两次，每年的5月、11月中旬考试，提前两个月报名（每年3月、9月中旬报名）。

附录

秘书国家职业标准(2006年版)

1 职业概况

1.1 职业名称
秘书。

1.2 职业定义
从事办公室程序性工作、协助上司处理政务及日常事务并为决策及实施提供服务的人员。

1.3 职业等级
本职业共设四个等级,分别为:五级秘书(国家职业资格五级)、四级秘书(国家职业资格四级)、三级秘书(国家职业资格三级)、二级秘书(国家职业资格二级)。

1.4 职业环境
室内、常温。

1.5 职业能力特征
具备文字与语言沟通能力、综合协调与合作能力、逻辑思维与分析能力等。

1.6 基本文化程度
高中毕业(或同等学力)。

1.7 培训要求

1.7.1 培训期限
全日制职业学校教育,根据其培养目标和教学计划确定。晋级培训期限:五级秘书不少于220标准学时;四级秘书不少于200标准学时;三级秘书不少于200标准学时;二级秘书不少于150标准学时。

1.7.2 培训教师
应具有本职业2年以上培训经验。培训五级秘书、四级秘书的教师应具有三级秘书及以上职业资格证书或相关专业中级及以上专业技术职务任职资格;培训三级秘书的教师应具有二级秘书职业资格证书或相关专业中级及以上专业技术职务任职资格;培训二级秘书的教师应具有二级秘书职业资格证书3年以上或相关专业高级专业技术职务任职资格。

1.7.3 培训场地设备
培训场地应具有可容纳20名以上学员的标准教室,并配备有电视机、VCD机、录音机、录像机、摄像机、投影仪、计算机、打印机、复印机、传真机、碎纸机、光盘刻录机、数码相机、扫描仪等设备。

1.8 鉴定要求

1.8.1 适用对象
从事或准备从事本职业的人员。

1.8.2 申报条件

——五级秘书(具备以下条件之一者)

(1) 连续从事本职业工作1年以上。

(2) 具有中等职业学校本专业(职业)或相关专业毕业证书。

(3) 经本职业五级秘书正规培训达规定标准学时数,并取得结业证书。

——四级秘书(具备以下条件之一者)

(1) 连续从事本职业工作3年以上。

(2) 连续从事本职业工作2年以上。经本职业四级正规培训达规定标准学时数,并取得结业证书。

(3) 取得本职业五级职业资格证书后,连续从事本职业工作2年以上。

(4) 取得本职业五级职业资格证书后,连续从事本职业工作1年以上,经本职业四级正规培训达规定标准学时数,并取得结业证书。

——三级秘书(具备以下条件之一者)

(1) 连续从事本职业工作6年以上。

(2) 具有以高级技能为培养目标的技工学校、技师学院和职业技术学院本专业或相关专业毕业证书。

(3) 取得本职业四级职业资格证书后,连续从事本职业工作4年以上。

(4) 取得本职业四级职业资格证书后,连续从事本职业工作3年以上,经本职业三级正规培训达规定标准学时数,并取得结业证书。

(5) 具有本专业或相关专业大学专科及以上学历证书。

(6) 具有其他专业大学专科及以上学历证书,连续从事本职业工作1年以上。

(7) 具有其他专业大学专科及以上学历证书,经本职业三级正规培训达规定标准学时数,并取得结业证书。

——二级秘书(具备以下条件之一者)

(1) 连续从事本职业工作13年以上。

(2) 取得本职业三级职业资格证书后,连续从事本职业工作5年以上。

(3) 取得本职业三级职业资格证书后,连续从事本职业工作4年以上,经本职业二级正规培训达规定标准学时数,并取得结业证书。

(4) 取得本专业或相关专业大学本科学历证书后,连续从事本职业工作5年以上。

(5) 具有本专业或相关专业大学本科学历证书,取得本职业三级职业资格证书后,连续从事本职业工作4年以上。

(6) 具有本专业或相关专业大学本科学历证书,取得本职业三级职业资格证书后,连续从事本职业工作3年以上,经本职业二级正规培训达规定标准学时数,并取得结业证书。

(7) 取得硕士研究生及以上学历证书后,连续从事本职业工作2年以上。

注:相关专业是指行政管理、工商管理、信息管理、汉语言文学、新闻学、传播学、档案学、公共关系、英语等专业。

1.8.3 鉴定方式

分为理论知识考试和专业能力考核,理论知识考试采用闭卷笔试方式,专业能力考核采用笔试、录像等方式进行。理论知识考试和专业能力考核均实行百分制,成绩皆达60分及以上者为合格。二级秘书还须进行综合评审。涉外秘书加试秘书英语考试,秘书英语考试采用闭卷笔试方式,成绩达 60 分及以上者为合格。

1.8.4 考评人员与考生配比

理论知识考试、专业能力考核和秘书英语考试考评人员与考生配比为 1∶20,每个标准教室不少于 2 名考评人员。综合评审委员不少于 5 人。

1.8.5 鉴定时间

理论知识考试时间不少于 90 分钟,专业能力考核时间不少于 120 分钟,秘书英语考试时间不少于 90 分钟,综合评审时间不少于 30 分钟。

1.8.6 鉴定场所设备

理论知识考试和秘书英语考试在标准教室进行。专业能力考核在具有计算机、电视机、录音机、录像机、VCD 机和投影仪等设备的标准教室进行。

2 基本要求

2.1 职业道德

2.1.1 职业道德基本知识

2.1.2 职业守则

(1) 谦虚谨慎,文明礼貌。

(2) 办事公道,热情服务。

(3) 实事求是,讲究时效。

(4) 兢兢业业,甘当无名英雄。

(5) 忠于职守,自觉履行各项职责。

(6) 钻研业务,掌握秘书工作各项技能。

(7) 奉公守法,不假借上司名义以权谋私。

(8) 树立承诺意识、时限意识、精准意识、保密意识、权责意识、服务意识。

2.2 基础知识

2.2.1 文书基础

(1) 应用文书的概念与制发程序。

(2) 应用文书的格式。

(3) 应用文书的要素。

(4) 应用文书的表达方式。

2.2.2 办公自动化基础

(1) 计算机基础知识。

(2) Windows XP 操作系统应用基础。

(3) Word 2003 应用基础。

(4) Excel 2003 应用基础。

(5) PowerPoint 2003 应用基础。

(6) 计算机网络应用基础。

2.2.3 沟通基础

(1) 沟通的基本概念与内容。

(2) 沟通的方法与技巧。

(3) 横向沟通与纵向沟通。

2.2.4 速记基础

(1) 速记概述。

(2) 手写速记知识。

(3) 计算机速记知识。

2.2.5 企业管理基础

(1) 企业管理常识。

(2) 企业文化。

(3) 企业人事管理知识。

(4) 企业公共关系知识。

(5) 企业经营知识。

2.2.6 相关法律、法规知识

(1)《中华人民共和国公司法》相关知识。

(2)《中华人民共和国合同法》相关知识。

(3)《中华人民共和国反不正当竞争法》相关知识。

(4)《中华人民共和国劳动法》相关知识。

(5)《中华人民共和国知识产权法》相关知识。

(6) 世界贸易组织法相关知识。

3 工作要求

本标准对国家职业资格五级秘书、四级秘书、三级秘书和二级秘书的能力要求依次递进,高级别涵盖低级别的要求。

3.1 五级秘书(见附表1)

附表1

职业功能	工作内容	能力要求	相关知识
一、会议管理	(一)会前筹备	1. 能够发送会议通知 2. 能够制作会议证件和指示标识 3. 能够预订会议室 4. 能够预订、确定会议住宿 5. 能够确认最终参会人员	1. 会议的构成要素 2. 常见的会议种类 3. 会议通知的内容 4. 会议证件的样式 5. 会议指示的标识 6. 会议室预订知识 7. 会议接待工作的内容与程序
	(二)会中服务	1. 能够按要求接站 2. 能够完成签到工作 3. 能够引导与会人员就座	1. 接站的准备内容 2. 签到工作的内容 3. 引导与会人员就座的方法
	(三)会后落实	1. 能够安排与会人员返程 2. 能够清退会议文件资料 3. 能够整理会议室	1. 返程工作的服务要求 2. 清退文件资料的基本要求 3. 整理会议室的注意事项

附录 秘书国家职业标准（2006年版）

续表

职业功能	工作内容	能力要求	相关知识
二、事务管理	（一）接待	1. 能够按职业要求着装 2. 能够正确接听、拨打电话 3. 能够迎送来访者 4. 能够招待来访者 5. 能够设计、填写接待记录与电话记录表	1. 着装的要求 2. 仪态的要求 3. 接听、拨打电话的基本要求 4. 迎送来访者的礼仪要求 5. 接待的程序及要求 6. 电话记录表的设计要求 7. 接待记录表的设计要求
	（二）办公环境管理	1. 能够维护接待室、会议室等相关公共区域的环境 2. 能够维护上司的办公室环境 3. 能够维护本人的办公环境	1. 公共环境构成的知识 2. 上司办公室环境的要求 3. 个人办公环境的要求 4. 常用个人办公用品的种类 5. 常用公共物品的种类
	（三）办公室日常事务管理	1. 能够安排会议室 2. 能够安排用车 3. 能够处理邮件	1. 会议室登记的要求 2. 用车登记的要求 3. 签收邮件的流程 4. 传阅邮件的要求 5. 寄发邮件的要求
	（四）办公用品与设备的使用和管理	1. 能够发放办公用品 2. 能够使用打印机打印文档 3. 能够使用传真机收、发文件并对结果进行确认 4. 能够使用复印机复印文件 5. 能够使用碎纸机销毁文件	1. 常用办公用品的种类 2. 发放办公用品的手续 3. 打印机的种类及安装知识 4. 传真机的使用与维护常识 5. 复印机的使用与维护常识 6. 碎纸机的日常维护
三、文书拟写与处理	（一）文书拟写	1. 能够拟写事项性通知 2. 能够拟写商洽函 3. 能够拟写传真稿 4. 能够拟写备忘录 5. 能够拟写请柬 6. 能够拟写邀请信 7. 能够拟写贺信（电） 8. 能够拟写感谢信 9. 能够拟写各种类型的启事	1. 事项性通知的概念、类型及拟写要点 2. 商洽函的概念、拟写要点及注意事项 3. 传真件的格式 4. 备忘录的格式 5. 请柬的格式 6. 邀请信的写作要求 7. 贺信（电）的写作要求 8. 能够拟写贺信（电） 9. 感谢信的写作要求 10. 启事的概念、种类、特点及写作要求
	（二）收文、发文处理	1. 能够签收文书 2. 能够拆封文书 3. 能够登记文书 4. 能够分发文书	1. 文书签收的要求 2. 文书拆封的要求 3. 文书登记的要求 4. 文书分发的要求 5. 收文、发文处理程序
	（三）文档管理	1. 能够确定归档范围 2. 能够对文书进行立卷归档	1. 档案的概念、特点与种类 2. 立卷、归档、档案收集的含义 3. 归档制度的内容 4. 文书归档的要求 5. 档案装订的方法与要求

3.2 四级秘书(见附表2)

附表 2

职业功能	工作内容	能力要求	相关知识
一、会议管理	（一）会前筹备	1. 能够拟订会议议程、日程 2. 能够提供会议地点备选方案 3. 能够布置会场和安排座次 4. 能够发布会议信息 5. 能够安排会议食宿、车辆 6. 能够邀请嘉宾 7. 能够准备会议资料、会议用品 8. 能够安排会议礼仪服务 9. 能够检查会议常用视听设备是否正常	1. 会议议程、日程的内容 2. 会议地点选择的要求 3. 会议整体布局的要求 4. 主席台座次和场内座次 5. 会议信息发布的内容与方法 6. 安排食宿的常识 7. 邀请嘉宾的要求 8. 会议资料、用品的类型和准备程序 9. 会议礼仪服务的知识 10. 会议常用视听设备检查的内容和要求
	（二）会中服务	1. 能够安排会议值班工作 2. 能够联系和接待新闻媒体 3. 能够进行会议记录 4. 能够收集与会人员对会议的意见和建议 5. 能够印发会议简报 6. 能够安排与会人员的集体合影	1. 会议值班工作的内容与要求 2. 接待新闻媒体的工作内容 3. 会议记录的特点 4. 会议记录的注意事项 5. 收集会议信息的要求 6. 会议简报的内容与要求 7. 反馈会议信息的内容与要求
	（三）会后落实	1. 能够收集、整理会议文件资料 2. 能够印发会议纪要 3. 能够结算会议经费 4. 能够收集、反馈会议精神的落实情况	1. 会议文件资料收集、整理的要求 2. 会议纪要的内容和要求 3. 会议经费结算的方法 4. 收集、反馈会议精神落实情况的方法
二、事务管理	（一）接待	1. 能够制订接待工作计划 2. 能够安排迎送来访团体 3. 能够安排来访者食宿、交通、行程 4. 能够安排来访者的参观、娱乐活动	1. 确定接待规格的方法 2. 接待计划的基本内容和要求 3. 中餐宴请礼仪的要求 4. 用车礼仪的要求
	（二）办公环境管理	1. 能够布置办公室 2. 能够检查办公室环境的安全状况 3. 能够对办公室安全隐患提出处理办法	1. 办公室的布置要求 2. 办公室的布置原则 3. 安全检查的内容与要求 4. 安全隐患表的填写要求 5. 设备故障表的填写要求

续表

职业功能	工作内容	能力要求	相关知识
二、事务管理	（三）办公室日常事务管理	1. 能够编制工作时间表 2. 能够编制、管理工作日志 3. 能够管理印章和介绍信 4. 能够安排值班工作 5. 能够办理现金使用手续 6. 能够办理上司的差旅事务 7. 能够办理上司临时交办的事项 8. 能够完成文字记录工作	1. 工作时间表的内容与编写要求 2. 时间管理的内容、工具与技巧 3. 工作日志的内容与编写要求 4. 管理上司工作日志的方法及注意事项 5. 印章的种类、样式、管理与使用要求 6. 介绍信的使用要求 7. 值班工作的内容、任务与要求 8. 现金提取、使用与报销要求 9. 办理差旅事务的要求 10. 上司临时交办事项的特点、范围 11. 文字记录的方法与要求
	（四）办公用品与设备的使用和管理	1. 能够订购、接收、管理办公用品 2. 能够使用数码相机拍摄照片 3. 能够使用扫描仪扫描文件与图片 4. 能够使用光盘刻录机刻录光盘 5. 能够使用投影仪显示图文 6. 能够使用摄像机进行拍摄	1. 订购、接收、管理办公用品的常识 2. 数码相机使用与维护常识 3. 扫描仪的安装与使用常识 4. 光盘刻录机的使用常识 5. 投影仪使用、保养的注意事项 6. 摄像机的使用与维护常识
	（五）信息管理	1. 能够收集信息 2. 能够筛选信息 3. 能够分类信息 4. 能够校核信息 5. 能够用各种方式传递信息 6. 能够登记、编码、排列、保管信息	1. 信息的含义、特征与种类 2. 信息工作的程序 3. 信息收集的方法、渠道与要求 4. 信息筛选的含义与要求 5. 信息分类的含义、方法与要求 6. 信息校核的含义、方法与要求 7. 信息传递的方向、要素、形式、方法及要求 8. 信息存储的载体、方式与要求
三、文书拟写	（一）文书拟写	1. 能够拟写批转或转发性通知 2. 能够拟写报告 3. 能够拟写请示 4. 能够拟写问答函 5. 能够拟写简报 6. 能够拟写意向书 7. 能够拟写各种形式的订货单 8. 能够撰写商品说明书	1. 批转或转发性通知的概念、类型及拟写要点 2. 报告的概念、特点、类型、拟写要点、注意事项 3. 请示的概念、特点、类型、拟写要点、注意事项 4. 报告与请示的区别 5. 问答函的概念、类型、拟写要点 6. 简报的概念、类型与特点、注意事项 7. 意向书的概念、特点、结构 8. 订货单的概念、特点、写作类型 9. 商品说明书的概念、特点、写作及注意事项

续表

职业功能	工作内容	能力要求	相关知识
三、文书拟写	（二）收文、发文处理	1. 能够校对文书 2. 能够缮印文书 3. 能够传阅文书	1. 文书校对的要求 2. 文书缮印的要求 3. 文书传阅的要求
	（三）文档管理	1. 能够进行档案分类 2. 能够编制档案检索工具 3. 能够鉴定档案 4. 能够管理档案库	1. 档案分类的含义、方法与要求 2. 档案检索工作的内容 3. 档案检索工具的含义与类型 4. 档案鉴定的方法 5. 档案保管期限 6. 档案鉴定工作的内容与要求 7. 档案保管工作的内容与要求

3.3　三级秘书（见附表3）

附表3

职业功能	工作内容	能力要求	相关知识
一、会议管理	（一）会前筹备	1. 能够拟订各种会议的筹备方案 2. 能够督查会务的筹备情况 3. 能够审核会议文件 4. 能够与上司沟通会议的有关事宜 5. 能够拟订会议的应急方案	1. 会议方案的内容 2. 电话会议及视频会议知识 3. 会务机构的分工 4. 督查会务筹备的内容 5. 会议文件审核的内容及方法 6. 会前与上司沟通的内容 7. 会议应急方案的内容
	（二）会中服务	1. 能够提示会议按计划进行 2. 能够监督会议经费的使用 3. 能够处理会中突发事件	1. 提示会议进程的方法 2. 监督会议经费使用的方法 3. 处理会议突发事件的要求
	（三）会后落实	1. 能够对会议进行总结 2. 能够评估会议工作	1. 会议总结工作的内容和要求 2. 会议评估工作的标准
二、事务管理	（一）接待	1. 能够安排涉外礼宾次序 2. 能够安排涉外迎送仪式 3. 能够安排涉外会见、会谈和拜访 4. 能够安排涉外宴请 5. 能够选择馈赠礼品	1. 国际礼仪常识 2. 涉外接待的原则和要求 3. 涉外迎送仪式的要求 4. 涉外会见会谈和拜访要求 5. 涉外宴请常识 6. 馈赠礼品的要求
	（二）办公环境管理	1. 能够选择办公室模式 2. 能够提出办公室布局方案	1. 办公模式的种类及特点 2. 办公室的布局类型 3. 办公室合理布局的作用

附录 秘书国家职业标准（2006年版）

续表

职业功能	工作内容	能力要求	相关知识
二、事务管理	（三）办公室日常事务管理	1. 能够对办公流程提出改进建议 2. 能够提出预防及应对突发事件的措施 3. 能够督促、检查各项办公室日常事务工作的完成情况 4. 能够制订工作计划 5. 能够确定承办期限 6. 能够进行工作评估	1. 改进办公室日常事务工作流程的基本思路、注意事项 2. 突发事件的种类 3. 处理突发事件的原因 4. 督查工作的内容、特点、原因与方法 5. 工作计划的种类、内容与要求 6. 制订与实施工作计划的注意事项 7. 确定承办期限的要求 8. 工作评估标准 9. 工作评估的要求与方法
	（四）办公用品与设备管理	1. 能够制定办公用品和办公设备的采购程序 2. 能够编制采购办公用品和办公设备的预算方案 3. 能够调配办公资源	1. 采用办公用品和办公设备的程序化要求 2. 编制预算方案的注意事项 3. 办公资源调配与合理利用的基本要求
	（五）信息管理	1. 能够加工、编写信息材料 2. 能够提供并利用信息 3. 能够反馈信息	1. 信息开发的类型、形式、方法与要求 2. 信息编写的类型 3. 信息利用的方法与要求 4. 信息反馈的形式\方法与要求
三、文书拟写与处理	（一）文书拟写	1. 能够拟写通告 2. 能够拟写通报 3. 能够拟写决定 4. 能够拟写请批、批答函 5. 能够制订计划 6. 能够拟写总结 7. 能够拟写述职报告 8. 能够拟写讲话稿 9. 能够拟写市场调查报告 10. 能够拟写招标书 11. 能够拟写投标书	1. 通告的概念、类型、与公告的区别、拟写要点、注意事项 2. 通报的概念、性质、类型、拟写要点、注意事项 3. 决定的概念、特点、类型、拟写要点、注意事项 4. 请批、批答函的概念、类型、拟写要点、注意事项 5. 计划的概念和特点 6. 总结的概念、类型、注意事项 7. 述职报告的概念和特点 8. 讲话稿的特点、注意事项 9. 市场调查报告的概念和特点 10. 招标书的类型 11. 投标书的结构与写法
	（二）收文、发文处理	1. 能够审核文书 2. 能够拟办文书 3. 能够承办文书 4. 能够催办、注办文书	1. 文书审核的要求 2. 文书拟办的要求 3. 文书承办的要求 4. 文书催办、注办的要求
	（三）文档管理	1. 能够提供并利用档案 2. 能够编写档案参考材料 3. 能够管理电子档案	1. 档案利用的概念 2. 档案参考材料的编写要求 3. 电子档案的管理要求

3.4 二级秘书(见附表4)

附表 4

职业功能	工作内容	能力要求	相关知识
一、会议管理	(一)会前筹备	1. 能够拟订会议策划方案 2. 能够审核会议的筹备方案 3. 能够组织与培训会议工作人员	1. 策划会议方案的注意事项 2. 会议筹备方案的审核要求 3. 会议工作人员的培训内容和方法
	(二)会议组织	1. 能够主持会议 2. 能够督查会议决议的落实	1. 主持会议的技巧与要求 2. 落实会议决议的要求
二、事务管理	(一)办公环境管理	1. 能够实施并监管组织的安全运营 2. 能够评估办公室环境管理状况	1. 安全生产的法规 2. 办公环境应具备的条件
	(二)办公室日常事务管理	1. 能够管理团队 2. 能够陪同协助上司工作 3. 能够拟订调查研究方案并组织实施	1. 团队管理的要求 2. 陪同协助工作的类型、特点及要求 3. 确定调查研究课题的方法 4. 调查研究的类型、方法及注意事项
	(三)商务活动实施	1. 能够安排参观活动 2. 能够安排签字仪式 3. 能够安排典礼仪式 4. 能够安排展览活动 5. 能够安排商务谈判 6. 能够安排招商活动	1. 参观活动的目的、类型、注意事项 2. 签字仪式的类型 3. 典礼仪式的类型 4. 展览活动的目的及类型 5. 秘书在商务谈判中的注意事项 6. 招商活动的基本形式
	(四)信息管理	1. 能够利用信息辅助决策 2. 能够制定信息工作制度	1. 决策的程序 2. 辅助决策的信息工作内容、方法与要求 3. 信息工作制度的内容及制定要求
三、文书拟写与处理	(一)文书拟写	1. 能够拟写会议纪要 2. 能够拟写意见 3. 能够拟写合同 4. 能够拟写可行性研究报告	1. 会议纪要的概念、特点、类型、起草程序、拟写要点、注意事项 2. 意见的概念、特点、类型、拟写要点、注意事项 3. 合同的概念、特点、类型 4. 合同的主要条款、写作要求 5. 可行性研究报告的概念 6. 可行性研究报告的类型、写作要求
	(二)文档管理	1. 能够制定档案管理制度 2. 能够选择档案管理模式	1. 档案管理制度的内容与要求 2. 档案管理模式的相关知识

4 比重表

4.1 理论知识(见附表5)

附表5

项　目		五级秘书(%)	四级秘书(%)	三级秘书(%)	二级秘书(%)
基本要求	职业道德	10	10	10	10
	基础知识	30	25	20	15
会议管理		15	15	20	25
事务管理		20	25	25	25
文书拟写与处理		25	25	25	25
合计		100	100	100	100

4.2 专业能力(见附表6)

附表6

项　目	五级秘书(%)	四级秘书(%)	三级秘书(%)	二级秘书(%)
会议管理	30	30	30	30
事务管理	45	45	40	40
文书拟写与处理	25	25	30	30
合计	100	100	100	100

参 考 文 献

[1] 朱文欣,杨剑宇.秘书实务[M].上海:华东师范大学出版社,2013.
[2] 孙荣,杨蓓蕾.秘书工作案例[M].上海:复旦大学出版社,2005.
[3] 葛红岩.新编秘书实训[M].北京:高等教育出版社,2008.
[4] 王育.秘书实务[M].北京:高等教育出版社,2003.
[5] 何宝梅,杨剑宇.秘书学实务[M].上海:华东师范大学出版社,2013.
[6] 王萍,张卫东.现代文秘工作实务[M].北京:机械工业出版社,2007.
[7] 宋湘绮,刘伟,邓石华.秘书实训[M].北京:清华大学出版社,2008.
[8] 徐静,周渔村.秘书实训[M].北京:高等教育出版社,2003.
[9] 谭一平.我是职业秘书[M].北京:机械工业出版社,2008.
[10] 王晶.秘书学[M].重庆:西南师范大学出版社,2008.
[11] 陆瑜芳.秘书学概论[M].上海:复旦大学出版社,2001.
[12] 李步其.保密是秘书工作者的天职[J].秘书工作,2009(8).
[13] 成芳.文书工作与档案管理[M].北京:首都经济贸易大学出版社,2009.
[14] 廖小鸥.秘书工作手册[M].北京:企业管理出版社,2003.
[15] 王玉霞.办公室事务管理[M].北京:清华大学出版社,2010.
[16] 中国就业培训技术指导中心.秘书国家职业资格培训教程——五级秘书[M].北京:中央广播电视大学出版社,2006.
[17] 中国就业培训技术指导中心.秘书国家职业资格培训教程——四级秘书[M].北京:中央广播电视大学出版社,2006.
[18] 中国就业培训技术指导中心.秘书国家职业资格培训教程——三级秘书[M].北京:中央广播电视大学出版社,2006.
[19] 王毓玳,杨群欢.秘书理论与实务教程[M].杭州:浙江大学出版社,2004.
[20] 金常德.新编秘书实务[M].大连:大连理工大学出版社,2008.
[21] 丁晓昌.秘书文档管理[M].北京:高等教育出版社,2011.
[22] 孙荣.秘书学概要[M].上海:上海社会科学院出版社,2006.
[23] 孟庆荣.秘书职业技能实训教程[M].北京:清华大学出版社,2007.
[24] 谭一平.秘书工作案例分析与实训[M].北京:中国人民大学出版社,2007.
[25] 杜军.调查研究与信息工作基础[M].北京:中国人民大学出版社,2005.